HANDBUCH DER MUSIKINSTRUMENTE

Handbuch der
Musikinstrumente

Alexander Buchner

DAUSIEN

DIE ABGEBILDETEN MUSIKINSTRUMENTE BEFINDEN SICH IM BESITZ FOLGENDER INSTITUTIONEN, SAMMLUNGEN u. ä.

Amsterdam, Sammlung J. Kunst 304   Ankara, Archeological Museum 26   Antwerpen, Musée Royal des Beaux-Arts, Plaatsnijdersstraat 2 81, 82   Bagdad, Iraq Museum 25   Berlin, Staatliches Institut für Musikforschung — Musikinstrumentensammlung 89, 116   Staatliche Museen, Vorderasiatische Abteilung 24   Braunschweig, Herzog Anton Ulrich Museum 126   Bruxelles, Musée instrumental du Conservatoire Royal de Musique 166, 167   Brno, Moravské muzeum (Mährisches Museum) 12, 13   Nová radnice (Neues Rathaus) 223, 224   Budapest, Magyar Nemzeti Múzeum 104, 171   Nemzeti képtár 129   Cambridge, St. John College 60   Darlen, Mechanical Music Center 392   Firenze, Accademia 87   Frederiksborg, Det Nationalhistoriske Museum, 95   Fuldatal, Mechanisches Musik-Museum 396   Heidelberg, Universitätsbibliothek 71   Haag, Haags Gemeentemuseum 113, 114   Kairo, Egyptian Museum 30   København, Nationalmuseet 14 — 16   Coburg, Gymnasium Casimirianum 83   Kolmar, Museum 112   Křivoklát, Zámecká knihovna (Schloßbibliothek) 59   Leningrad, Institut teatra, musyki i kinematografii 10, 108, 130, 140, 146, 147, 150, 164, 178, 185, 232, 266, 269, 336, 337, 349, 350, 355, 356, 358, 403   Litoměřice, Okresní archív (Bezirksarchiv) 99   London, British Museum 22, 45   Horniman Museum 106, 120, 132, 133, 144, 145, 162, 163, 166, 180, 187, 309, 380   National Gallery 1   Privatbesitz 152, 153 Royal Academy 188   W. E. Hill & Sons 176, 177   Madrid, El Escorial 61 — 64   Museo del Prado 117   Markneukirchen, Musikinstrumenten-Museum 131, 137, 157, 193, 195, 201, 205, 209, 216, 260, 280, 292, 301, 361, 362, 370, 389, 390   Milano, Museo degli Strumenti Musicali, Castello Sforzesco 107, 118 — 119 Modena, Galleria e Museo Estense 181 — 182 Moskwa, Musei imeni A. S. Puschkina 49. 158   Gossudarstveny centralny musei musykalnoj kultury imeni M. I. Glinki 194, 254, 261, 262, 281, 290, 291, 296, 354, 368   München, Staatliche Antikensammlungen 37   Bayerisches Museum 90   Münchner Stadtmuseum, Musikinstrumentensammlung 218   Staatliche Bibliothek 53, 54   Napoli, Biblioteca Nazionale 70   Museo Nazionale 40, 41, 46, 50, 51, 52   New Delhi, National Collection 246 New York, Metropolitan Museum of Art 116, 122, 136, 217, 230   North Carolina, Museum of Art 121   Olomouc, Univerzitní knihovna (Universitätsbibliothek) 85   Oxford, Ashmolean Museum 35, 124, 125   Paris, Bibliothèque Nationale 56   Musée Instrumental du Conservatoire 148, 170, 172   Musée National du Louvre 20, 21, 27, 159   Perugia, Museo Archeologico 42   Praha, Hradní poklad (Burgschatzkammer) 57   Kapitulní knihovna (Kapitelbücherei) 73   Muzeum hl. města Prahy (Museum d. Hauptstadt Prag) 210   Národní galerie (Nationalgalerie) 109   Národní muzeum (Nationalmuseum) — Historické muzeum (Histor. Museum) 9, 19, 36   Bibliothek d. Nationalmuseums 58, 74   Muzeum české hudby (Museum der tschechischen Musik) 127, 128, 139, 142, 143, 154, 155, 160, 161, 168, 169, 173, 174, 175, 179, 183, 184, 189 — 192, 391, 393   Náprstkovo muzeum (Náprstek-Museum) 247, 250 — 253, 268, 272 — 274, 278, 279, 293, 297, 303, 306, 318 — 320, 327   Národní technické muzeum (Nationales technisches Museum) 384   Uměleckoprůmyslové muzeum 134, 135   Privatbesitz 96, 202, 385 — 387   Univerzitní knihovna (Universitätsbibliothek) 75 — 80, 88   Rotterdam, Museum voor Land- en Volkenkunde 305   Utrecht, Museum van Speeldoos tot Pierement 397   Versailles, Musée National de Versailles et des Trianons 165   Wien, Kunsthistorisches Museum 86, 92, 93, 97, 98, 101, 102, 105, 110, 111, 115, 123, 151, 156, 394, 395   Wrocłav, Biblioteka Uniwersytecka 65 — 68   Wuppertal, Museum Mechanischer Musikinstrumente 398.

WIR DANKEN FOLGENDEN AUTOREN UND INSTITUTIONEN FÜR IHRE ZUSTIMMUNG ZUR VERÖFFENTLICHUNG DER FOTOGRAFIEN:

ACME, Woodford 407 Agence Hoa-Qui, Paris 321, 324 Antikensammlungen, München 37 Archeological Museum, Ankara 26 Arizona Highways 317 Ashmolean Museum, Oxford 124, 125   Bachet Frères, Paris 404, 405 Bärenreiter-Verlag, Kassel 188 Bayerisches Nationalmuseum, München 90 Biblioteca Nazionale, Napoli 70 Bibliothèque Nationale, Paris 56 Biblioteka Uniwersytecka, Wroclaw 65 — 68 Bonnaud L., Limoges 330 Brandt A. 95 British Museum, London 22, 45 Brückner, Koburg 83 Buchner A. 9, 10, 12, 13, 16 — 19, 23, 28, 29, 32, 34, 35, 36, 39, 41 — 44, 47, 49, 55, 58, 59, 61 — 64, 71, 74 — 80, 84, 85, 88, 94, 96, 99, 100, 106, 108, 109, 111, 120, 127, 128, 130 — 135, 139, 140, 142 — 147, 149, 150, 157, 158, 160, 161, 162, 164, 166 — 169, 173 — 180, 183 — 185, 187, 189 — 192, 194 — 199, 202, 204, 206 — 214, 220, 221, 225, 226, 229, 231, 232, 239, 241, 246, 247, 250 — 254, 261, 262, 265 — 270, 272 — 283, 290 — 293, 296 — 298, 300, 302, 303, 308, 309, 310, 312, 313, 318 — 320, 322, 327, 329, 335 — 338, 342, 346 — 351, 354 — 360, 362 — 366, 368, 372 — 377, 379, 380, 382, 385 — 387, 389, 390, 396, 399, 400, 403, 406   Československé hudební nástroje (Tschechoslowakische Musikinstrumente), Hradec Králové 235   Cooper A. G., London 152, 153   Dabac T., Zagreb 367 Daedalus Magazine, Dialogue vol. 3 413 Daniélou A., Berlin 295, 299   Edgerton W. H., New York 392 Egyptian Museum, Kairo 30 Ehm J., Praha 384, 391, 393   Galleria e Museo Estense, Modène 181, 182 Gesellschaft für internationale kulturelle Beziehungen, Tokio 284 — 289, 294 Groth J., Kimball 307 Guillemin G., Limoges 381   Hanzelka J. — Zikmund M., Praha 311, 315, 316 Herschtritt L., Paris 323 Herzog Anton Ulrich Museum, Braunschweig 126 Holics G., Budapest 104, 171, 215 Holman F., Hradec Králové 4, 219, 222, 228, 233, 234, 236 — 238, 240, 243, 401, 402 Honty T., Praha 57, 306, 371 Hýsek J. E., Praha 141, 223, 224   Illek J.— Paul A., Praha 69 IPS, New York 410 — 412   Jairazbhoy N. A., London 248, 249, 255 Jisl L., Praha 258 Jonsborg K., Oslo 341, 345   Kroh A., Zakopane 353 Kubica V., Praha 328, 331, 333, 339, 340 Kunsthistorisches Museum, Wien 86, 101, 102, 110, 115, 123, 151, 156, 394, 395   Leach J., London 271, 332, 344, 378   Machulka B., Praha 326 Mellema R. L., Amsterdam 304 Meyer, Wien 92, 93, 97, 98, 105, 111 Michaud R., Paris 325 Müller E., Kassel 51, 112, 138, 388 Münchner Stadtmuseum, München 218 Musée des Instruments Musicaux, Bruxelles 33, 48 Musée National du Louvre, Paris 20, 21, 27 Musée Royal des Beaux-Arts, Plaatsnijdersstraat 2-B-2000 Antwerpen 81, 82 Museo degli Strumenti Musicali, Castello Sforzesco, Milano 107, 118, 119 Museo del Prado, Madrid 117 Museo Nazionale, Napoli 40, 46, 50, 52 Museum of Art, North Carolina 121 Museum van Speeldoos tot Pierement, Utrecht 397 Museum voor Land- en Volkenkunde, Rotterdam 305 Musikinstrumente und Kulturwaren, Plauen 242   Nationalmuseet, København 14, 15 National Gallery, London 1 National Museum, Athene 38 Nemzeti képtár, Budapest 129 Neruda J., Praha 154, 155, 343   Oorthuys C., Amsterdam 383   Photographs Services, Metropolitan Museum of Art, New York 103, 122, 136, 217, 230 Press Information Bureau, New Delhi 244, 245, 256, 257 Publimages, Paris 148, 170, 172 Rapid, Praha 200, 203 Reinhard K., Berlin 334 Rieger-Kloss, Krnov 227 Sammlung Haags Gemeentemuseum, Den Haag 113, 114 Saurin-Sorani, Wuppertal 398 Scala, Firenze 87 Seidel G., Leipzig 408, 409 Service de documentation photographique de la Réunion des Musées Nationaux, Paris 159, 165 Sobieski M., Warszawa 352 Šolc V., Praha 314 Staatliche Museen, Vorderasiatische Abteilung, Berlin 24 Staatliche Bibliothek, München 53, 54 Staatliches Institut für Musikforschung, Musikinstrumenten-Sammlung, Berlin 89 Steinkopf W., 116 Stephan S., Adorf 137, 193, 201, 205, 216, 260, 301, 361 St. John College, Cambridge 60 Státní ústav památkové péče, Praha 72, 73 Szabó T., Bratislava 369, 370 Tass, Moskwa, 259, 263, 264 Vaniš-Sís, Praha 284

Alexander Buchner

Handbuch der Musikinstrumente

Ins Deutsche übertragen von Anna Urbanová
Graphische Gestaltung: František Prošek
Federzeichnungen: Ivan Kafka
© 1981 Artia Verlag, Praha

Verlag Werner Dausien • Hanau/M
ISBN 3-7684-4169-5
2/13/02-52-01

INHALTSVERZEICHNIS

1 Flöten und Viola da gamba,
Robert Turnières (1667–1752): Höfische Kammermusiker (die beiden sitzenden Flötenspieler stellen Jean und Jacques Hotteterre dar, Mitglieder der weltbekannten Musikerfamilie, die auch Blasinstrumente herstellte), Öl, Paris, um 1705, The National Gallery, London

EINFÜHRUNG

DIE MUSIKINSTRUMENTE UND IHRE SCHÖPFER

Musik begleitet den Menschen von der Wiege bis ins Grab, und nur Musikinstrumente sind neben der menschlichen Stimme imstande, des Menschen Glauben und Hoffen in Tönen auszudrücken, seine Freude und seinen Schmerz wiederzugeben. Und in den Kulturen ferner Länder sind Musikinstrumente sogar oft Gegenstand kultischer Verehrung oder Träger kosmischer Symbole und Vorstellungen.

Die Entwicklung der Musik und ihrer Instrumente stand immer unter dem starken Einfluß der Kulturstufe und des Lebensniveaus der betreffenden Gesellschaft. Die Musikkultur derjenigen Gemeinschaften, die isoliert lebten, erreichte nur mühselig und langsam höhere Formen. Andererseits entwickelten sich Kultur und Musik dort intensiver, wo verschiedene Zivilisationseinflüsse und Anregungen aufeinanderstießen. Ihre gegenseitige Ergänzung und ihre Konflikte schufen die Bedingungen für einen neuen qualitativen Aufschwung der Tonkunst.

Wenn wir den vieltausendjährigen Weg der Musikinstrumente von den Urtypen bis zu den komplizierten elektronischen Instrumenten der Gegenwart verfolgen, so gehen wir den erregenden Weg der Geschichte menschlicher Erfindungsgabe und der Wandlungen ästhetischen Empfindens. Im Lauf der Jahrhunderte und von Kultur zu Kultur wandelten sich die Meinungen über den Wohlklang eines gehörten Lautes, und damit stieg und sank die Beliebtheit der einzelnen Instrumente. Diejenigen, deren Klang den örtlichen und zeitgenössischen Schönheitsnormen entsprachen, wurden in vielen verschiedenen Formen hergestellt, ihrem Äußeren wurde erhöhte Aufmerksamkeit geschenkt. Diese Instrumente erreichten oft eine solche äußere Formvollendung, daß sie als Kunstwerke angesehen werden dürfen, die das dauernde Interesse von Musikern und Instrumentenbauern erregen und auch bildende Künstler und Sammler fesseln.

Mitunter trat die eigentliche musikalische Funktion hinter der äußeren Pracht zurück. Die Instrumente wurden aus Edelhölzern, aus Elfenbein und kostbaren Metallen gebaut und mit Edelsteinen, Perlmutt oder Lasurit verziert. Auch darin waren sie vom Zeitgeschmack be-

2 Herstellung von Musikinstrumenten im 18. Jahrhundert, zeitgenössischer französischer Kupferstich

7

3 Blick in die Werkstatt des Herstellers von Blechblasinstrumenten und Trommeln Václav František Červený in Hradec Králové (Tschechoslowakei), Stahlstich, 1889

herrscht und konnten so zu objektiven Dokumenten des Stilwandels in der Kunst werden. Aber wie jedes künstlerische Produkt menschlichen Geistes gelangte das Musikinstrument erst dann zur Vollendung, als es nicht nur als Schmuckobjekt betrachtet wurde, nicht nur dem bloßen Genuß am Hervorbringen irgendwelcher Töne diente, sondern zu einem Erzeugnis wurde, in dem sich Zweckmäßigkeit und Schönheit das Gleichgewicht halten.

Die Entstehungszeit und Entwicklungsetappen der ältesten Musikinstrumente aufzuspüren und ihren Formenwandel zu bestimmen, ist eine sehr schwere Aufgabe. Das vergängliche Material, aus dem die meisten Instrumente hergestellt worden waren, blieb nicht erhalten, und darum stammen die ältesten überlieferten Stücke in den Museensammlungen in der Mehrzahl erst aus dem 16. Jahrhundert. Instrumente aus älteren Zeiten sind nur ausnahmsweise erhalten geblieben — dann nämlich, wenn sie aus widerstandsfähigem Material waren. Beim Studium älterer Instrumente ist man deshalb zumeist entweder auf archäologische Entdeckungen oder auf schriftliche bzw. bildliche Quellen angewiesen. Bei archäologischen Funden darf ebenso wie bei altertümlichen Plastiken die Tatsache nicht übersehen werden, daß die zerbrechlichen Bestandteile der Gegenstände in der Regel am meisten beschädigt sind und daß der Restaurator ihnen nicht immer die Originalgestalt zurückgeben kann. Nicht weniger vorsichtig müssen auch schriftliche Berichte beurteilt werden, denn diese enthalten außer der Bezeichnung des Instruments nur selten auch Angaben über sein Aussehen oder seine Bauweise. Die wertvollsten Quellen zur Kenntnis der Musikinstrumente sind die zweidimensionalen darstellenden Belege, denn der Illustrator mußte dort, wo sich der Textverfasser mit der bloßen Anführung der Bezeichnung begnügte, das Instrument abbilden. Eine Zeichnung oder ein Gemälde erschließt, anders als ein geschriebenes Dokument, dem Beschauer oft ein Detail, das in schriftlichen Belegen nicht festgehalten worden ist. Aber auch in diesen Fällen ist Vorsicht am Platz, denn nicht jedes abgebildete Instrument entspricht der Wirklichkeit. Auf unsicherem Grund, oft von Mutmaßungen, Annahmen und Deduktionen ausgehend, steht die Arbeit der Organologen bei der Beschreibung von Bau, Funktion und Stimmung der ältesten Instrumente. Für das Verfolgen des Entwicklungsgangs der klassischen Musikinstrumente von ihrer Entstehung bis zur Gegenwart stehen den Forschern jedoch bereits Unterlagen in der neuzeitlichen Literatur, in der bildenden Kunst und in den überlieferten Intrumenten selbst zur Genüge zur Verfügung.

Während wir aus literarischen Quellen und erhalten gebliebenen Denkmälern etwas über die Musikinstrumente vergangener Zeiten lernen können, wissen wir über die Instrumentenbauer nicht viel. Nicht einmal die Musikhistoriker haben sich in gebührendem Maße mit dem Instrumentenbau befaßt, so daß vereinzelte Nachrichten — soweit sie überhaupt vorhanden sind — in Quellen zur Geschichte der Musikantenzünfte und Handwerke gesucht werden müssen. Lange Zeit bauten die Musikanten ihre Instrumente zumeist selbst. Eine Wende trat in der Renaissance ein, die den Anstoß zum Sammeln von Kunstgegenständen gab. Zu diesen gehörten auch die Musikinstrumente, insbesondere seitdem sie aus Edelhölzern verfertigt, prächtig geschnitzt und mit Edelsteinen, Elfenbein und Schildpatt geschmückt wurden. Im Lauf des 16. Jahrhunderts kam es dann zur Entstehung größerer und bedeutender Werkstätten in den Städten Nürnberg (Blechinstrumente, Automatophone), Bologna und Venedig (Lauten), Cremona (Geigen), Antwerpen (Tasten-Chordophone) u. a. Später konzentrierte sich der Instrumentenbau in Manufakturen in verschiedenen Teilen Europas (Paris, Füssen, Wien, Mittenwald) und schließlich, seit der Mitte des 19. Jahrhunderts, in Fabriken.

WIE DER KLANG DER MUSIKINSTRUMENTE ENTSTEHT

Der Schlüssel zum Verständnis des Prinzips der Musikinstrumente, ihrer Bauweise und Klangeigenschaften sind physikalische Erscheinungen, die mit dem Entstehen des Schalls verbunden sind. Damit befaßt sich die Akustik (aus dem Griechischen akuein = hören), im ursprünglichen Sinne des Wortes die Lehre vom Hören, d. h. von den Gehörswahrnehmungen; im weiteren Sinne die Lehre vom Schall, von der Schallerzeugung, -ausbreitung, -wahrnehmung, den Klängen und Tönen, also auch von den Musikinstrumenten.

Jedes Musikinstrument besteht aus einem schwingenden Teil, dem *Vibrator,* dessen Aufgabe es ist, Schallwellen zu erzeugen, und einem kraftzuführenden Teil, dem *Generator,* dem die Aufgabe zufällt, die Schwingungen des Vibrators hervorzurufen. Sollten die durch den Vibrator ausgelösten Wellen keine genügend große Amplitude haben, tritt noch ein verstärkender Teil hinzu, der *Amplifikator.*

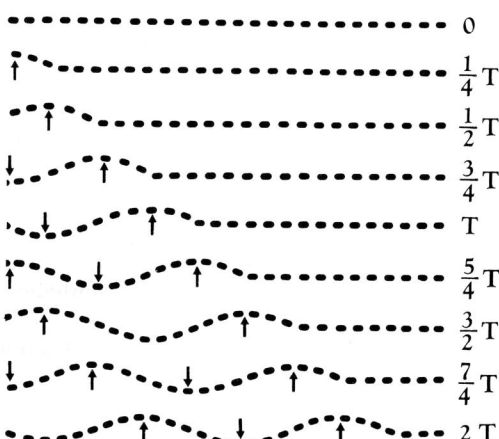

Bildung einer Kreiswelle

9

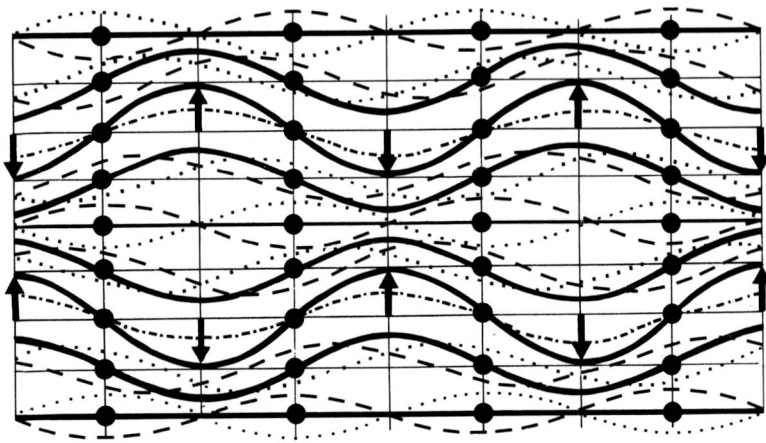

Bildung einer stehenden Welle

Den wichtigsten Bestandteil eines Musikinstrumentes bildet der Vibrator bzw. mehrere Vibratoren. Das sind u. a. feste und elastische Körper, die, zum Schwingen gebracht, kürzere oder längere Zeit mit ihrer ganzen Masse weiterschwingen. Ihre Form kann verschieden sein: Stäbe, Röhren, ebene oder gekrümmte Platten u. ä. Auch der Stoff, aus dem der Vibrator verfertigt ist, kann verschiedenartig sein: Stein, Glas, Metall oder Holz. Derartige Vibratoren werden frei aufgehängt. Wenn sie an einem Punkt befestigt sind, schwingen sie in verschiedenen Richtungen aus; sind sie an zwei Punkten befestigt, können sie nur in einer Richtung ausschwingen. Vibratoren können auch auf Stützen ruhen, und zwar so, daß die Unterlagen mit einer möglichst kleinen Fläche des Vibrators in Berührung kommen. Alle diese Typen sind *Selbstklinger, Idiophone.* Mitunter werden die Vibratoren zum Teil unbeweglich befestigt, so daß nur ein Teil ihrer Masse schwingen kann; sie heißen dann *Halbselbstklinger* oder *Hemiidiophone.*

Ist der Vibrator eines Instruments eine Luftsäule, so spricht man von *Luftklingern, Aerophonen.*

Vibrieren können auch Körper, die erst durch künstliche Längs- (Saiten) oder Flächenspannung (Membranen) elastisch werden. Zum Hervorbringen eines hörbaren Tones benötigen sie

Schwingungen der Luftsäule in offener und gedeckter Pfeife

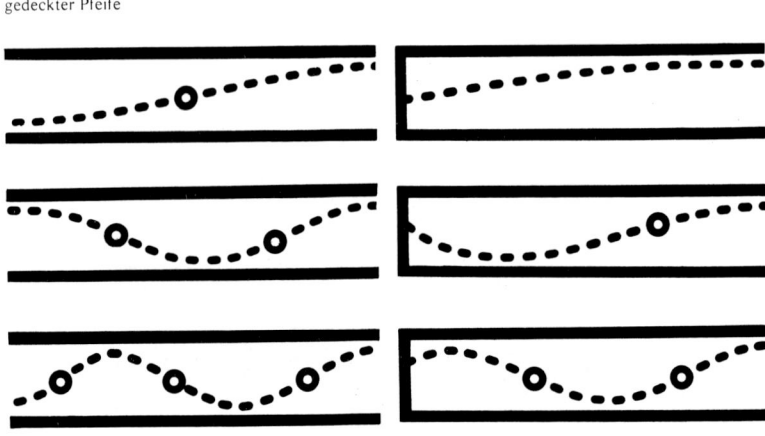

4 Neuzeitliche Geigenbauwerkstatt (Tchechoslowakei)

meistens einen Amplifikator. Instrumente dieses Typs sind *Saiteninstrumente (Chordophone)* und *Membraninstrumente (Membranophone).*

Zu den Generatoren, die den Vibrator in Schwingung versetzen, gehören Anschlag-, Zupf- und Luftsteuerungsmechanismen sowie elektrische Schaltungen, Stäbchen, Bögen und Finger des Spielers u. a. Es gibt verschiedene Arten von Generatoren, doch kann ein Vibrator prinzipiell auf fünf Weisen in Schwingung versetzt werden: 1. Der einmalige Anschlag führt dem Vibrator impulsförmig Energie zu und bringt ihn in ein gedämpftes (ausklingendes) Schwingen. 2. Das Zupfen oder Anreißen, bei dem der Vibrator aus der Ruhelage gezogen und dann sich selbst überlassen wird; dabei kann er frei, aber gedämpft weiterschwingen. 3. Wiederholte Anschläge versehen den Vibrator durch ununterbrochene Impulse mit Energie und rufen ein ständiges Schwingen hervor. 4. Das Streichen des Vibrators, eingentlich eine Reihe von aufeinanderfolgenden Auslenkungen und Rückfederungen des Vibrators, bewirkt ebenfalls ein nicht abklingendes Schwingen. 5. Die Wirkung einer veränderlichen Kraft, die ihre Schwingungen dem Vibrator mitteilt.

Wenn der Vibrator kleinflächig ist und deshalb die Druckschwankungen nicht in genügendem Maß an seine Umgebung (Schallübertrager — z. B. Luft) abstrahlen kann (z. B. Saiten und Membranen), benutzt man verschiedene Amplifikatoren, die ähnliche Eigenschaften wie die Vibratoren, aber eine größere Fläche zur Abstrahlung haben. In diesem Fall gehen die Schwingungen vom Vibrator auf den Amplifikator über, der dann die genügende Schallübertragung an die Umgebung sichert. Amplifikatoren können die Form von Schränken, Kästen, Gefäßen, Röhren u. a. haben. Mitunter wird die abgestrahlte Energiemenge durch künstliche Ausbreitung der Vibratorfläche vergrößert. Ein dem Vibrator beigefügter großflächiger Körper wird *Diffusor* genannt.

5 Einteilung der Saiteninstrumente nach J. Lehmann

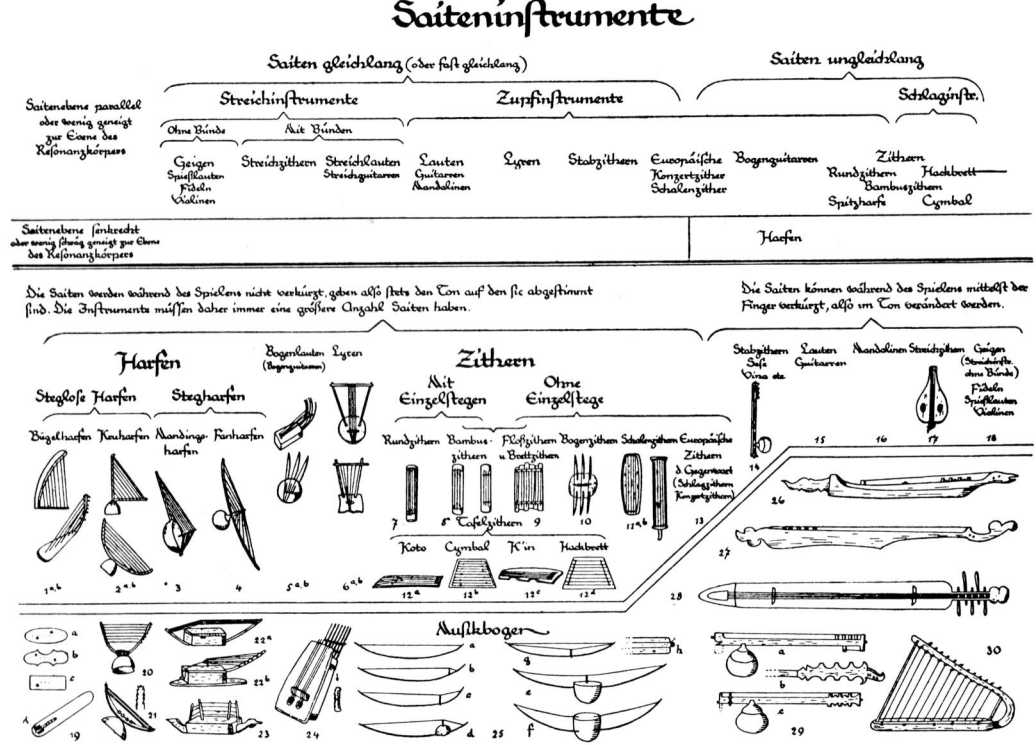

Wenn der Amplifikator gut funktionieren soll, muß er Vibrationen von jeder beliebigen Frequenz womöglich ohne Verzerrung verstärken können. Deshalb werden solche Körper als Verstärker benutzt, deren Form und Ausmaße garantieren, daß sie selbst nicht vibrieren oder daß ihre Schwingungen über- oder unterhalb der Vibrationsgrenze des Vibrators liegen. In gewissen Fällen, in denen der Vibrator den Schwingungen einer bestimmten Frequenz angepaßt ist, wird die Frequenz des Amplifikators im gleichen Umfang belassen und mit den Vibrationen des Vibrators genau koordiniert. Dann verstärkt der Amplifikator die Schwingungen des Vibrators durch eigenes Vibrieren (z. B. Zungenpfeifen, Stimmgabeln) und heißt *Resonator.*

Vom physikalisch-technischen Gesichtspunkt werden hier die Musikinstrumente nach den Vibrator- und Generatorarten eingeteilt. Diese Einteilung kann nach Amplifikatoren und weiteren technischen und akustischen Gesichtspunkten fortgesetzt werden. Die auf der folgenden Tabelle vorgelegte Einteilung umfaßt bloß gewisse Instrumente der europäischen Kunstmusik und weicht aufgrund ihres Einordnungsprinzips von den heute geläufigen Systemen der Organologie ab.

	Vibrator	Generator	Amplifikator	Instrument
IDIOPHONE	Frei liegende Stäbe	Schlegel	—	Xylophon, Glockenspiel
		Hammermechanik	Resonatoren	Vibraphon
		Schlegel		Celesta
	Frei hängende Stäbe	Schlegel	—	Triangel, Röhrenglocken
	Platten	Gegenschlag	—	Becken
	Aufgehängte Platten	Schlegel	—	Gong, Tamtam
HEMI-IDIO-PHONE	An einem Ende befestigte Stäbe	Luft	Resonatoren	Zungenpfeifen der Orgel, Akkordeon, Harmonium
AEROPHONE	Luftsäule	Kante einer Seitenöffnung	—	Querflöten
		Mundstück mit Kernspalte	—	Blockflöten
		Rohrblatt	—	Klarinetten, Saxophone
		Doppelrohrblatt	—	Oboen, Fagotte
		Lippen des Bläsers mit Hilfe von Kesselmundstück	—	Trompeten, Posaunen, Waldhorn, Tuben
CHORDO-PHONE	Saiten	Plektrum	Resonanzkörper	Mandoline, Banjo
		Finger		Harfe, Gitarre
		Bogen		Streichinstrumente
		Hammermechanik	Resonanzkasten	Flügel, Pianino
		Zupfmechanik		Cembalo
		Schlegel		Hackbrett
MEMBRANO-PHONE	Eine Membran	Schlegel	Kessel	Pauken
		Hände	Hohlzylinder	Timbales, Bongos
			Fäßchen	Congas
			Rahm	Tamburin
	Zwei Membranen	Schlegel	Hohlzylinder	Große Trommel, Kleine Trommel, Wirbeltrommel

VERSUCHE EINER KLASSIFIZIERUNG
DER MUSIKINSTRUMENTE

Musikinstrumente sind Gegenstände, die als Klangquellen dem Musizieren dienen. Musik besteht jedoch nicht aus beliebigen, sondern aus eigens ausgewählten und auf besondere Weise zusammengestellten Klängen und Geräuschen. Diese werden von den Instrumenten in bestimmter Ton- oder Geräuschhöhe, Zeitdauer, Tonstärke und Klangfarbe erzeugt. Auch wenn die Instrumente unabhängig vom Menschen existieren, wird zuweilen der Mensch selbst gleichsam zu ihrem Bestandteil. So wie beim Dudelsack oder bei der Orgel der durch den Blasebalg geschaffene Luftstrom nötig ist, so unentbehrlich ist der menschliche Atem beim Spiel auf anderen Blasinstrumenten. Einen unteilbaren Bestandteil der Kesselmundstückinstrumente bilden neben der Lunge die am Mundstückrand gespannten Lippen, die einen tonerzeugenden elastischen Körper darstellen. Auch Gegenstände, die ursprünglich zu ganz anderen Verwendungszwecken hergestellt wurden als zum Musizieren (Amboß, Lockpfeife, verschiedene Signalgeräte), können zu Musikinstrumenten werden, wenn sie zur Musikaufführung benutzt werden. Es ist also nicht leicht, auf die Frage, was ein Musikinstrument ist, eindeutig zu antworten. Von der Definition vergangener Jahrhunderte, „Musikinstrumente sind Gegenstände, die eine Stimme von sich geben", ist man zu der Feststellung gelangt, daß ein Musikinstrument eine zielbewußt adaptierte, konstruierte und zum Zweck einer Musikproduktion benutzte Klangquelle ist, die infolge ihrer akustischen Eigenschaften objektiv fähig ist, sich an einem musikalisch künstlerischen Effekt zu beteiligen, weil ihre akustische Charakteristik den Normen der Musikkultur des betreffenden Ethnikums und historischen Zeitraums entspricht.

Schon die Völker des Altertums klassifizierten die Musikinstrumente; so werden in den Werken altchinesischer Theoretiker die Instrumente nach dem Material eingeteilt, aus dem sie her-

6—7 Klassifizierung der altägyptischen Harfen nach H. Hickmann

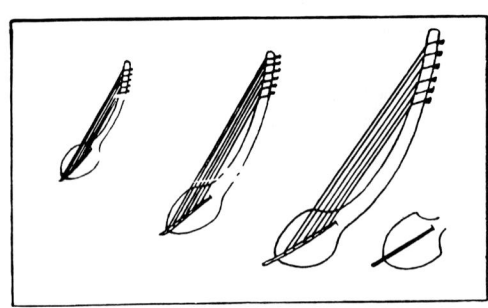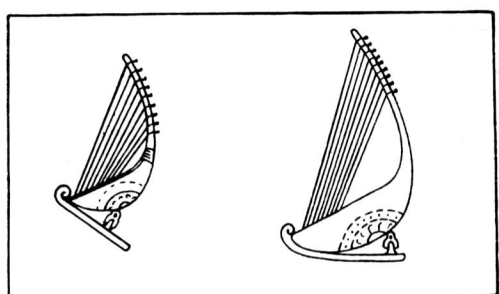

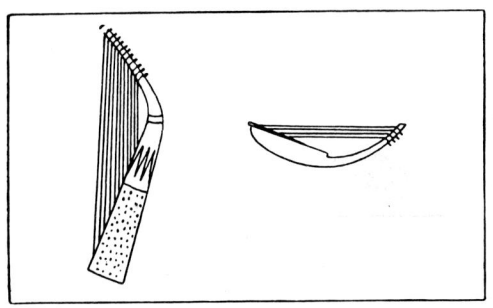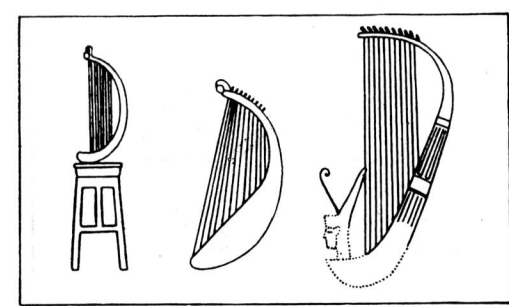

Angaben über das Spiel auf einem bestimmten Instrument. Diese Fragenfolge ist für alle Instrumente gleich. Dräger, ein Schüler von Hornbostel und Sachs, gibt somit die Grundauffassung der Systematik seiner Lehrer nicht auf, führt sie nur weiter aus und appliziert sie auf verschiedene Gebiete.

In unseren Tagen brachten zwei Engländer, Jeremy Montagu und John Burton, in ihrer Studie *A proposed new Classification System for Musical Instruments* (1971) einen beachtenswerten Klassifizierungsvorschlag. Sie führen an, daß sich der Mensch viel leichter Wörter merke als lange Zahlenreihen (damit erklären sie auch die geringe Beliebtheit von Hornbostels und Sachsens System). Das ihre stellt eigentlich eine Art Schlüssel dar, der eine Reihe von Definitionen zur Identifizierung eines Instruments benutzt, so daß kein Zweifel an der Bedeutung eines gebrauchten Ausdrucks aufkommen kann; der Schlüssel dient dem Organologen ebenso wie dem Laien.

Einige Organologen versuchten, wenigstens in einzelnen Instrumentengruppen Ordnungen einzuführen. In den zwanziger Jahren klassifizierte Johann Lehmann die Saiten- und Flöteninstrumente außereuropäischer Völker; als Ausgangspunkt wählte er die Formentwicklung der Instrumente, fand jedoch keinen einheitlichen Gesichtspunkt. Der schwedische Ethnomusikologe Tobias Norlind baute in seiner Studie *Systematik der Saiteninstrumente* (1936/39) eine Systematik der Chordophone auf organographischer Basis auf. Der Ägyptologe Hans Hickmann nahm eine Einteilung altägyptischer Harfen nach ihrer Form vor.

Jüngst schlug der tschechische Musiktheoretiker Pavel Kurfürst eine Systematik vor, in der der akustische Gesichtspunkt konsequent angewandt wird und die Klassifizierung mit Hilfe eines Rechners erfolgt. Er hat das Schema eines Instrumentenmodells ausgearbeitet, das sämtliche Funktionselemente und sämtliche dazugehörige Kommunikationen enthält. Der Autor benutzt die in der Rundfunktechnik gebräuchliche Terminologie und stellt mittels akustischer Analyse fest, welche Modellelemente ein Instrument enthält; die derart gewonnenen Informationen will er mittels Computer zu einem eingehenden gegenseitigen Vergleich der Musikinstrumente sowie zu deren Klassifizierung nach allen in Frage kommenden Elementen und Verbindungen benutzen.

Eine neue Klassifizierung der Musikinstrumente wird derzeit von der organologischen Sektion des ICOM (International Committee of Museums) erarbeitet; Arbeitsergebnisse wurden 1977 auf dem Moskauer ICOM-Kongreß vorgelegt. Es wird auf eine Vervollkommnung der Hornbostel-Sachs-Systematik Wert gelegt.

In unseren Tagen konzentrieren die Organologen zusammen mit technischen Fachleuten ihr Interesse auf eine Qualitätssteigerung der herkömmlichen Instrumente durch technologische und konstruktive Veränderungen sowie auf die Entwicklung neuer Instrumente. Einen zweiten Forschungskreis bilden die elektrischen Musikinstrumente, deren Bau durch die Eigenschaften und Gesetze der Elektrizität als tonbildendes Element bedingt ist und deren ungeahnten Aufschwung wir seit den letzten Jahren erleben. Die klassische Orgel stellt im traditionellen Instrumentarium den Gipfel an Klangleistungsfähigkeit dar, aber ein elektrisches Musikinstrument kennt keine durch schwingende Masse bedingte Schranken. Es eröffnet Perspektiven, die künstlerisch wohl erst in der Zukunft völlig genutzt werden.

Da nun Musikinstrumente vollendete Produkte sind, in denen sich Kunst, Technik und menschliche Erfindungsgabe harmonisch vereinen, kann ihre wissenschaftliche Klassifikation kaum mit traditionellen Methoden durchgeführt werden. Die Sicherheit, daß die Welt des Schalls genau zu messen und zu analysieren ist, läßt uns jedoch hoffen, den Musikwissenschaftlern werde es in Zusammenarbeit mit Musikakustikern endlich gelingen, den echten Schlüssel zur Schaffung einer einheitlichen organologischen Klassifizierung zu finden.

Das Wörterverzeichnis auf S. 344 wird dem Leser bei der Orientierung über grundlegende Fachbegriffe helfen, die Tabelle auf S. 341 faßt die Notation, den Tonumfang und die Stimmung der klassischen Musikinstrumente übersichtlich zusammen.

I. DIE ENTWICKLUNG DER MUSIKINSTRUMENTE VON DER URZEIT BIS ZUR GEGENWART

URZEIT

Die Funde von primitiven Musikinstrumenten geben nur ein sehr unvollkommenes Bild einer vorgeschichtlichen Musikpflege. Ihre bisherige Anzahl gestattet keine bestimmten Vorstellungen von der urzeitlichen Musik und deren Instrumentarium. Doch wird in der jüngsten Zeit die Lehre von den prähistorischen Musikinstrumenten, die sog. Archäoorganologie, in zunehmendem Maß zum Gegenstand des Forscherinteresses. Die Grundlagen dieses Wissenschaftszweiges wurden durch die bahnbrechenden Forschungen des deutschen Musikologen Curt Sachs und der Engländer Francis William Galpin und Arnold Dolmetsch geschaffen; in den letzten Jahren wird das Fach von John Vin-

9 Tontrommel,
Jungsteinzeit

10 Flöte aus Vogelknochen,
Mittelrussisches Gebiet von Rjasan, 2. Jahrtausend v. u. Z.

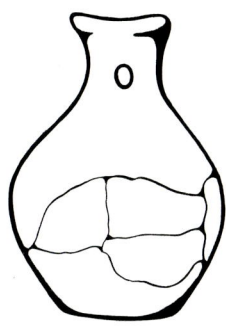

Rassel aus gebranntem Ton und Innenquerschnitt, ausgehendes Neolithikum, Vychvatince, Moldauische SSR

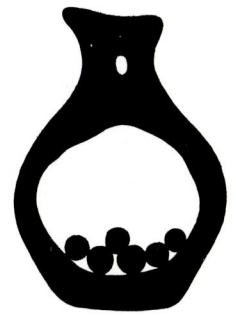

cent Stanley Megaw weiterentwickelt. Auch die Archäoorganologie respektiert die Grenzen archäologischer Beweisbarkeit streng und stützt sich nur auf überlieferte Gegenstände, die in den internationalen Museensammlungen aufbewahrt oder in archäologischen Zeitschriften abgebildet und beschrieben sind.

Der erste musikalisch genutzte Schall, der den Beginn der Musikgeschichte anzeigte, wurde vom prähistorischen Menschen auf einem Instrument hervorgebracht, das ebensogut ein Blas- wie ein Saiteninstrument oder jedes andere gewesen sein kann. Dieses „erste Musikinstrument" ist allerdings nicht erhalten geblieben. Primitive Musik- bzw. Klanginstrumente gab es bereits, als weder Tonalität noch ein bestimmter Melodievortrag bekannt waren. Diese Instrumente erzeugten wahrscheinlich nur einen Ton von bestimmter Qualität ohne Anspruch auf Höhendifferenzierung. Aber schon in diesem Stadium kann man von sichtbaren Entwicklungstendenzen sprechen.

Die überlieferten Klanggeräte wie Rasseln, Schrapen und Klappern bezeugen den Sinn des Urzeitmenschen für Rhythmus, sie dienten jedoch gleichzeitig der Vertreibung böser Geister und der Heilung von Kranken. Erst später, als die Ausmaße der Klanggeräte kleiner wurden, benutzte man sie auch als Kinderspielzeug.

Aus dem beginnenden zweiten Jahrtausend v.Chr. stammen die bemalten *Tonrasseln,* die in den Kindergräbern von Vychvatince in der Moldau (Moldova) gefunden wurden. Verschieden geformte Tonfiguren mit rasselnden Steinchen im hohlen Innern wurden beim Tanz, bei kultischen Anlässen und als Kinderspielzeug verwendet. Sie sind in ganz Europa gefunden worden, in Siedlungen aus der Hallstattzeit und in besonders großer Menge in Siedlungen der späteren Laténezeit. Die Menschen der Steinzeit kannten ebenfalls Geräte zur Schallerzeugung — wichtige Vertreter sind die *Schrapen.* Eine Beinschrape aus der älteren Steinzeit, die in der Höhle Pekárna in Mähren gefunden wurde, hat

19

11 Musikbogen,
Höhlenmalerei, Altsteinzeit, etwa 15 000 Jahre v. u. Z.
Höhle Trois Frères, Frankreich

sägeartige Zähne, über die man mit einem Stäbchen strich. Bei Valencia in Venezuela entdeckte man einen *Gong* aus graugrünem Nephrit, ein Beweis, daß der Mensch frühzeitig lernte, verschiedene Steinarten nach ihrer Klangqualität zu unterscheiden.

Zweifellos sind die in der Steinzeit auftretenden einfachen *Pfeifen* aus durchbohrten Tierknochen älter als alle anderen bekannten Musikinstrumente mit ausgeprägter Tonhöhe. Dank der jüngsten archäologischen Forschungsergebnisse und reicher Funde in Osteuropa konnte die Bedeutung von Flöteninstrumenten im Alltagsleben des prähistorischen Menschen bestätigt werden. Das Fragment einer Beinpfeife aus der dritten Aurignac-Schicht (etwa 18 000 Jahre v. u. Z.) in der Höhle Isturitz in den Pyrenäen unterscheidet sich mit seinen drei Grifflöchern in der Form nur wenig von den viele Jahrtausende jüngeren *Flöten.* Sowjetische Archäologen haben vor kurzem auf der paläolithischen Station Molodow (Gebiet Tschernowitz) eine Flöte aus einem der Länge nach angebohrten Stück Renhorn gefunden. Auf der Vorderseite des Instruments, dessen Bearbeitung beachtliches Geschick verrät, befinden sich vier, auf der Rückseite zwei Grifflöcher in beträchtlicher Entfernung voneinander. Die Bohrung geht nicht durch das ganze Horn, sondern endet beim vierten Griffloch am schmaleren Ende des Instruments. Wir haben es daher mit einem Instrument mit einseitig geschlossener Röhre zu tun, das Töne erzeugte, die um eine Oktave niedriger waren als die von Flöten mit an beiden Enden offener Röhre. Noch sorgfältiger ist die sog. Bornholmer Flöte ausgeführt, die fünf Grifflöcher hat und von manchen Archäologen dem europäischen Neolithikum zugeordnet wird. Ihr ähnelt ein Instrument, das auf dem Siedlungsgebiet neolithischer Jäger und Fischer (2. Jahrtausend v. u. Z.) im Rjasaner Gebiet in Mittelrußland gefunden wurde. Es ist aus einem hohlen Vogelknochen verfertigt, hat vier Grifflöcher und mißt 10,5 cm.

In den Jagdgebieten des Urzeitmenschen fand man ferner *Syringen,* auch *Panflöten* genannt. Sie setzten sich aus einer Reihe von verschieden langen Knochenröhrchen zusammen, die mit Wachs oder Harz der Größe nach so verbunden waren, daß die oberen Enden eine gerade, die unteren eine schräge Linie bildeten. Die Töne wurden durch Blasen auf die scharfe Kante der freien Rohrenden hervorgerufen, also ähn-

Signalpfeifen aus
Renknochen, Altsteinzeit,
Sveardhorg (Dänemark) und
Csáklya (Ungarn)

lich, wie man heute auf einem Schlüssel pfeift. Die beiden ältesten Syringenfunde auf europäischem Boden stammen aus dem Osten, aus einer neolithischen Begräbnisstätte (2000 Jahre v. u. Z.) in der Südukraine und aus dem Saratower Gebiet. Beide Stücke bestehen aus sieben oder acht Röhrchen aus hohlen Vogelknochen, deren Länge 4 bis 11,5 cm beträgt (die Röhrchen der ersteren sind mit gestochenen Strichornamenten verziert). Die Syrinx gehört zu den ältesten polyphonen Blasinstrumenten und ist für die Weiterentwicklung der Musikinstrumente, vor allem für die Entstehung der Orgel, von großer Bedeutung gewesen.

Ethnographische Parallelen zwischen den Musikinstrumenten der Völker, die das Gebiet von Nordafrika bis Ozeanien bewohnten, erlauben den Schluß, daß auch die prähistorischen *Trommeln* aus ihren hölzernen Prototypen entstanden sind. Auf die Kupferzeit gehen die europäischen Funde der becherförmigen Bernburger Tontrommeln zurück sowie die binokelförmigen keramischen Spiraltrommeln aus dem Süden der Sowjetunion. Neuzeitliche Rekonstruktionen dieser Trommeln zeichnen sich durch hervorragende Klangeigenschaften aus und gestatten einen Vergleich mit ähnlich geformten, auf der Töpferscheibe gedrehten Instrumenten der heutigen Trommler vom oberen Nil.

In Ariège in Südfrankreich wurden in den Höhlen *Trois Frères* Hunderte von Felsmalereien entdeckt, deren Alter man auf 10 000 bis 15 000 Jahre schätzt. Einige stellen tanzende, in Tierhäute vermummte Zauberer mit Masken dar. Eine dieser Figuren, die als Bison verkleidet ist, hält einen bogenähnlichen Gegenstand in der Hand, über dessen Bedeutung sich die Fachwelt bis heute nicht einigen konnte. Die einen halten ihn für eine *Längsflöte,* die anderen für einen *Musikbogen.* An paläolithischen Funden waren bisher nur Pfeifen bekannt, was nicht heißen will, daß es damals nicht auch schon den Musikbogen gegeben hat, der wahrscheinlich aus Holz bzw. Bein und Tiersehnen verfertigt wurde. Ein solches Instrument hätte nur unter ganz außergewöhnlichen physikalischen Verhältnissen bis zum heutigen Tag erhalten bleiben können.

Den Jagdbogen gab es zweifellos in verschiedenen Zeiträumen und in verschiedenen Teilen der Erde. Als der prähistorische Jäger die beim Schuß von der Bogensehne hervorgebrachten Laute beachtete, begann

12 Schrape,
Altsteinzeit, etwa 15 000 Jahre v. u. Z.

13 Pfeife aus Renknochen,
Altsteinzeit, etwa 15 000 Jahre v. u. Z.

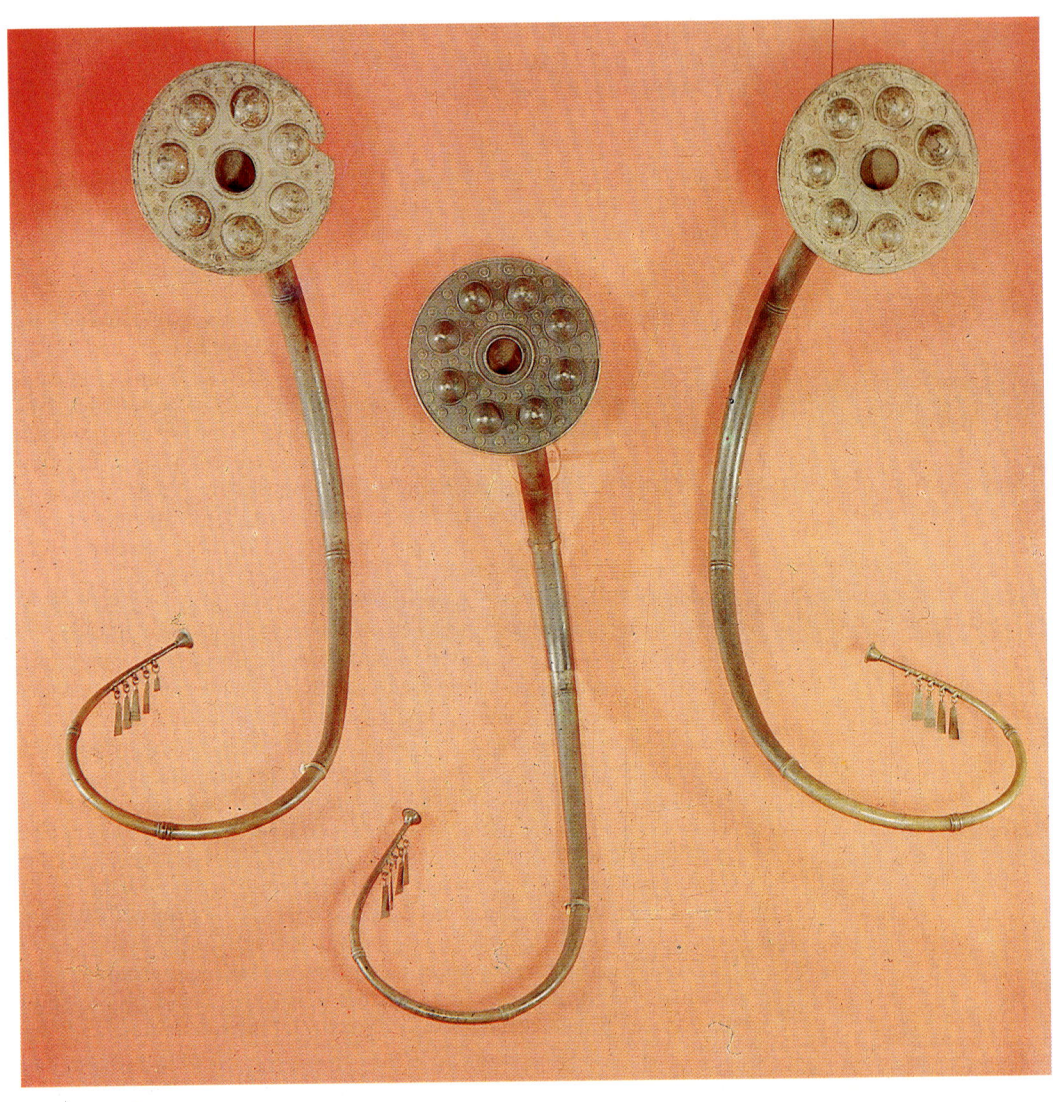

14 Bronze-Luren.
Bronzezeit, 2. Jahrtausend v. u. Z.

er wahrscheinlich, sie auch ohne Absicht zum Schießen anzureißen,
was ihm Vergnügen bereitet haben mochte. Mit der Zeit kam er dann
darauf, daß Bögen von unterschiedlicher Länge und Spannung verschieden hohe Töne von sich geben. Wenn er mit dem Mund das
Bogenende zusammenpreßte, die Bogensehne spannte und beim Zupfen nach der Tonhöhe die Spannkraft abschätzte, mit der die Sehne den
Pfeil abschießen würde, mußte er bemerken, daß die Mundhöhle den
Ton der Sehne verstärkte. So entdeckte er wahrscheinlich unbewußt
nicht nur den Resonator, sondern auch ein Musikinstrument. Der in der
Höhle *Trois Frères* abgebildete Magier hält das obere Bogenende im
Mund, mit der Linken drückt er das untere Ende an sich und mit der

Beinflöte, Steinzeit, Höhle
Kent bei Devonshire (England)

Rechten reißt er die Bogensehne an. Im Gegensatz zu den vielen anderen französischen oder spanischen Höhlenwandzeichnungen vermißt man hier das jagdliche Element — ein verwundetes oder erlegtes Tier. Der als Bison vermummte Musikant verrichtet vielmehr eine magische Handlung oder einen rituellen Tanz um die abgebildeten lebenden Tiere, wohl um reiche Jagdbeute herbeizuzaubern.

Mit der Zeit entdeckte der Jäger, daß der Ton länger, flüssiger und je nach Druck auf die Sehne auch stärker oder schwächer ist, falls er die Bogensehne nicht nur durch Anreißen, sondern auch durch einen zweiten Bogen zum Klingen bringt. Und genau diese Szene ist auf einer Felsmalerei im südafrikanischen Cape Town abgebildet. Ein Buschmann hält den Bogen in der rechten Hand und berührt mit ihm die Bogensehnen von sieben weiteren Bögen. Das will heißen, daß diese Felsmalerei eine höhere Entwicklungsstufe dokumentiert, auf der sieben Bögen ein einziges Instrument bilden, während der Bogen in der Rechten des Musikers bereits die Funktion des heutigen Streichbogens übernommen hat.

Der bulgarische Musikwissenschaftler Georgi Jantarský veröffentlichte vor kurzem einen Bericht über die Entdeckung einer Höhlenmalerei in Nordwest-Bulgarien. Diese Höhlenmalerei stellt einen Musikbogen mit Streichbogen dar. Die Abbildung ist ein Bestandteil der Fels-

15 Goldhörner,
5. Jahrhundert

16 Die Carnyx genannte Trompete keltischer Krieger,
Relieffragment einer Silberschüssel, jüngere Eisenzeit, 2. oder 1. Jahrhundert v. u. Z.

malereien in der Rabisch-Höhle bei der Stadt Bjelogradtschik, die
Komposition läßt zwei Ebenen erkennen. Die obere stellt eine Gruppe
tanzender Frauen und nackter Männer dar, die sichtlich mit dunklem,
ockerfarbenem Kaolin und mit dem Finger gemalt sind. Das feuchte
Mikroklima der Höhle hatte die Felsoberfläche ausgewaschen und zer-
stört, die Farbe aber wirkte als schützende Isolationsschicht und unter-
lag den Erosionseinflüssen nicht. So hatten sich die Bilder in ein plasti-
sches Relief verwandelt — die Natur selbst verewigte so die Original-
malerei und bewies deren Echtheit. Die Zentralfiguren des unteren Ge-
mäldeteiles sind zwei Musiker. Einer hält einen Bogen in lotrechter,
ihm zugewandter Lage in der Linken, mit der Rechten scheint er die
Bogensehne mit einem Streichbogen zum Klingen zu bringen. Die
zweite Figur trägt eine Zweimembranentrommel auf der Brust und

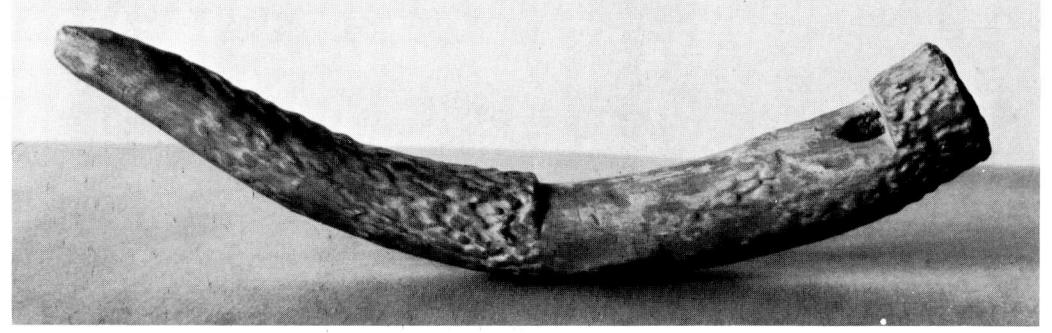

17 Flöte aus Hirschhorn,
Südmähren, 9. Jahrhundert

Panflöte (Syrinx), Steinzeit,
Klein-Kühnau bei Dessau

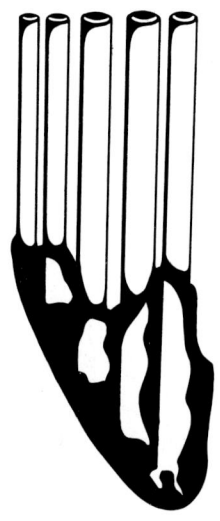

schlägt sie mit beiden Händen. Obgleich dieser Fund bisher noch nicht genauer untersucht und auch noch nicht datiert worden ist, darf man über seine ungeheure Bedeutung für die Instrumentenkunde schon jetzt Überlegungen anstellen. Sollte sich nämlich Jantarskýs Vermutung bestätigen, so müßte die bisher anerkannte Entstehungszeit des Streichbogens vom 8. Jahrhundert n. u. Z. in die Vorgeschichte vorverlegt werden. Und wenn die zweite Gestalt tatsächlich eine Zweimembranentrommel schlägt, dann wäre das eine nicht minder wertvolle Entdeckung, denn sie würde das Bestehen eines solchen Instruments zu einer Zeit belegen, aus der bisher nur becherförmige Tontrommeln und binokelförmige keramische Spiraltrommeln überliefert sind.

Der Mensch scheint auch bereits in den frühesten Zeiten festgestellt zu haben, daß eine gespannte Sehne, die erst viel später Saite genannt wird, in zwei ungleiche Teile geteilt, zwei unterschiedliche Töne von sich gibt, ähnlich wie zwei verschieden lange Pfeifen bei den Syringen. Zu einer solchen Sehnenteilung konnte ein an einer bestimmten Stelle angebundener Bindfaden oder die Berührung mit dem Finger dienen. Dadurch kam der Mensch vermutlich unwillkürlich zur Flageolettechnik, und durch Berühren der Sehne an unterschiedlichen Stellen auch zur Darstellung musikalischer Intervalle. Es mußte jedoch noch viel

18 Zungenpfeife aus Bein,
Letztes Viertel des 9. Jahrhunderts

25

Zeit vergehen, bevor er lernte, auf einen Bogen zwei und mehr verschieden lange Sehnen zu spannen und so z. B. die sumerische Lyra oder die Harfe zu bauen.

Die prähistorische Kultur erreichte zur Bronzezeit eine hohe Entwicklungsstufe. Damals erschienen neben Flöten- und Zungeninstrumenten erstmals die Prototypen der Mundstückinstrumente. Der beträchtliche Fortschritt in der Metallverarbeitung ermöglichte in der frühen Bronzezeit die Herstellung des *Horns* aus Bronze, dessen Urbild das Tierhorn ist. Die bautechnisch und klanglich bedeutsamsten Instrumente jener Zeit sind die wie Mammuthauer geformten *Luren* aus Bronze. Sie messen eine Länge von 150 bis 240 cm, ihr Rohr windet sich in schöner Spirale kühn nach oben, dort ragt das Endstück mit Schallbecher nach vorn. Die Röhre ist aus zwei ungleichen Teilen zusammengesetzt, und an der Fuge ist beiderseits je eine Öse angebracht, durch die der Haken der Tragkette geht. Das Mundstück ist nicht eingesteckt, sondern aus einem Guß mit der unteren Röhrenhälfte; es ist beckenförmig, ähnlich der heutigen Tenorposaune. Das flache, tellerförmige Schallstück ist häufig reich mit Ornamenten versehen. Dem Mund- und dem Schallstück sind in Ringen hängende trapezförmige Blechplättchen beigefügt, die beim starken Blasen klirrten und den weichen, edlen Klang der Lure mit einer schmetternden hellen Tonfärbung bereicherten.

Die Luren galten als Instrumente, die bei kultischen Anlässen verwendet wurden. Dafür spricht der Umstand, daß die meisten Funde aus Mooren stammen, die sich an früheren Kultstätten befanden. Dank den Konservierungseigenschaften des Torfs sind diese prächtigen Instrumente in sehr gutem Zustand erhalten geblieben. Mit geringen Ausnahmen wurden die Luren stets paarweise gefunden, in gleicher Größe und gleicher Stimmung, doch mit entgegengesetzten Windungen, Stierhörner nachahmend. Auch auf Felsmalereien sind die Luren zu zweit oder zu viert, mit nach rechts und nach links gedrehten Röhren abgebildet. Die meisten Lurenfunde stammen aus dänischen Torfgründen und können heute in nordeuropäischen Museen bewundert werden. Ihre Stimmung liegt bei C und Es, auch bei D, E und G; bei Klangproben geben sie 17–24 Töne der Obertonreihe von sich.

Eine leicht veränderte Form des Tierhorns ist das bei Nizza gefundene sog. *Gallische Horn* aus Bronze. Überliefert sind nur zwei Drittel seiner Klangröhre, 108 cm lang, deren einzelne Teile mittels breiter profilierter Bronzeringe verbunden sind. Ein derartiges Horn ist auch auf der bekannten Marmorstatue des Sterbenden Galliers zu sehen, die im Kapitolinischen Museum in Rom aufbewahrt wird, und auf dem Relief des Triumphbogens in Narbonne. In beiden Fällen sind die Originalformen der Instrumente durch eine unfachgemäße Restaurierung verunstaltet worden. Nach der großen Menge gefundener Fragmente konnte das *Kleine Horn* der Kelto-Iberer von der Pyrenäischen Halbinsel rekonstruiert werden. Das Original des flachen, beckenförmigen Mundstücks wird zusammen mit den reichen Funden aus Numantia im Römisch-Germanischen Zentralmuseum zu Rom aufbewahrt. Die Kelten übernahmen die römische Tuba, paßten sie aber ihrem Brauch an, wie der Fund in Neuvy-en-Sullies beweist. Sie besteht aus mehreren Teilen, die mittels verzierter Ringe verbunden sind; das Mundstück erinnert an die der heutigen Trompeten.

Ein typisch keltisches Militärinstrument war die Trompete *Carnyx*,

Musikbogen, Felsmalerei in Cape Town (Südafrika)

Trommel und Musikbogen.
Felsmalerei in der Rabišhöhle
bei Bjelogradčik (Bulgarien)

19 Bronzefigur eines keltischen Trompeters,
Hradiště bei Stradonice (Tschechoslowakei), 1. Jahrhundert

von Homer *Galatische Salpinx* genannt; ihren Schalltrichter schmückt
ein Tierkopf (Pferde-, Schlangen-, Wolfskopf u. a.), manchmal mit ras-
selnder Metallzunge. Gefunden wurde ein einziges Carnyx-Exemplar,
und zwar in der Witham, einem Fluß bei Lincolnshire. Doch besitzen
wir viele Berichte von antiken Schriftstellern sowie zahlreiche Abbildungen auf keltischen Münzen, auf der Trajanssäule, einem Fresko in
Pompeji u. a. Auf einem im dänischen Gundestrup gefundenen Silber-
gefäß sind drei Bläser dargestellt, deren Instrumente steil emporgerich-
tet sind. Das gleiche Instrument ist auf einem altindischen Relief aus
dem 1. Jahrhundert n. u. Z. entdeckt worden, und die indischen Straßenmusikanten blasen noch heute auf steil emporgehobenen Metallhör-

27

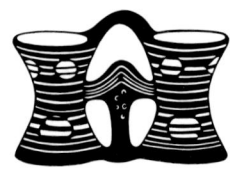

Doppeltrommel in
Binokelform, Eneolith,
Südliche UdSSR

nern, dem sog. *Ranaschringa,* dessen Schallstück üblicherweise mit einem offenen Drachenmaul geschmückt ist. Die französischen Instrumentenbauer des 18. und 19. Jahrhunderts gaben — nach dem Vorbild ihrer keltischen Vorfahren — den Schalltrichtern von Posaunen und Baßhörnern gelegentlich die Gestalt geöffneter Tiermäuler.

Die *Irische Trompete* stammt aus der Bronzezeit. Ihr Mundstückloch ist seitlich an der Röhre angebracht. Ein Kranz starker spitzer Zähne am Schallbecher diente nicht als Schmuck, sondern als gefährliche Waffe. Die Kelten paßten ihrem Geschmack nicht nur die Tuba, sondern auch die Syrinx an: Das Horn ist abgeschrägt, der untere Rand verläuft parallel zum oberen. Diese abgeänderte Gestalt zeigt eine Syrinx mit acht Pfeifen aus Buchsbaumholz, die in einem Brunnen der gallisch-romanischen Stadt Alesia (jetzt Alise-Ste-Reine) gefunden wurde; eine ganze Oktave in D-dur kann auf ihr gespielt werden. Der griechische Schriftsteller Diodor (1. Jahrhundert n. u. Z.) erzählt, daß die keltischen Barden ihre Lieder auf Saiteninstrumenten begleiteten, die der griechischen Lyra ähnelten. Ein altirisches Lied besingt das viersaitige Saiteninstrument *Crot.* In diesem Namen scheint der des mittelalterlichen Instruments Chrotta (Rotta) anzuklingen, das schon der römische Dichter Venantius Fortunatus im 6. Jahrhundert erwähnt („chrotta Britanna canat").

20 Sumerische Lyra,
Relief am Königspalast zu Telloh (Irak), um 2400 v. u. Z.

21 Große sumerische Rahmentrommel mit klappernden Plättchen, Steinrelief in Telloh (Irak), 2200—2000 v. u. Z.

ALTERTUM

MESOPOTAMIEN

Die Wiege der Zivilisation war das Gebiet zwischen den beiden vor-
derasiatischen Flüssen Euphrat und Tigris, das die alten Griechen Mesopotamien, das Zwischenstromland, nannten. Gegen Ende des 4. Jahrtausends v. u. Z. gründeten im südlichen Teil des Landes die Sumerer
eine zivilisierte Gesellschaft. Diese Kultur lag lange im Dunkel der

22 Assyrische Harfe, Lyra und Doppelflöten,
Relief am Königspalast zu Ninive, um 700 v. u. Z.

Vergessenheit, erst in unserem Jahrhundert ist sie zunehmend wiederentdeckt worden. Hervorragende Denkmäler der sumerischen Kunst
sind die epischen Gedichte, deren Held Gilgamesch, der legendäre
Herrscher der Stadt Ur, ist, ferner Festhymnen, die für die Verehrung
von Göttern und bedeutenden Herrschern bestimmt waren und zur
Begleitung von Musikinstrumenten vorgetragen wurden. Die in Mesopotamien entdeckte Anzahl dieser Dichtungen ist jedoch im Vergleich
zu ägyptischen Funden gering. Daher kann man sich neben den literarischen Berichten vor allem aus Reliefs, Siegelzylindern, steinernen Vo-
tivtafeln, Muschelintarsien u. ä. ein Bild von der Musik und dem Instrumentarium der Völker Mesopotamiens machen.

Aus einer Literaturquelle wissen wir vom Gebrauch der *Flöte*, deren
sumerischer Name Gi-gid (gi = Schilf) auf den Stoff hinweist, aus dem
sie die Hirten ursprünglich herstellten; später gab es Flöten aus Bronze, Silber und Gold. König Gudea von Lagasch erinnert sich, wie „En-
lulim, der Ziegenhirt, Ennins großen Hof mit den Tönen seiner Pfeife
mit Lust und Freude füllte" (F. Thureau-Dangin: *Die sumerischen und
akkadischen Königsinschriften,* 1905).

23 Semitische Lyra,
Grabmalerei in Beni Hasan (Ägypten), um 1920—1900 v. u. Z.

Sumerische Silberflöte, um 2600 v. u. Z., Philadelphia, University Museum

24 Babylonische Musikantin mit Lyra und Tänzer mit Tamburin, Relief aus der Zeit Hammurabis, um 1700 v. u. Z.

Zu den ältesten Abbildungen antiker Musikanten gehört wohl das bei den Ausgrabungen des südbabylonischen Tempels in Bismaja gefundene Fragment einer Lasurvase. Es stammt aus dem 3.–4.Jahrtausend v. u. Z. und wird heute im Museum von Istanbul aufbewahrt. Auf ihm sind sumerische Spielleute abgebildet, von denen der erste ein Saiteninstrument spielt, das der heute in Burma und Afrika gebräuchlichen Bogenharfe ähnlich ist. Der zweite spielt ebenfalls auf einem Zupfinstrument, das aber einen dreieckigen Resonanzkasten mit langen Quasten hat, wie ihn die späteren assyrischen Harfen zeigen. An diesen überrascht die vollendete Bauweise, die eine lange Entwicklung voraussetzt. Aus der Saitenzahl — sieben beim ersten, fünf beim zweiten Instrument — darf gefolgert werden, daß zu jenen Zeiten bereits ein

Sumerische Harfe. Nach der Abbildung auf einer Mosaikstandarte. London, British Museum

Fünftonsystem bestand. Der hinter den beiden schreitende dritte Spielmann scheint mit der Rahmentrommel, die er unter dem linken Arm trägt, den Rhythmus anzugeben.

Im Irakischen Museum zu Bagdad wird der seltene Fund einer 4500 Jahre alten *Harfe* aufbewahrt, die aus der Grabstätte der Königin Pu-abi stammt. Ihr quadratischer Resonanzkörper ist mit einem Lasur- und Muschelmosaik verziert. Ein weiterer Schmuck ist ein Stierkopf aus Blattgold auf Holz, mit eingesetzten Muschel- und Lasuraugen, der an der Vorderseite der Harfe nach Art der Galionsfiguren angebracht ist. Man müßte den Sumerern ein recht hohes technologisches Konstruktionsniveau bei Harfen und Lyren zuerkennen, wenn es sich bestätigen sollte, daß diese Figuren neben ihrer dekorativen Funktion auch die Tonlage des Instruments beeinflußten.

In den Grabstätten der Könige von Ur, die in den zwanziger Jahren unseres Jahrhunderts entdeckt wurden, fand man neben Harfen auch *Lyren,* deren Saiten — im Unterschied zu den unterschiedlich langen parallellen Harfensaiten — gleich lang waren und von einem Punkt strahlenförmig auseinanderliefen. Die Instrumente waren aus Holz, Silber und Gold hergestellt und mit Mosaiken ausgelegt. Die Holzteile des Rahmens der goldenen Lyra sind nicht erhalten geblieben, jedoch Goldstifte und Mosaikverzierungen mit einem Stierkopf. In denselben Gräbern wurde eine Mosaikstandarte gefunden, ein wahres Bilderbuch des Lebens der Sumerer vor dem Jahr 3000 v. u. Z. Unter den in Perlmutt- und Lasurmosaiken dargestellten Figuren ist auch ein Musikant abgebildet, der eine Sängerin auf einer mit einem Stierkopf geschmückten einundzwanzigsaitigen Lyra begleitet. Noch in jüngster Vergangenheit spielten die Georgier im Kaukasus auf einer Harfe, die mit einem plastischen, zwei Pferde und einen Stier zeigenden Kreismotiv verziert war, und die Ungarn pflegen noch heute ihre Zithern mit Pferdeköpfen zu schmücken. Die fünf bis elf Saiten der Lyra wurden zumeist mit einem Plektron zum Tönen gebracht; über einen Resonanzkasten wurden sie zur Querstange geführt, wo sie mit Stiften oder Leder befestigt waren. Auf dem heute im Pariser Louvre befindlichen Relief des Königspalastes zu Telloh von 2600 v. u. Z. ist ein Spielmann mit einer ungewöhnlich großen elfsaitigen Lyra — einer Art *Lyrenharfe* — abgebildet. Auf dem Vorderteil des Resonanzkastens ist die ganze Gestalt eines stehenden Stiers dargestellt, das abstehende Ende des Vorderteils der Querstange schmückt ein Tierkopf. Baudetails dieser Lyrenharfe erinnern an die mittelalterliche europäische Psalterharfe.

Die Erfindung der *Laute* — mit kleinem birnförmigem Klangkörper und schmalem langem Hals — schreibt der griechische Enzyklopädist Pollux den Assyrern zu. Dieses Instrument findet man oft in der Hand von Hirten abgebildet, sie wird daher für ein Volksinstrument gehalten.

Bei höfischen Festlichkeiten gebrauchte man Rahmentrommeln, die von Frauen geschlagen wurden; einige Abbildungen zeigen Trommeln von eineinhalb Meter Durchmesser. Das Trommelfell wurde mit Nägeln an den hölzernen Rahmen befestigt; in chinesischen und japanischen Tempeln hängen noch heute Trommeln, deren Fell auf ähnliche Weise mit Nägeln festgespannt wird.

Den Babyloniern verdankt die Menschheit Fortschritte in der Medizin, Astronomie und der Tonkunst; letztere wurde besonders glanzvoll unter Hammurabi, dem berühmtesten König von Babylonien (an der Wende des 18. und 17. Jahrhunderts v. u. Z.), gepflegt. Da die babyloni-

25 Rekonstruierte sumerische Lyra,
Begräbnisstätte in Uruk (Irak), um 2700—2500 v. u. Z.

Winkelharfe aus Babylonien.
Nach dem Relief am
Palast Assurbanipals in Ninive

sche Kultur an die ältere sumerisch-akkadische Zivilisation anknüpfte, konnte sie auch in der Musikpflege ein hohes Niveau erreichen.

Über Musik und Instrumente des Mittleren Reiches besitzen wir keine Belege. Erst um das 1. Jahrtausend v. u. Z., als merkliche syrische und hethitische Einflüsse zu Tage treten, tauchen wieder Steinreliefs mit dargestellten Musikinstrumenten auf: die kurze Trompete, die kleine Lyra, die Laute mit zwei Saiten und langem Hals, die Doppeloboe und Becken (Tschinellen). In Mari wurde eine gebrannte Tonrassel aus dem beginnenden 2. Jahrtausend v. u. Z. gefunden. Aus dem südbabylonischen Larsa ist ein Terrakotta-Äffchen mit Flöte überliefert, eine andere Terrakottafigur zeigt eine Frau, die eine Syrinx spielt.

Im Archäologischen Museum von Ankara wird das Basrelief eines Gitarrespielers aufbewahrt: Das Instrument ähnelt verblüffend der Gitarre, die 2700 Jahre später im mittelalterlichen spanischen Kodex Cantigas de Santa Maria dargestellt ist. Auf dem vom Tor des Palastes Assurbanipals in Ninive stammenden Relief (heute im Britischen Museum, London) ist eine Opferszene abgebildet, wie der König, begleitet von seinen Leibwächtern, geweihtes Öl über erlegte Löwen ausgießt. Dazu singt eine Frau zur Begleitung einer *Winkelharfe*. Auf einer Rei-

26 Hethitische Gitarre,
Steinrelief in Alaca Hüyük (Türkei), um 1350 v. u. Z.

27 Assyrische Musiker mit Rahmentrommel, Lyren und Becken,
Steinrelief vom Palast König Assurbanipals in Ninive (668—626 v. u. Z.).

he von neuassyrischen Reliefs kommen fünfzehn- bis zweiundzwanzig-
saitige große Harfen vor, die belegen, daß sich im Laufe vieler Jahrhunderte an Aussehen und Gebrauch dieser Instrumente nichts Wesentliches geändert hat.

Die Hethiter, die Schöpfer einer der eigenständigsten Kulturen des
gesamten Altertums, sind nicht nur als geschickte Metallurgen, gute
Soldaten und Diplomaten berühmt, sondern auch als Verehrer der
Tonkunst, die ganz im Dienste ihrer Gottheiten stand. Ihre von Harfe
und Laute begleiteten Gebete zu den Göttern und die Lieder zu deren
Verehrung zeichnen sich durch hohen poetischen Gehalt aus, der stel-
lenweise wohl durch Rauheit des Ausdrucks und stilistische Stereoty-
pien gestört wird. Die männliche Figur, die eine Rahmentrommel
schlägt, weist ähnliche Züge auf wie die in der Epoche der altertümlichen Zivilisationen verwendeten Stücke.

ÄGYPTEN

Ägyptischer Trompeter nach Champollion

Der nächste herausragende Meilenstein auf unserem Weg ist das Land am Nil. Zwei Umständen ist es zu verdanken, daß wir heute unverhältnismäßig mehr vom alten Ägypten wissen als von allen übrigen Zivilisationen des Altertums: Dem heißen Wüstensand, der alles konserviert, was er einmal verschlungen hat, und der Vorliebe der Ägypter für die Darstellung ihres Alltagslebens. Szenen aus diesem Leben haben Bildhauer in Stein, Metall und auch in Holz dargestellt und Maler auf innere Grabwände gemalt. Der Wert dieser Abbildungen wird durch die Inschriften, die selbst die kleinste Fläche füllen, noch erhöht. Auf diese Weise sind sämtliche Namen der altägyptischen Musikinstrumente auf uns gekommen; und nicht nur die Namen, sondern auch die Beschreibung der einzelnen Spielmannspflichten. So war es die einzige Aufgabe der einen, mit den Händen den Rhythmus zu klatschen, von anderen, Orchester und Chöre zu dirigieren. Man findet auch Darstellungen von musizierenden Priesterinnen oder von Sängerinnen, die eine besondere Kaste bildeten und in einem der zahlreichen Tempel Dienst verrichteten. Oft führen die Inschriften auch die Liedernamen und -texte an, oder es werden die Tanzsujets und deren mythologische Bedeutung zitiert.

28 Ägyptische Frauen, die Harfe, Laute und Doppeloboe spielen, Wandmalerei in einem Grabe der Nekropolis bei Theben, Neues Reich, 1435–1405 v. u. Z.

Ägyptisches Sistrum nach Champollion

Ägyptische Flöte. Nach der Abbildung in der Grabstätte des Pharao Nencheftkal (V. Dynastie), Kairo, Egyptian Museum

29 Harfenist Ramses' III.
Wandmalerei in der Nekropolis zu Theben, 1166 v. u. Z.

Ägyptische Harfe nach H. Hickmann

In der Zeit vor dem Antritt der Pharaonendynastien war in Ägypten die längliche Rohrflöte *M'at* mit zwei bis sechs Grifflöchern bekannt. Der Spieler hielt sie leicht zur Seite geneigt und blies über ihr oberes Ende gegen die scharfe Rohrkante. Dieser Flötentyp ist in den islamischen Ländern unter dem persischen Namen Nay erhalten geblieben. Es dauerte dann nicht lange bis zur Entstehung der Vorläufer von Klarinette und Oboe, beide mit den Grundmerkmalen dieser Instrumente, nämlich einem einfachen Rohrblatt (bei der Klarinette) und einem Doppelrohrblatt (bei der Oboe). Eine spezifische Eigenart des alter-

tümlichen Instrumentariums, die bis zum heutigen Tag bei Volksinstrumenten des Nahen und Fernen Ostens erhalten geblieben ist, sind die Doppelinstrumente, die aus zwei entweder verbundenen oder losen Pfeifen bestehen.

Mundstückinstrumente gab es im Altertum im wesentlichen zweierlei: Trompeten mit Zylinderrohr und konische Hörner. Allerdings waren die Trompeteninstrumente nicht immer ganz zylindrisch und sind es auch heute nicht. Die Instrumentenkunde hat keine allgemeingültige Grenze zwischen konisch und nicht mehr ausreichend konisch gezogen, an der ein Instrument noch als Trompete angesprochen würde. Wir haben es also in unserem Fall nur mit einer groben Einteilung zu tun, bei der die ausdrücklich konischen Instrumente zu den Hörnern, die übrigen zu den Trompeten gezählt werden. Zwei *Chnove*-Trompeten wurden in der Grabstätte Tutenchamons gefunden. Sie sind einen halben Meter lang, haben eine sehr schmale Mensur und tragen auf dem trichterförmigen Endstück dekorative Beschläge. Griechische Schriftsteller haben ihren Schall mit dem Schrei eines wütenden Esels verglichen.

Schon aus der Zeit des Alten Königreichs (2900—2475 v. u. Z.) gibt es Abbildungen, die die Kenntnis hölzerner, am Ende gebogener *Schlegel* belegen. Sie wurden paarweise in einer Hand gehalten und gegeneinander geschlagen. *Klappern* in Form der menschlichen Hand für zwei Hände findet man von Frauen bei der Verehrung der Göttin Hathor gespielt. Kultzwecken diente ferner die Rassel griechischen Ursprungs *Iba*, auch *Sehem* genannt, die später *Sistrum* genannt wurde. Dieses Instrument des Isiskults begleitete das ganze Altertum, es dehnte seinen Wirkungskreis auf alle Mittelmeerländer aus und hinterließ seine Spuren nicht nur in Äthiopien, sondern auch im fernen Kaukasus. Das ägyptische Sistrum hatte anders als die außerhalb des Landes gefundenen Instrumente die äußere Form einer Tempelfront; durch die Löcher in den Seitenflächen waren rasselnde Dräthe gezogen.

Zum Symbol der ägyptischen Musik ist die *Harfe* geworden; ihre vielen Varianten dokumentieren ihre Beliebtheit und die Verehrung, die sie genoß (siehe Zeichnungen im Einführungsteil). Die bisher ungeklärte Frage, ob die Ägypter die Harfe von den Sumerern übernahmen oder umgekehrt, ändert nichts an der Tatsache, daß es zwischen beiden Instrumenten viele gemeinsame Merkmale gab. Die *Bogenharfe*, die zur Zeit des Alten Königreichs einen fellüberzogenen runden Resonator besaß, wurde im Sitzen gespielt. Auf Abbildungen aus der Zeit des Neuen Königreichs (1580—1085 v. u. Z.) kann man Bogenharfen sehen, die bis zwei Meter hoch sind und selbst 30 Saiten haben. Es waren in der Tat königliche Harfen; ihr Resonanzkörper war mit Leopardenfell bezogen, und beim Spiel stand der Musikant aufrecht. Die *Winkelharfen* mit schmalem, in Felle eingenähtem und aufrechtem Schallkörper kamen wahrscheinlich aus Asien nach Ägypten. Ihre Saiten (13—20) wurden mittels Stricken gespannt, die man an Stifte band; ihre freien Enden hingen als Schmuckquasten am anderen Ende herab.

Ägyptische Harfen nach H. Hickmann

Wie die Grabmalerei in Beni Hasan zeigt, machten zu Beginn des 2. Jahrtausends v. u. Z. syrische Nomaden die Ägypter mit einer *Lyra* mit schmalem vierseitigem Resonator bekannt, aus dem zwei bogenförmige, am Ende mit einem Querstück verbundene Arme treten. Von den Sumerern übernahmen die Ägypter die *Lyrenharfe*, wie die Abbildung auf dem Tempelrelief von Philae aus dem 1. Jahrhundert v. u. Z.

30 Ägyptische Winkelharfe und Doppeloboe,
Steinrelief in Abu Hasan (Ägypten), Anfang des 2. Jahrtausends v. u. Z.

31 Ägyptisches Trompetenschallrohr,
Grab des Tutanchamon, 1320 v. u. Z.

zeigt. Mit der Lyra kam die *Laute* nach Ägypten; sie hatte einen kleinen, länglichen, fellüberzogenen Körper, einen dünnen langen Hals, der durch den Schallkörper ging, und zwei bis vier Saiten, die mit einem Plektron angerissen wurden. Laute und Lyra haben sich bis heute in Nordostafrika, im Sudan und in Äthiopien sowie in mehreren anderen arabischen Ländern erhalten.

Das altägyptische Instrumentarium wurde um 1500 v. u. Z. bereichert, als die Könige der 18. Dynastie Vorderasien unterwarfen, und die dortigen Sklavinnen mit ihren Musikinstrumenten an den ägyptischen Königshof kamen. Tänzerinnen schlugen den Takt auf *Rahmentrommeln,* die den heutigen Tamburinen gleichen, wie sie in ganz Nordafrika und im Nahen Osten benutzt werden; die damaligen Trommeln lassen jedoch die klingelnden Blechstücke vermissen. Auf Reliefs aus der Zeit der 12. Dynastie (2000 – 1788 v. u. Z.) sind fäßchenförmige Zweimembranentrommeln dargestellt, die man mit beiden Händen schlug.

Die Vorliebe der altägyptischen Künstler für die Abbildung von Musikszenen kommt auch auf dem heute im Museum von Kairo deponierten Relief zum Ausdruck, das drei junge Ägypterinnen zeigt, die zum

Tanz Lyra, Harfe und Laute spielen. In Sakkarah wird ein sehr frühes Relief aus der Zeit des Alten Reiches aufbewahrt, das das gleichzeitige Auftreten mehrerer Instrumentenspieler bezeugt; Flöte, Oboe und Harfe mit einem kleinen Sängerchor. Es ist eine Art gemischte Vokal- und Instrumental-Gruppe, die in ihrer Zusammensetzung an heutige ägyptische Ensembles erinnert. Mit den Fingern der rechten Hand zeigen die Sänger einander die Tonhöhe an, wie es noch heute in Ägypten praktiziert wird. Auch die offene Handfläche am Ohr ist eine noch heute lebendige Geste ägyptischer Volkssänger. In der Nekropolis von Theben wird der Besucher von einer Freske im Grab Kakhtu gefesselt, die einen blinden Musikanten und ein kleines weibliches „Kammerorchester" darstellt. Nicht weniger eindrucksvoll sind die Wandmalereien von Medinet Habu, auf denen königliche Trompeter der Armee des Pharao das Geleit geben oder jene zwei einsamen Harfner in der nach ihnen benannten Grabstätte. Alle diese Abbildungen beweisen, wie sehr die Ägypter die Musik liebten und welch große Bedeutung sie ihr im täglichen Leben beimaßen.

JUDÄA

Der Untergang des Hethiterreichs, die Krise im Raum Mesopotamiens und die Schwächung Ägyptens im ausgehenden 2. Jahrtausend v. u. Z. schufen die Vorbedingungen für eine eigenständigere Entwicklung der Stadtstaaten auf syrischem und phönizischem Gebiet. Vielfältige Ge-

32 Ägyptische Bogenharfe, Laute, Doppeloboe und Lyra,
Grabmalerei in der Nekropolis von Theben, um 1420—1411 v. u. Z.

33 Jüdischer Schofar, 19. Jahrhundert

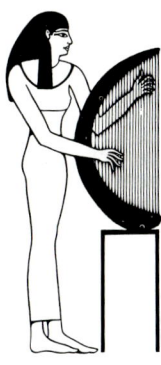

Ägyptische Harfe nach
H. Hickmann

schicke erfuhr das südlicher gelegene Palästina, dem wegen seiner geographischen Lage das rege Interesse der Ägypter galt. Unter seiner Bevölkerung gelangten semitische Stämme zu besonders hoher Bedeutung; zum Repräsentanten der Bemühungen um Einheit und Unabhängigkeit wurde der hebräische Stammesverband Israel.

Wir haben nur unklare Vorstellungen darüber, wie die im Alten Testament und anderen Schriften genannten Musikinstrumente Judäas aussahen, denn das Alte Testament verbot jede Abbildung von Menschen oder Dingen, und in Palästina selbst wurden von Archäologen nur zwei Paar *Becken* (Tschinellen) und der Handgriff eines *Sistrums* gefunden. Zwischen der Musik in Judäa und der Kultur Ägyptens und Mesopotamiens bestanden feste Beziehungen, und wir dürfen annehmen, daß sich assyrische, babylonische, hebräische und ägyptische Musikinstrumente in ihrem Bau nicht sonderlich voneinander unterschieden. Erinnern wir uns nur an die ägyptische und die babylonische Gefangenschaft der Juden, an jene Stelle im Talmud, die besagt, daß die Tochter des Pharao, die König Salomo ehelichte, „tausenderlei Musikinstrumente" nach Jerusalem mitbrachte (Shabbat 56b).

Viele schriftliche Berichte belegen die Vorliebe der Israeliter für die Musik, doch sagen die Quellen wenig über die Musikinstrumente aus. So findet man zwar z. B. in den Psalmen Erwähnungen gewisser Instrumente, doch erfährt man nichts von deren Form:

Lobsinget Jahwe zum Saitenspiel
Psalter ertöne und Harfe (kinnor)!
Mit dem Hall der Trompeten (chasosrah) und Hörner (Schofar) jubelt vor ihm, dem König Jahwe!

(Psalm 98, 5—6)

Lobet ihn mit dem Hall der Posaunen (chasosrah),
Lobet ihn mit Psalter (nevel) und Harfe!
Lobet ihn mit Pauken (tof) und Reigen,
Lobet ihn mit Flöten (halil) und Saitenspiel (minim)!
Lobet ihn mit klingenden Zimbeln (schama selslim),
Lobet ihn mit dem Schall der rauschenden Zimbeln (trud selslim)!

(Psalm 150, 3—5)

Das *Kinnor* genannte Instrument, das ursprünglich der syrischen oder ägyptischen Lyra ähnelt, wird heute als Kithara, Citera oder Zither angeführt. Dem Bericht des jüdischen Generals der römischen Armee und Geschichtschreibers Josephus Flavius aus dem 1. Jahrhundert n. u. Z. zufolge hatte der Kinnor zehn Saiten, die mit einem Plektron angerissen wurden.

Der *Schofar* ist das einzige noch heute in Synagogen gebrauchte Instrument. Es gibt zwei Arten: Die eine ist aus Bockshorn und wurde bei den Neumondfeierlichkeiten geblasen, die zweite, aus Widderhorn, war für die Fastentage bestimmt. Die Hörner wurden unter Wärmeeinwirkung durch Abflachen und Zurechtbiegen geformt. Das Schofarblasen ist keine leichte Sache: Nur schwer können ihm einige kunstlose Töne entlockt werden.

Ägyptische Trommeln nach H. Hickmann

Im Alten Testament ist zu lesen, daß der Herr Moses befahl, zwei *Chasosrah* aus Silber zu verfertigen, für den Fall, daß er in die Schlacht ziehen müßte. Ferner wird ihm befohlen, wie, wie oft, unter welchen Umständen und wann nur eine bzw. beide Chasosrah geblasen werden sollen. Auf dem Triumphbogen des Kaisers Titus in Rom, der nach der Eroberung Jerusalems errichtet wurde, ist seine triumphale Heimkehr dargestellt. Unter den im Tempel zu Jerusalem erbeuteten Gegenständen befinden sich kurze Trompeten mit trichterförmigem Schallstück.

Die Frage nach der wahren Beschaffenheit des Instruments *Nevel* ist bisher noch nicht befriedigend beantwortet worden. Mit Sicherheit wissen wir nur, daß es sich um ein harfenartiges Instrument handelte. Flavius führt an, daß es zwölf Saiten hatte und daß es mit „bloßen Fingern", d. h. ohne Plektron gespielt wurde, also wie die Harfe.

Das Instrument *Tof* ist eine alte ägyptische Rahmentrommel, die im Unterschied zum Tamburin mit keinen Anhängseln, Schellen oder rasselnden Plättchen versehen war. Überall im Nahen Osten, auch in Judäa, wo diese Trommel bekannt war, wurde sie von Frauen geschlagen.

Im Talmudtraktat Ktubot ist nachzulesen, daß selbst die Ärmsten in Israel zur Bestattung ihrer Frauen mindestens 2 *Halil*-Spieler bestellten; dieses Instrument war höchstwahrscheinlich eine Art Doppeloboe, wie sie damals im ganzen nahöstlichen Gebiet verbreitet war. In älteren Zeiten hatte dieses Blasinstrument eine zylindrische Röhre, später, kurz vor dem Untergang des israelitischen Staates, war die Röhre bereits kegelförmig, in der Art des arabischen Zamr, einer Oboe. Die arabische Chronik *Kitab algani* aus dem 7. Jahrhundert n. u. Z. führt den *Mismar* oder *Zamr* sowie die *Deff-Trommel* als Militärmusikinstrumente der jüdischen Stämme an.

Das Schlaginstrument Selslim läßt sich wahrscheinlich mit Becken (Tschinellen) identifizieren. *Schama Selslim* klangen hell, *Trud Selslim* rauher, lauter. Nach Ansicht gewisser Organologen bezeichnete das hebräische Wort *Magrephah* die Wasserorgel Hydraulis, über deren Vorkommen in Judäa jedoch keine genauen Berichte überliefert sind.

GRIECHENLAND

Vom fünften bis zum dritten Jahrtausend v. u. Z., als in Ägypten und Asien Völker lebten, deren hohe Kultur durch schriftliche Nachrichten und künstlerisch wie dokumentarisch wertvolle Bildwerke belegt ist, herrschte in Europa die Stein- und die Bronzezeit. Erst im ersten Jahrtausend v. u. Z. betritt Europa in Gestalt der um das Mittelländische Meer angesiedelten Völker den Schauplatz der Geschichte. Ihre günstige geographische Lage ermöglichte den Griechen, Etruskern und Rö-

34 Jüdische Chasosrahs,
Reliefdetail des Titusbogens, Rom, 1. Jahrhundert n. u. Z.

mern neben gegenseitigen Beziehungen auch Kontakte mit den Völkern Nordafrikas und des Nahen Ostens.

Oft weisen Musikhistoriker auf die mangelnde Proportionalität der griechischen Musik zur griechischen Dichtkunst, Bildhauerei und Architektur hin. In Wahrheit aber bestätigen diese Künste, in denen man die Musikpflege und Instrumente oft in verschiedenen Formen dargestellt findet, daß die Griechen darin hinter den anderen Kulturvölkern des Altertums keineswegs zurückstanden. Die griechische Musiktheorie hat der europäischen Musikwissenschaft die fruchtbarsten Impulse gegeben.

Athenaios, Pollux und andere griechische Schriftsteller sprechen von der großen Menge ihrer Musikinstrumente, deren wichtigste die Kithara und der Aulos waren. Nach diesen war die griechische Musik in zwei völlig selbständige Instrumentalfächer geteilt: die Kitharistik — das Saitenspiel, und die Auletik — das Spiel auf Blasinstrumenten. Der erste historische Beleg der dem Apoll geweihten *Kithara* befindet sich in einer Ode des Terpandros (7. Jahrhundert v. u. Z.). Das Instrument bestand gänzlich aus Holz, sein Klang war daher stark und voll. Oft war die Kithara mit Schnitzwerk verziert, und die spätrömische Kithara gehört zu den reichstgeschmückten antiken Musikinstrumenten. Alle ihre Saiten waren diatonisch in dorischer Tonleiter gestimmt, später, als das Kitharaspiel eine virtuose Stufe erreichte, war das Instrument lydisch gestimmt.

Anfangs unterschied sich die Kithara nur wenig von dem nach ihr meistverbreiteten Saiteninstrument, der *Lyra*. Die Griechen in Kleinasien und auf den Inseln des Ägäischen Meeres, die Ionier, nannten sie daher sowohl *Phorminx* als auch Kithara; die gleiche Bezeichnung ge-

35 Griechische Kithara.
Detail einer attischen Vasenmalerei, 5. Jahrhundert v. u. Z.

36 Aulosspieler,
Detail einer griechischen Vasenmalerei, 5. Jahrhundert v. u. Z.

Klappern aus Karthago. Relief, 4. Jahrhundert v. Chr., London, British Museum

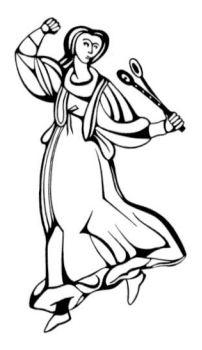

braucht auch Homer. Im Verlauf der Weiterentwicklung behielten beide Instrumente gewisse gemeinsame Merkmale bei: die äußere Form, Saitenzahl und die Spieltechnik. Die Lyra war kein so ausdrucksvolles Instrument wie die Kithara und begnügte sich mit der Rolle eines Unterhaltungs- und Unterrichtsinstruments. Der Unterteil ihres Schallkörpers bestand oft aus einem fellbezogenen Schildkrotpanzer, in den zwei Antilopenhörner als Arme des Instruments symmetrisch eingesetzt waren. Die Hörner verliehen dem Instrument mit ihren Formen und leicht gewellten Umrissen das typische und noch heute bekannte Aussehen der Lyra. Die Darmsaiten der Lyra und Kithara waren vom Resonanzkasten zwischen den Armen senkrecht zum Querstück mit den aufgewundenen Riemen geführt und wurden so lange gespannt, bis der gewünschte Ton erreicht war. Die Saitenzahl der Kithara und Lyra stieg von ursprünglichen fünf bis auf elf. Das schlankere Gegenstück der Lyra, das *Barbiton*, diente dem Anakreon und anderen Lyrikern von Lesbos als Begleitinstrument zu ihren bei Festlichkeiten und Gastmählern gesungenen Liedern.

Kithara und Lyra zupfte man entweder mit den Fingern oder dem Plektron, einem Stäbchen aus Holz, Metall oder Elfenbein. Mit seinem erweiterten Ende wurden die Saiten geschlagen, wodurch ein längeres Weiterklingen und die notwendige Tonschärfe erzielt wurden. Nach

37 Sambyke, Kithara und Lyra,
Detail einer griechischen Vasenmalerei, Ende des 5. Jahrhunderts v. u. Z.

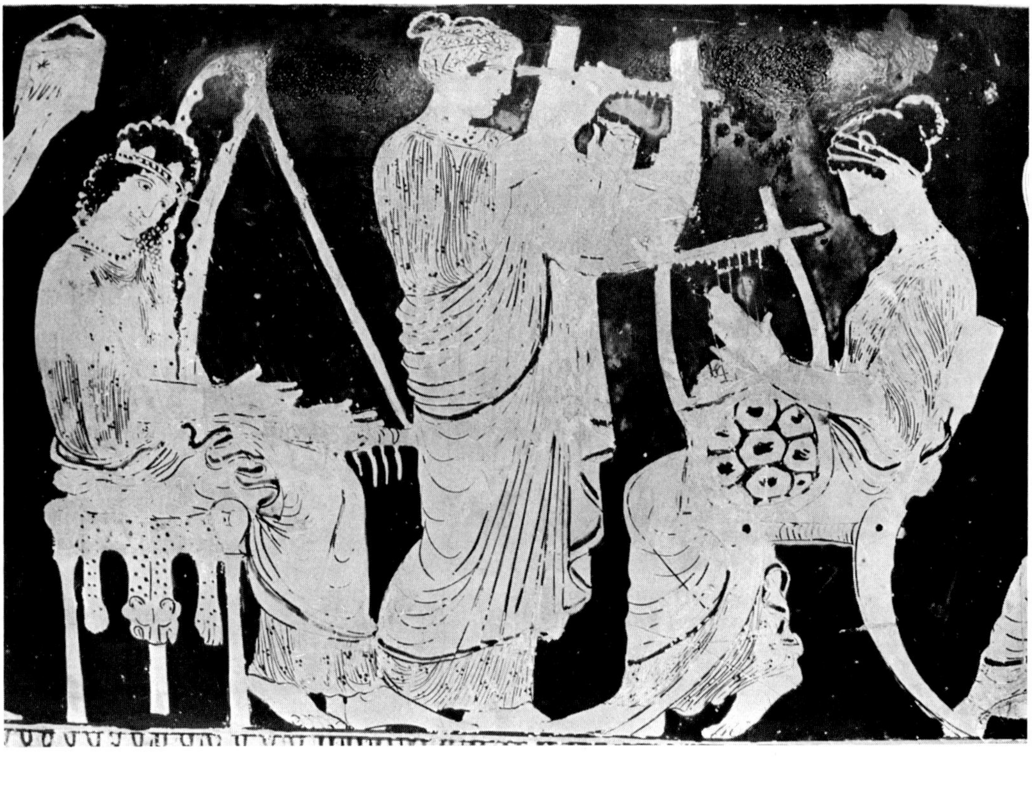

38 Harfe, Auloi, Tamburin, Lyra, Laute.
Griechische Plakette, 5. Jahrhundert v. u. Z.

traditioneller Regel spielte man bei der Gesangsbegleitung ausschließlich ohne Plektron; in den Gesangspausen führte der Spieler jedoch auf
seinem Instrument Solostücke vor und mußte daher beide Spielarten
beherrschen.

Zu den meistverbreiteten griechischen Holzblasinstrumenten gehörte der *Aulos*. Der griechische Schriftsteller Theophrast (etwa 372—287
v. u. Z.) beschreibt eine hochentwickelte Art; der Aulos bestand aus
drei Teilen, dem Mundstück (dseugos), dem Mittelstück (holmos) und
der eigentlichen Röhre (bombys). Der erste und dritte Teil waren aus
Schilfrohr gefertigt, das Mittelstück aus Bein bzw. Elfenbein. Andere
Berichte führen als Material des Mittelstücks auch Buchsbaumholz
oder Metall an; bloß das Mundstück blieb aus Schilfrohr. Die griechischen und römischen Auloi hatten stets eine zylindrische Röhre, ältere
Typen waren ohne Fäßchen. Die lang diskutierte Frage, ob der Aulos
ein einfaches oder doppeltes Rohrblatt enthielt, ist noch nicht befriedigend geklärt worden. Die Griechen gebrauchten Auloi verschiedener
Größe, entsprechend den vier Tonlagen der menschlichen Stimme und
je nach Erfordernis des Zusammenspiels mit der Kithara. Die sog. *Kit-
hara-Auloi* waren zwischen Alt- und Tenoraulos gestimmt. Weitere
Typen waren der Interpretation von Tonsätzen in den drei griechischen Tonarten, der dorischen, phrygischen und lydischen, angepaßt.
Das bedeutete freilich, daß der Solospieler (Auletes) oder Gesangsbe-
gleiter (Aulode) einen ganzen Instrumentensatz zur Verfügung haben

39 Römischer Trompeter,
Mosaikdetail, Piazza Armerina, Sizilien, 4. Jahrhundert

mußte, je nachdem, in welchen Tonarten und Tonlagen er blasen sollte. Die Zahl der Grifflöcher stieg ähnlich wie die Saitenzahl der Kithara mit der Zeit auf zehn bis sechzehn. Antike Schriftsteller führen an, daß jedem Tonloch drei verschieden hohe Töne zugeordnet waren, was heißen will, daß die antiken Auleten nicht nur Gabelgriffe und teilweise Decken der Grifflöcher kannten, sondern auch das Überblasen in die höhere Oktave. Der Erleichterung des letzteren diente das Syrinx genannte Überblaseloch, eine Öffnung im Oberteil des Aulos. Der Name Syrinx ist wohl darauf zurückzuführen, daß mit seiner Hilfe hohe Töne hervorgebracht werden konnten, die an die der Panflöte (Syrinx) erinnerten.

Aulos. Nach einer griechischen Amphora-Malerei, um 480 v. u. Z., London, British Museum

Die leicht konische Trompete mit schlanker Mensur hieß *Salpinx*; der älteste Bericht über sie stammt aus Homers Ilias. Auch Aischylos erwähnt sie in seiner Tragödie *Die Perser* bei der Schilderung der Schlacht von Salamis. Xenophon beschreibt, wie athenische Reiter nach den Signalen der Salpinx übten: sie war also ein Militärinstrument. Wegen ihres durchdringenden Schalles, den Homer in der Ilias mit den fürchterlichen Schreien des Achilles vergleicht, war sie bei Festumzügen und besonders glanzvollen liturgischen Riten beliebt.

Salpinx. Nach einer griechischen Tassenmalerei. Anfang des 6. Jahrhunderts v. u. Z., Rom, Museo Vaticano

Von den ältesten Blasinstrumenten hatten sich in der damaligen Volksmusik *Kalamos* (Rohr) und *Kalamé* (Halm) erhalten. Schon aus den Bezeichnungen ist ersichtlich, daß es sich um Pfeifen handelt, die aus Schilfrohr bzw. Getreidehalmen hergestellt waren. Straßenpfeifer, die sog. Kalamauleten, wußten auch diesen einfachen Instrumenten geschickt Töne zu entlocken. Über das lateinische Wort calamus kamen diese Instrumentenbezeichnungen als chalumeau in den neuzeitlichen französischen Sprachgebrauch und als Schalmei ins Deutsche. Ein in der griechischen bildenden Kunst oft dargestelltes weiteres Volksinstrument war die *Panflöte* oder *Syrinx*, deren Bauweise sich seit dem Altertum überhaupt nicht geändert hat: verschieden lange Pfeifen sind mit Wachs zu einem einzigen Instrument zusammengeklebt. Dem Mythos nach war Pan der Gott der Arkadischen Schäfer, tagsüber trieb er sich in Bocksgestalt in den Bergen umher, abends blies er so lieblich auf seiner Flöte, daß ihm keine Macht der Erde widerstehen konnte.

Weder in der bildenden Kunst noch in der Literatur ist bisher ein Beleg darüber gefunden worden, daß die Griechen außer der *Rahmentrommel* auch andere Membraninstrumente gebrauchten.

ITALIEN

An der Schwelle der historischen Zeit, lange vor Rom, entwickelten im Herzen Italiens die Etrusker eine hohe Kultur, die überwiegend von orientalischen Elementen gekennzeichnet war. Die Musik war wichtiger und untrennbarer Bestandteil ihrer kultischen Riten sowie ihres Alltagslebens; sie erklang bei Sportveranstaltungen und sogar beim Strafvollzug. Nach Diodoros von Sizilien gebrauchten die Etrusker als erste die sog. tyrrhenische Kriegstrompete. Auf einer in Chiusi ent-

40 Becken und Aulos, Marmorrelief, 1. Jahrhundert

41 Aulosspielerin, Steinrelief, Süditalien, um 460 v. u. Z.

Lyra. Nach einer griechischen
Vasenmalerei, um 480 v. u. Z.,
München, Staatliche
Antikensammlung

42 Etruskischer Flötenspieler,
steinernes Grabrelief, Umgebung von Perugia, Italien, 2. Jahrhundert v. u. Z.

43 Etruskische Aulos- und Barbitonspieler,
Detail einer etruskischen Grabwandmalerei, Leopardengrab in Tarquinia, 475 v. u. Z.

44 Tibia, Tympanon und Kymbala,
Mosaik in Ciceros Villa zu Pompeji, Ende des 2. Jahrhunderts v. u. Z.

Griechische Kithara. Nach
einer Vasenmalerei, um 480 v.
u. Z., Boston, Museum of Fine
Arts

deckten Grabwandmalerei, die ein Begräbnisritual darstellt und heute
im Archäologischen Museum zu Florenz aufbewahrt wird, hält ein
Spielmann eine *Trompete* in der Hand, deren leicht konische Röhre am
Ende pfeifenkopfartig aufgebogen und mit einem Querband befestigt
ist. In der Rohrkrümmung ist die dem Abtropfen des Speichels dienende Öffnung zu erkennen. Diese Trompete erinnert in ihrer Form an den
römischen *Lituus;* eine solche Trompete ist in vollkommen erhaltenem
Zustand bei Cerveteri (das antike Caera) gefunden worden und heute
im römischen Museo Etrusco Gregoriano zu sehen; sie mißt eine Länge
von 160 cm und ist in G gestimmt.

Die älteste Abbildung des etruskischen *Horns* befindet sich auf einem
Fresko aus der Fundstätte in Corveto-Tarquinia. Seine Besonderheit,
die Befestigung der Röhre durch ein Querstück, tritt ebenso wie bei der
Trompete aus Chiusi erstmals bei den Blasinstrumenten der Etrusker
auf. Diese technologische Verbesserung war für die Weiterentwicklung
der Mundstückinstrumente von größter Bedeutung, denn sie gestattete
die Herstellung von Instrumenten mit wesentlich längerer Röhre, d. h.
mit tieferen Tönen und einer größeren Anzahl von Überblastönen.
Zwei Hörner aus einem Grab in Alba Longa dokumentieren eine weitere in Europa erstmalige technologische Fertigungsmethode. Die Hörner sind nicht gegossen, sondern getrieben. Laut Berichten griechischer
Schriftsteller übernahmen die Griechen die leicht konische gerade
Trompete von etruskischen Seeräubern, die sich bei Nacht und Nebel

51

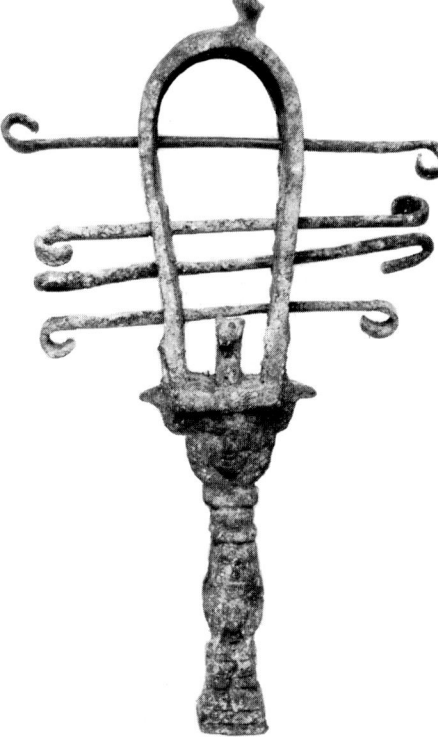

45 Aulos,
Wandmalerei eines hellenistischen Künstlers, Vigna Amendola auf der Via
Appia bei Rom

46 Römisches Bronze-Sistrum,
Pompeji, Ende des 2. Jahrhunderts v. u. Z.

mittels Trompetensignalen untereinander verständigten. Das Verdienst um die Einführung abnehmbarer Mundstücke wird gleichfalls den Etruskern zugeschrieben, obgleich keine Instrumente mit dieser wichtigen Verbesserung erhalten geblieben sind. Von den zwei auf den Grabpilastern der Tomba dei rilievi bei Cerveteri abgebildeten Litui hat einer ein Mundstück, das in einer vom Schallkörper abweichenden Farbe gemalt ist. Die Technik der Herstellung von Bronzetrompeten und -hörnern, den späteren Hauptinstrumenten der römischen Militärmusik, übernahm Rom von den Etruskern. Diese Mundstückinstrumente fanden ihren Weg auch nach Norden: etliche Funde stammen aus Gallien.

Die unweit von Perugia entdeckte, aus dem 2. Jahrhundert v. u. Z. stammende Steinurne ist mit dem Kopfrelief eines *Querflöte* blasenden Spielmanns geschmückt; die kurze, weitermensurierte Röhre ist mit Grifflöchern versehen, das Mundloch befindet sich in einem Viertel der Gesamtlänge.

Ein beliebtes Instrument der Etrusker war die *Doppeloboe* kleinasiatischen Ursprungs, deren Abbildung in der Hand des Bläsers auf der Wandmalerei im Grab der Leoparden zu Tarquinia überliefert ist; hinter dem Bläser schreitet ein Spielmann mit siebensaitiger Lyra. Wie Aristoteles berichtet, veranstalteten die Etrusker ihre Faustkämpfe, kneteten ihren Brotteig und straften ihre Sklaven zu den Klängen des

Cornu und Lituus. Nach einer etruskischen Wandmalerei, Ende 4. Jahrhundert v. u. Z., Grabstätte Castel Rubello, Orvieto

Doppelaulos. Die etruskischen Musikanten erreichten im Spiel der Doppeloboe — ähnlich wie ihre griechischen Nachfolger im Aulosblasen — große Meisterschaft. Auf einem etruskischen Relief aus dem 2. Jahrhundert v. u. Z. (heute im Ashmolian Museum in Oxford) ist ein Schiff abgebildet, das Sirenen begleiten, die mit dem Plektron auf der Gitarre spielen, der Panflöte (Syrinx) und der Doppeloboe blasen.

Die natürliche Wesensverwandtschaft des etruskischen und römischen Volkes bewirkte, daß die Römer ihre eigenen künstlerischen Neigungen in der Kunst der Etrusker bestätigt fanden. Durch deren Vermittlung lernten sie die griechische Kultur kennen, die dann ihr Vorbild wurde.

Schon in früher Zeit wurde in Rom Instrumentalmusik gepflegt. Im zeitgenössischen Schrifttum werden an erster Stelle verschiedene Instrumentalisten erwähnt, während der Gesang an zweiter Stelle steht. Überall, wo in Rom gespielt oder gesungen wurde, war die *Tibia* dabei, eine kurze Pfeife etruskischer Herkunft, die mit Vorliebe zur tibia dextra (der rechten) und tibia sinistra (linke T.) verdoppelt wurde; erstere hatte eine engere, letztere eine weitere Röhre. Unter dem zunehmen-

47 Römische Buccina,
Steinreliefdetail am Triumphbogen des Marcus Aurelius, Rom, 2. Jahrhundert n. u. Z.

Römischer Aulos. Nach einem Sarkophagrelief, Mitte des 3. Jahrhunderts, Rom, Praetextkatakombe

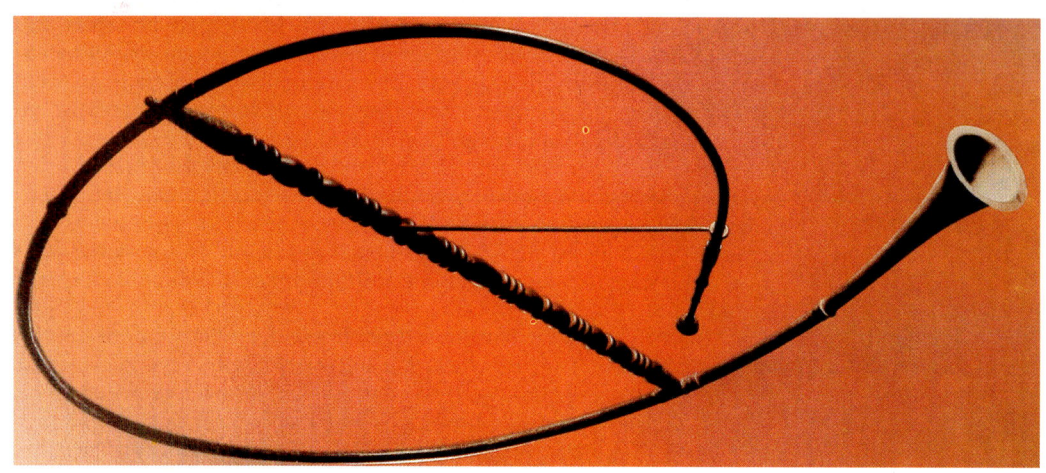

48 Römische Tuba, 1. Jahrhundert n. u. Z.

den Einfluß der griechischen Kultur wurde die Tibia nach dem Vorbild des Aulos vervollkommnet, schließlich aber völlig durch diesen verdrängt. Ihr Gebrauch beschränkte sich auf kultische Anlässe, deren Ovid und Horaz als Symbole der guten alten Zeit gedenken. Ebenfalls von den Etruskern übernahmen die Römer die *Querflöte*. Von Künstlern oft dargestellt, blieb sie vorwiegend ein Kultinstrument in den Händen etruskischer Tempelmusikanten.

Mundstückinstrumente wurden vor allem im römischen Heer verwendet. Nach der sog. Gesetzgebung des Servius fielen auf jede Legion hundert Bläser und Pfeifer, die die notwendigen Signale bliesen und mit ihrem Spiel die Soldaten unterhielten. Wenn ein Sieger im Triumphzug nach Rom zurückkehrte, spielte ihm zu Ehren die Militärkapelle an der Spitze der Truppen. Um Signale bereits am Klang des Instruments kenntlich zu machen, benutzte das römische Heer verschiedenartige Blasinstrumente; die meisten waren von den Etruskern übernommen und wurden ständig verbessert. Das Hauptinstrument der Infanterie war die *Tuba*, wie sie lange vorher schon bei den Völkern des Altertums verbreitet gewesen war. Ihre gerade konische Röhre maß eine Länge von etwa 125 cm und endete in einen ausladenden Schallbecher. Auf der Trajanssäule ist ein Tubabläser zu sehen, an dessen Instrument vom Mundstück bis zur Korpusmitte ein Strick mit Schlinge angebracht ist, die zum Festmachen der Tuba am Leib des Bläsers und beim Marsch als Halteschlinge diente. Qualität und Stärke des Tubenklangs — sie brachte nicht mehr als sechs Töne hervor — versinnbildlicht tonmalend der Dichter Quintus Ennius (239—168 v. u. Z.), indem er sagt: At tuba terribili sonitu taratamtara dixit; er nennt den Schall der Tuba also schrecklich, fürchterlich (terribilis).

Da die langen geraden Trompeten für die Reiterei unbequem gewesen wären, gebrauchte man dort solche mit geknicktem Rohr, den sog. *Lituus*. Die Meinungen über dieses Blasinstrument gehen ebenso wie die über Cornu und Buccina, von denen noch die Rede sein wird, in der Fachliteratur auseinander. Das liegt an der unklaren Ausdrucksweise der schriftlichen Originalquellen und der Ungenauigkeit der zeitgenös-

Römische Buccina. Nach einem Mosaik in der römischen Villa in Nennig (bei Trier, BRD), 230–240

sischen Abbildungen, die den Forschern Fragen aufgeben. Den als etruskisches Instrument beschriebenen Lituus verkürzten die Römer, so daß er wie eine Pfeife mit Pfeifenkopf aussah. Ein perfekt erhaltenes Exemplar ist bei Düsseldorf im Rhein gefunden worden und wird im Saalburger Museum aufbewahrt; die die einzelnen Teile des Instruments verbindenden Metallbänder sind mit Ornamenten geschmückt. Die Lituusbläser spielten zusammen mit den Cornubläsern bei Hochzeitsfesten und Bestattungen auf.

Die Instrumente *Buccina* und *Cornu* wollen wir gleichzeitig und mit Berücksichtigung ihrer Wechselbeziehungen behandeln. Das gemeinsame Merkmal der auf römischen Denkmälern abgebildeten Metallblasinstrumente ist ein schlankmensuriertes und leicht konisches Klangrohr, das entweder halbkreisförmig oder fast zum Kreis gebogen ist; das Schallstück ist stets trichterförmig erweitert. Das engere Ende des kreisförmigen Instruments ist gegen den Kreismittelpunkt gebogen, der Schalltrichter leicht nach außen gerichtet. Manche kreisförmige Hörner sind mit einem Querstück versehen, das der Befestigung dient und beim Blasen auf der Schulter des Bläsers ruht. Die Frage, ob dieses Instrument Cornu oder Buccina genannt werden soll, ist strittig. In seiner Schrift *Epitom rei militaris* definiert der römische Schriftsteller Flavius Vegetius Renatus das Cornu als Instrument, „das von den Hörnern der wilden Auerochsen stammt, die geschickt mittels Silber ver-

49 König David spielt die Kithara, spätantikes Relief, 6. Jahrhundert v. u. Z.

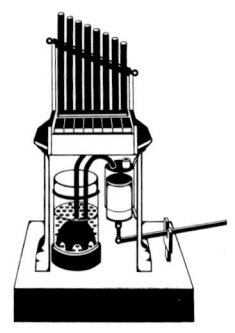

Hydraulis nach Heron von Alexandria, 2. Jahrhundert

bunden sind". An anderer Stelle zählt er auf: „... die Tubicines blasen auf der Tuba, die Buccinatores auf der Buccina und die Cornicines auf gekrümmtem Metall". Daraus geht hervor, daß das Cornu auch gekrümmt und aus Metall hergestellt wurde. Im selben Kapitel, in dem Vegetius das Cornu beschreibt, spricht er von der Buccina als einem Instrument, das „sich in einem Metallring in sich selbst windet". Das kreisförmige Horn wurde vom Bläser so getragen, daß der mittlere Korpusteil schräg unter seinem Arm um die Hüfte hing und der Mundstückteil über die Schulter ragte.

Den Römern ist die Vervollkommnung und Verbreitung der *Hydraulis* genannten Wasserorgel zu verdanken, eines Instruments, das hinsichtlich der Interpretation das anspruchsvollste und für seine Zeit auch technisch komplizierteste Musikinstrument der Alten Welt genannt werden darf. Als sein Schöpfer pflegt der um die Mitte des 3. Jahrhunderts v. u. Z. in Alexandria lebende Mechaniker Ktesibios angeführt zu werden. Philon von Alexandria, auf den die erste Beschreibung einer Hydraulis (aus dem 1. Jahrhundert u. Z.) zurückgeht, bezeichnet die Wasserorgel als eine mittels Mechanismus spielende Syrinx. Um allerdings eine Hydraulis bauen zu können, mußten die Syrinxpfeifen in Lippenpfeifen verwandelt, mechanischer Luftzustrom eingeführt und eine Klaviatur konstruiert werden. Ktesibios ist wohl

51 Römische Kithara, Elfenbeinrelief, 5. Jahrhundert

50 Hydraulis, Pompeji, Ende des 2. Jahrhunderts v. u. Z.

52 Römische Becken, Pompeji, Ende des 2. Jahrhunderts v. u. Z.

eher als Verbesserer denn als Erfinder der Hydraulis zu betrachten. Er vervollkommnete die Winddruckerzeugung durch Wasserdruck, der bei der Hydraulis dem gleichen Zweck diente wie die Gewichte auf dem Balg der pneumatischen Orgel. In Griechenland erfuhr die Hydraulis keine größere Beachtung, aber im römischen Imperium wurde sie zu einem wichtigen Musikinstrument, das Männer und Frauen spielten. Sie diente kultischen und häuslichen Zwecken und begleitete die Kämpfe der Gladiatoren im Zirkus. Nach Vitruvs Beschreibung *(De architectura)* sowie nach Heron von Alexandria *(Pneumatica)* bestand die Hydraulis aus einem über die Hälfte gefüllten Wasserbehälter, in den eine kugelförmige Glocke mit Ausflußlöchern getaucht war; vom Oberteil der Glocke gingen zwei Rohre aus, eines mündete in eine Pumpe, die dem Behälter Luft zuführte, das andere führte Luft in eine Kammer; nach Anschlagen der Tasten drang Luft aus diesen Pfeifen und brachte sie zum Ertönen.

Es sind zwei Wasserorgeln gefunden worden, eine in Pompeji, die andere in Aquincum bei Budapest. Die letztere, nach der Inschrift auf dem Instrument auch *Hydra* genannt, wurde im Jahre 228 u. Z. hergestellt und überrascht mit ihrer sinnvollen Bauweise und den kleinen Ausmaßen: Höhe ohne Postament 62 cm, Gewicht 6 bis 8 kg. Von den 52 Lippenpfeifen sind 39 gedeckt und 13 offen, 12—26 cm lang, mit einem Durchmesser von 0,9 bis 1,4 cm. Sie sind in vier Register gegliedert, die ein Orgelspiel in verschiedenen Tonlagen gestatten. Da die Tastenzahl mit der Pfeifenzahl im Register übereinstimmt, besaß die Hydra von Aquincum 13 mit Messingblech bezogene Holztasten.

Nach dem Fall des Römischen Reiches hörte im Westen der Gebrauch der Hydraulis auf, und sie überlebte nur in Byzanz. Ihre letzte Abbildung ist in einem Utrechter Psalter aus dem 9. Jahrhundert zu finden. Auch wenn es sich dabei wahrscheinlich um die Kopie einer älteren Vorlage handelt, darf daraus geschlossen werden, daß die Hydraulis zur Zeit der Entstehung des Psalters noch bekannt war.

MITTELALTER

Als auf dem Kapitol die Huldigungen vor den römischen Kaisern verstummten und die Feste der heidnischen Götter in den Tempeln verklangen, verstummten und verklangen auch die Musikinstrumente, die zu all der Pracht und Herrlichkeit gehört hatten. Das Christentum entschied sich gleich in den Anfängen für die Vokalmusik, und so verschwanden die meisten Instrumente der alten Welt im Dunkel der Vergessenheit. Die verbliebenen überließ die Kirche den „Teufelsmusikanten", den „Kirchendienern Satans", die mit wilden Tieren verglichen wurden; ihnen stellte sie die „Musikanten Gottes" gegenüber, die auf den im Alten Testament genannten Instrumenten spielten. Doch beweist die frühmittelalterliche Malerei und Bildhauerei eindeutig, daß trotz kirchlicher Verbote eine ganze Reihe von Musikinstrumenten im Alltagsleben in Gebrauch war. Auch schriftliche Denkmäler berichten von ihnen, so der apokryphische Brief des hl. Hieronymus an Dardanus (9. Jahrhundert), in dem zwölf Musikinstrumente angeführt werden, die an die Ausklänge des griechisch-römischen Instrumentariums erinnern. Von der Antike beeinflußt sind ferner die im Utrechter Psalter oder in der Bibel Karls des Kahlen dargestellten Musikinstrumente. Aber schon die Fideln mit Bogen in der Hand der Spielleute, die in der Handschrift der Madrider Nationalbibliothek (um 920—930; Hh 58)

53—54 Zeichnungen von Musikinstrumenten in M. Severinus Boethius „De Musica", Kopie aus dem 10. Jahrhundert

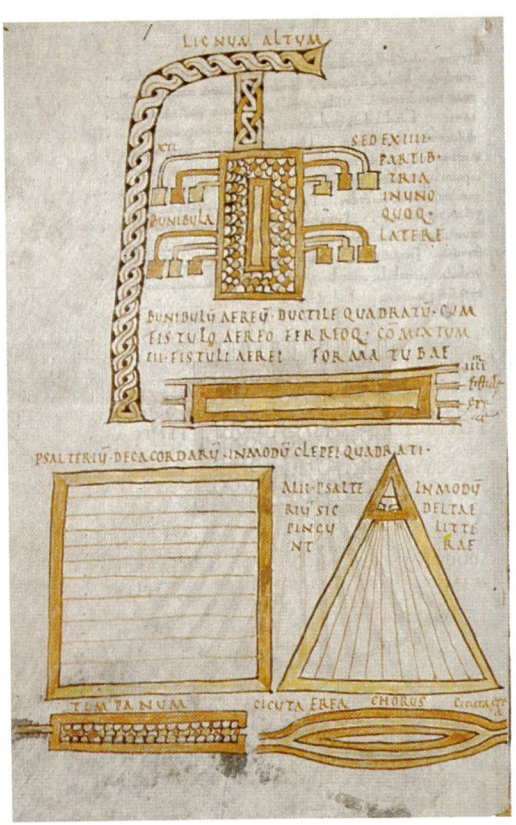

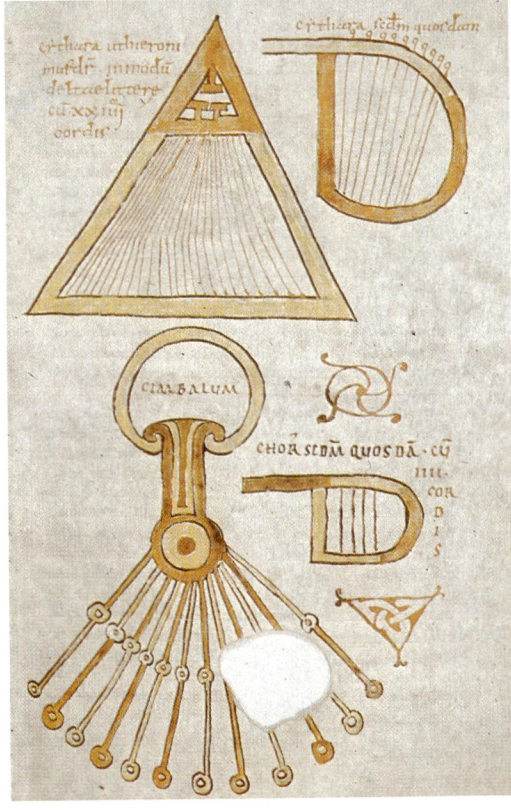

55 Becken, viersaitige Harfe mit Resonatoren, Harfe, Laute,
italienische Miniatur, Abtei Montecassino, 11. Jahrhundert

abgebildet sind, zeigen die ersten Schritte einer dramatischen Entwicklung an, die einige Jahrhunderte später in Antonio Stradivari gipfelte.
Woher der Fidelbogen stammt, kann nicht einmal die bereits erwähnte
Höhlenmalerei in Bulgarien erklären; plötzlich ist er da, und er wird
unter den Saiteninstrumenten der Folgezeit einen tiefgreifenden Um-
sturz bewirken.

Die mittelalterliche Instrumentalmusik war Begleitmusik zu den
Darbietungen von Gauklern und Straßensängern. Ein provenzalischer
Gaukler des 13. Jahrhunderts mußte neunerlei Instrumente beherrschen — Fidel, Sackpfeife, Schalmei, Harfe, Drehleier, Gigue, Zehnsai-
ter (Decacordum), Psalter und Chrotta.

Zu den ältesten Idiophonen des Mittelalters gehören Geräuschin-
strumente wie die wohl aus der Antike übernommenen Holz- und Metallklappern. Im 13. Jahrhundert finden wir sie bei Gauklern, später
jedoch wurden sie in den Händen der Pestkranken zu einem Warn-
instrument, wenn diese mit Geklapper auf ihre Anwesenheit aufmerk-
sam machen mußten. Unter den in der Bibel Karls des Kahlen (823—
877) abgebildeten Instrumenten gibt es Metallklappern mit kleinen,
leicht gewölbten Becken, die an den Enden von zwei zu einem elastischen Griff verbundenen Armen angebracht sind; es sind die sog. *Ga-
belbecken*. Der Spielmann hielt in jeder Hand ein Becken und spielte

59

56 Horn, Metallklappern, Harfe, Kithara, Lituus,
Bibel Karls des Kahlen, 9. Jahrhundert

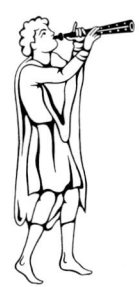

Doppelklarinette. Nach der Abbildung in Hs. Lat. 1118, 11. Jahrhundert, Paris, Bibliothèque Nationale

mitunter gleichzeitig auf einem Blasinstrument. *Becken* oder Tschinellen waren anfangs bloß in Süd- und Osteuropa weit verbreitet und hatten zweierlei Gestalt: solche mit ausgebuckelten Tellern trifft man auf Malereien und Plastiken bis ins ausgehende 13. Jahrhundert an, und solche mit flachen Tellern waren aus dem Orient übernommen. Vom 14. Jahrhundert an erscheinen nur flache Becken mit Buckel und beliebigem Durchmesser. Von der Art und Weise, wie sie gehalten und gespielt wurden, können wir uns aus erhaltenen Bildern eine Vorstellung machen. Die Becken wurden stets gegeneinander geschlagen und am Handgriff bzw. an Lederriemen gehalten, und zwar bis in die Mitte des 13. Jahrhunderts in Vertikallage. Spätere Musikanten sind mit horizontal oder transversal gehaltenen Becken abgebildet, die entweder durch Gegeneinanderschlagen oder durch Aufschlag des oberen auf das untere Becken zum Erklingen gebracht wurden. Solche Abbildungen lassen sich bis ins 16. Jahrhundert verfolgen, dann treten sie im Instrumentarium nicht mehr auf.

Handglocken waren seit dem Altertum ununterbrochen in Gebrauch, während Turmglocken erst seit dem 6. Jahrhundert v. u. Z. zu belegen sind. Erstere werden in lateinischen Texten *Cymbalum* oder *Tintinnabulum* genannt. Anfangs dienten die Handglocken ausschließlich Signalzwecken, so dem Aufrufen des Gegners bei Turnieren, später sollten sie neben der Orgel dem weltlichen Klang der mittelalterlichen Kirchenmusik mystischen Glanz verleihen. In der Bibel von Jaroměř aus dem ausgehenden 13. Jahrhundert (Prager Nationalmuseum) ist ein Glockenspiel mit drei Glocken abgebildet, die meisten zeitgenössischen Darstellungen zeigen jedoch Glockenspiele mit einer größeren Anzahl von Glocken. Zu den edlen Klanginstrumenten, die sich nach keiner strengen theoretischen Regel richteten, gehörte der Triangel, der aus einem Metallstab hergestellt wurde. Dieses lateinisch *Tripos colybaeus* genannte Instrument trat in zwei Formen auf: als gleichseitiges Dreieck und als regelmäßiges Trapez; in der St.-Emmeran-Handschrift aus dem 10. Jahrhundert (Staatsbibliothek München) ist er ausnahmsweise als durchbrochener Dreifuß dargestellt. Der Triangel ist anscheinend aus dem antiken Sistrum entstanden, wie seine Form und die auf der Unterstange aufgereihten rasselnden Ringe bezeugen. Beim Spielen wurde der Triangel am Handgriff oder an Lederriemen gehalten und mit einem Metallstäbchen angeschlagen.

An Blasinstrumenten blieben im Mittelalter noch gewisse Typen erhalten, die bereits zum prähistorischen Instrumentarium gehört hatten,

57 Olifant,
Hifthorn Rolands in der Karlssage, 8. Jahrhundert

wie Schalmei, Flöte und Lochhorn. Die Schalmei verdankt ihre mittelalterliche Form dem während der Kreuzzüge wirksamen Einfluß des orientalischen Zamr, einer Oboe mit konischer Röhre. Berichte über ein Instrument namens chalamelle oder chalemie (aus dem lateinischen calamus = Rohr) sind in französischen Literaturquellen aus dem 12. Jahrhundert überliefert. Zeitgenössische Abbildungen zeigen zwei Typen mittelalterlicher Schalmeien. Der im Manessischen Codex (Universitätsbibliothek Heidelberg, um 1310) dargestellte hat eine kurze, leicht konisch erweiterte Röhre, der zweite ist länger, schlanker mensuriert, wie auf dem gotischen Tafelgemälde von Paolo Veneziano Die Krönung Mariens (Nationalgalerie Prag) zu sehen ist.

Bildbelege bezeugen die große Verbreitung einer Sackpfeife, des sog. *Platerspiels,* im 13. bis 15. Jahrhundert. Das Rohrblatt dieser Sackpfeife wurde von einer Blase umgeben, die der Luftzufuhr diente. So sprach es im Gegensatz zur uns vertrauten Blasweise zwischen den Lippen zwar leichter an, das aber hatte den Nachteil, daß kaum ein Überblasen in die höhere Oktave möglich war.

Aus der Zeit vor 1500 wissen wir recht wenig von der *Flöte.* Ihre älteste Abbildung in lotrechter Lage und mit zylindrischer Röhre ist in der Lat. Handschrift 1118 aus dem 11. Jahrhundert erhalten (Nationalbibliothek Paris); ihr Ton soll so lieblich gewesen sein, daß sie in Frankreich den Namen Flûte douce = süße Flöte erhielt. Sie war aus Asien über Nordafrika nach Europa gelangt, ein zweiter Weg aus

58 Fidel.
illuminierte Handschrift Mater verborum, 13. Jahrhundert

59 Harfe, Drehleier, Psalter, Fidel,
Miniatur in einem handgeschriebenen Kalender irischer Herkunft, Wende des 13. Jahrhunderts

60 Von der Kirche zugelassene Instrumente, von oben links: Monochord, Glockenspiel, Orgel, Harfe, Panflöte, Horn. Volksinstrumente, unten links: Rubebe, Horn und Trommel. St. Remigius-Psalter, 12. Jahrhundert

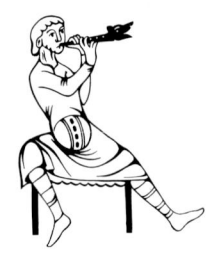

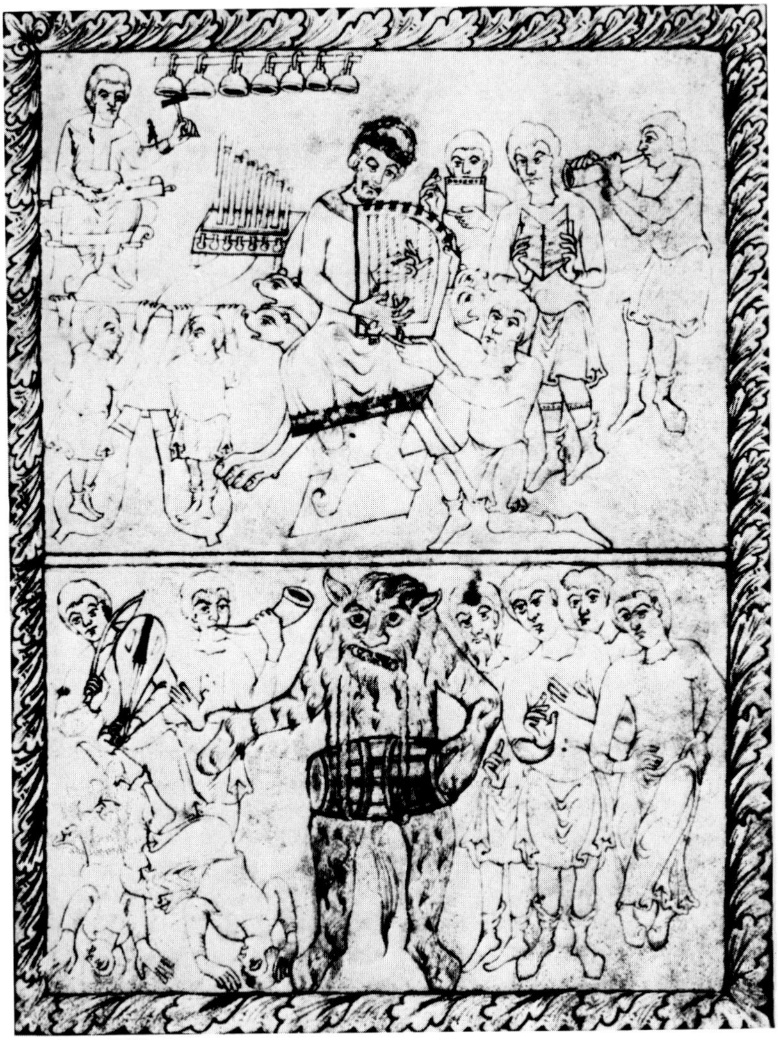

Gerader Zink. Nach einer Bibelausgabe um 1070. Pommersfelden, Gräfl. Schönbornsche Bibliothek

Asien hatte über Ungarn und Böhmen geführt. Slawische Zusammenhänge verrät die in der altfranzösischen Poesie und Prosa besungene *Fluste de Behaigne,* die böhmische Flöte. Viel öfter kann man auf mittelalterlichen Abbildungen einen Spielmann sehen, der mit einer Hand die Flöte spielt, mit der anderen die Trommel schlägt. In Ulrich von Lichtensteins Frauendienst von 1255 ist zu lesen, daß die Heimat dieses untrennbaren Instrumentenpaares Frankreich war, von wo es sich über ganz Europa verbreitete. Guillaume de Machaut, der französische Dichter und Komponist (um 1300–1377), der am Hof des böhmischen Königs Johann von Luxemburg wirkte, nennt sie in seinen Dichtungen „Die Eroberung Alexandriens" und „Li temps pastour" *Flaios* und *Tabour* und sagt, daß es mehr als zwanzig Arten von Flöten gab, sowohl stark als auch schwach klingende („tant de fortes comme de legières"). Zu den Flaios zählt Machaut Fistule, Pipe, Soiffle und Frétiau; die letztgenannte hieß später *Galoubet.* Seine Beschreibung des Musikinstru-

61 Einhandflöten mit Trommeln

62 Platerspiel

63 Krummhörner

64 Fideln

61—64 Miniaturen aus dem Codex König Alonsos el Sabio (Alphons X.) von Leon und Kastilien (1254—1284) „Cantigas de Santa Maria":

mentariums in der *Eroberung von Alexandria* ist ein Dokument für die große Vielfalt an Tonwerkzeugen, die an den Musikaufführungen am damaligen Prager Königshof beteiligt waren. Bis ins 14. Jahrhundert hatte die *Einhandflöte* eine kurze Röhre mit offener Mündung, später wurde die Röhre länger und enger und erhielt einen Schnabelkopf. Obwohl die Einhandflöte nur zwei Grifflöcher auf der Vorderseite und eines auf der Rückseite hatte, konnte man durch Schließen der Tonlö-

65 Orgel

66 Flöte

67 Triangel

68 Tamburin

65—69 Drolerien aus der Handschrift Pontificale et Benedictionale (14. Jahrhundert):

Fidel. Nach der Miniatur in einer katalanischen Bibel, Anfang 11. Jahrhundert, Rom, Biblioteca Vaticana

cher mit den Fingern und mit Gabelgriffen sowie durch Verändern des Blasdruckes die chromatische Tonleiter im Umfang von zwei Oktaven auf ihr spielen.

Sobald man bei der Verfertigung des Lochhorns ein anderes Material benutzte als Tierhorn, entstanden die Zinken, deren allgemeinere Verbreitung jedoch erst in die Renaissance fällt. Unbedingt in den mittelalterlichen Alltag aber gehört die Trompete. Ein Trompetensignal im Burghof eines Adeligen befahl die Heranschaffung von Wasser und Brot; in den Städten verkündeten Trompeten die Anwesenheit der Obrigkeit, sie eröffneten und beendeten die Märkte, öffneten und schlossen die Stadttore. Eine wichtige Rolle fiel der Trompete im Militärwesen zu: Die Reiterei kannte eine andere Art Trompete als Städte und Burgen, wieder eine andere Art diente dem Gebrauch auf Kriegs- und Handelsschiffen. Im wesentlichen hat man es mit zwei Grundtypen zu tun, die unter den lateinischen Namen *Tuba* und *Buccina* bekannt sind. Letztere hatte eine vorwiegend konische Röhre ohne Schalltrichter, war somit eher ein hornartiges Instrument, während die Tuba zylindrisch war, aber einen breiten Schalltrichter hatte.

Die stete Suche nach immer tieferen und klangreicheren Tönen führte zur Verlängerung der Röhre, eine solche aber war schwer zu halten und leicht zu beschädigen. Deshalb begann man im 14. Jahrhundert die Röhren der Blasinstrumente zu biegen und in die verschiedensten Formen zu krümmen, bis ihnen im 15. Jahrhundert die S-Form gegeben wurde. Damit begann die glanzvolle Epoche der Clarinbläser, der Trompeter, die mit ihren Instrumenten, Trompeten mit besonders flachen Mundstücken, hochgelegene Partien bliesen und bei Adeligen und angesehenen Bürgern bevorzugte Stellungen einnahmen.

69 Platerspiel,
Wandmalerei, Burg Karlstein (Tschechoslowakei), 14. Jahrhundert

70 Fidel, Psalter, Laute, Tamburin, Portativ, Klappern, Sackpfeife, Schalmei, Pauke, Trompeten, in M. Severinus Boethius: „De Arytmetica, de Musica", Kopie aus dem 14. Jahrhundert

Aus der Musikgeschichte ist bekannt, daß sich Kaiser Konstantin Kopronymos VI. von Byzanz um die Entwicklung der pneumatischen Orgel in Europa verdient machte, als er im Jahre 757 König Pippin dem Kurzen eine Orgel mit Bleipfeifen als Geschenk nach Compiègne schickte. Es war eine kleine tragbare Orgel, *Portativ* genannt, die bei Prozessionen an einem Riemen über die Schulter getragen wurde; der Musikant spielte mit der Rechten auf der „Klaviatur", während die Linke den Balg auf der Rückseite des Instruments bediente. Das Portativ besaß 8 bis 32 aus unterschiedlichen Metallegierungen hergestellte Pfeifen. Zu jeder Pfeife gehörte eine Taste, besser gesagt ein Schieber, der beim Spiel herausgezogen wurde. Der hintere Schieberteil öffnete und schloß den Luftzustrom zu den Pfeifen. Statt dieser Vorrichtung gebrauchte man vom 13. Jahrhundert an Hebel, die, hinuntergedrückt, die Klappen zu den Pfeifen öffneten. Wegen seines geringen Tonumfangs blieb das Portativ ein bloßes Hilfsinstrument der Kirchenmusik, das zur Intonation des Gregorianischen Chorals diente. Nach der Blütezeit des Portativs im 14. und 15. Jahrhundert sank plötzlich seine Beliebtheit, und an seine Stelle trat eine größere und nicht mehr tragbare Orgel, das *Positiv.*

In der Hierarchie der Musikinstrumente trägt keines die Bezeichnung „königlich" so sehr zu Recht wie die *Harfe.* Sie war in der mittelalterlichen Vorstellungswelt ebenso eng mit König David verknüpft wie der Amboß mit Jubal oder das Monochord mit Pythagoras. Frühmittelalterliche irische Spielleute machten die Völker Europas mit der breiten irischen Harfe bekannt, die dann als Vorbild für ein ähnliches kleineres Instrument diente, das sich bei französischen Jongleuren und

71 Trommel, Flöte, Fideln, Psalter und Sackpfeife,
Illustrationsdetail aus der Manesse-Handschrift, einer Liedersammlung Züricher Herkunft,
Anfang des 14. Jahrhunderts

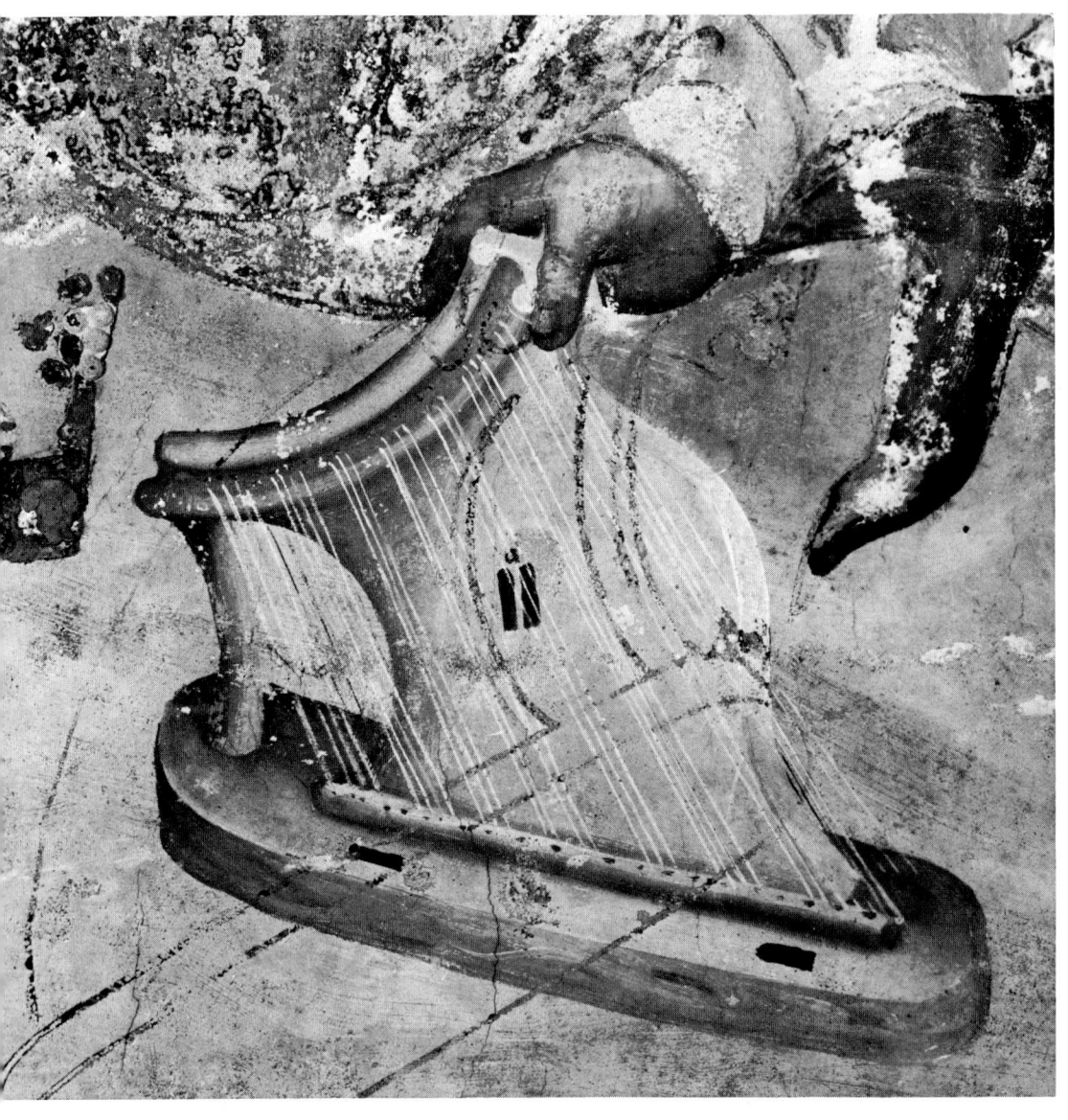

72 Psalterharfe,
Freskendetail, Burg Karlstein (Tschechoslowakei), 1360/70

deutschen Minnesängern gleicher Beliebtheit erfreute. Mit der proven-
zalischen Kultur kamen auch Dichter und fahrende Spielleute in den
Norden, unter deren Instrumenten die kleine Harfe die höchste Ach-
tung genoß. Auf vielen mittelalterlichen Abbildungen ist diese kleine
Form, die kaum den Kopf des sitzenden Harfners überragt, zu sehen.
Aber es gab eine noch kleinere Harfe, die an einem Riemen um den
Hals getragen und im Stehen gespielt wurde; der Harfenhals war
schlangenartig verlängert, um dem Spieler, der sie an die Schulter lehn-
te, einen Stützpunkt zu geben. Minnesänger und Trouvères sangen ihre

Zimbal (Hackbrett). Nach der Abbildung in Les Echecs amoureux, Ende des 15. Jahrhunderts, Paris, Bibliothèque Nationale

Lieder auch gern zur Begleitung dieser Harfe. Es gab wohl keinen Ritterroman, kein Ritterepos, in dem nicht ständig Harfenklänge ertönten, in dem kein Harfenist die Erzählung von Abenteuergeschichten begleitet hätte.

Neben der Harfe erscheint in König Davids Hand zumeist ein Zupfinstrument, das im Traktat des Anicius Manlius Boethius *De musica* (um 500) *Nabulum* oder *Decacordum,* im Spätmittelalter *Psalterium,* Psalter genannt wird. Es war vorwiegend deltaförmig und mit mehreren (ursprünglich zehn), einfachen Metallsaiten und auch mit Saitenchören ausgestattet. Im Spätmittelalter wird das Psalterium auch von der Volksmusik übernommen und wird als *Salterio tedesco* zum Vorläufer des Zimbals. Das neuzeitliche Instrumentarium verdankt dem Psalterium die Entstehung der Saiteninstrumente mit Klaviatur. Als man nämlich das Psalterium um eine Klaviatur mit Zupfmechanismus erweiterte, entstand das *Clavicembalo;* ein mit Tangenten versehenes Instrument hieß *Clavichord* oder *Manicordium.* Neben dem Psalterium gab es noch den Halbpsalter, das sog. *Micanon.* Wenn die Schrägseite des Halbpsalters abgerundet war, bekam er die Form eines Flügels, lateinisch ala. Einer dieser Psaltertypen tritt bloß in Dokumenten böhmischer Herkunft auf, es ist die *Ala bohemica.*

Durch Kombination von Harfe und Psalterium entstand ein Instrument, das unter verschiedenen lateinischen Bezeichnungen bekannt war: *Tympanon, Nabulum, Cithara* u. a. Seine Gestalt ist vorläufig nur in böhmischen Bilddokumenten und einem südslawischen überliefert, es ist eine *Psalterharfe* mit zwei Resonanzkörpern. Im ersten, dessen Tonlöcher sich entweder auf der Decke oder den Zargen befanden,

73 Psalterzithern und -harfen,
Zeichnung in der Hs. Scriptum super Apocalypsim, ausgehendes 14. Jahrhundert

74 Trompeter und Trommler,
Miniatur in der Hs. Liber viaticus des Johannes von Neumarkt, 2. Hälfte des 14. Jahrhunderts

liefen etwa sechzehn Saiten zusammen. Der zweite, in Form eines breiten gekrümmten Gurtes mit Tonloch in der Mitte, füllte den Raum
zwischen dem ersten Resonanzkörper und dem Harfenhals aus und
ersetzte die Stützsäule, wobei jedoch nicht der ganze Raum ausgefüllt
war, so daß sich die kürzesten Saiten bereits außerhalb des Resonanzkörpers befanden. In der Kreuzkapelle der Burg Karlstein bei Prag ist
eine Psalterharfe mit allen wesentlichen Bauelementen auf einer Freske abgebildet.
    Vom typologischen Gesichtspunkt lassen sich die mittelalterlichen
Chordophone mit Griffbrett in zwei Gruppen einteilen. Zur ersten gehören die dreiteiligen, fidelartigen Instrumente, deren Resonanzkasten
aus Decke, Boden und Zargen besteht. Die zweite Gruppe umfaßt die
zweiteiligen, lautenartigen, deren Resonanzkasten eine flache Decke
und einen ausgebauchten Boden hat. Die zweiteiligen Instrumente wurden vorwiegend gezupft, die dreiteiligen gestrichen. Der wichtigste Re-

75 Böhmischer Flügel (ala bohemica), Zither, Fidel und Psalter
Zeichnung in der Velislav-Bibel, 1340

76 Psalterharfe, Glockenspiel und Psalter
Zeichnung in der Velislav-Bibel, 1340

präsentant der zweiteiligen Instrumente war die Laute. Man weiß nicht genau, wann und auf welchen Wegen sie nach Europa gekommen ist. Auf Abbildungen läßt sie sich leicht mit der formverwandten *Rubebe, Cobza, Mandora* oder *Quinterna* verwechseln. Die echten Lauten mit abgesetztem Hals, Griffbrett und rückwärts abgeknicktem Wirbelkasten findet man erst auf Abbildungen aus dem 14. Jahrhundert. Auch die Bezeichnungen Laudis, Leutus und Lutana (aus dem arabischen Wort al' ud — „al'" der Artikel, „ud" eigentliches Substantiv, so viel wie „Holz") sind nicht viel älter. Der zunächst birnförmige, später dank den italienischen Lautenmachern mandelförmige Schallkörper war aus schmalen Ahornholzspänen zusammengesetzt; als die Laute in der Renaissance ihre Glanzzeit erlebte, verwendete man selbst Sandel- und Zypressenholz. Viele prächtige Kunstwerke haben die Schönheit dieses Instruments verewigt — von Giottos Plastiken auf dem Campanile in Florenz bis zum berümmten Lautenspieler van Dycks (Louvre).

Ein Instrument, das im Laufe seines vielhundertjährigen Bestehens seine Bauweise im wesentlichen unverändert bewahrt hat, ist das

77—80 Miniaturendetails aus dem Passionale der Äbtissin Kunigunde, 1319—1321:

77 Harfe

78 Cetera

Trumscheit. Es zeichnet sich durch einen sehr schmalen und langen, pyramidenförmigen Schallkörper aus, dessen Länge es gestattet, auf der einzigen Saite in Flageolettmanier zu spielen. Sein Steg stützte sich mit dem stärkeren und kürzeren Fuß auf die Decke, während der schwächere und etwas längere andere jene nur leicht berührte und mit seinen Schwingungen dem Ton des Trumscheits eine besondere Färbung gab. Der Bogen wurde dabei nicht wie bei den übrigen Streichinstrumenten in Stegnähe geführt, sondern am korpusabgewandten Halsende; der linke Daumen verkürzte durch leichte Berührung an den Knotenpunkten die Saite. Merkwürdig ist auch die Art und Weise, wie der Trumscheit gehalten wurde; die überlieferten mittelalterlichen Abbildungen erinnern an das Halten von Trompeten. Sollte diese ungewöhnliche und sicher unbequeme Spielweise des Instruments etwa seine weitere Benennung *Tromba marina* erklären können? Oder hängt diese scheinbar widersinnige Bezeichnung vielleicht mit der Tatsache zusammen, daß auf der *Marinetrompete* dieselbe natürliche Tonleiter gespielt werden konnte wie auf der Trompete?

79 Böhmischer Flügel (ala bohemica)

80 Fidel

81 Psalter, Trumscheit, Laute, Trompete, Schalmei,
Hans Memling: Triptychon „Christus von Engeln umgeben", 15. Jahrhundert

Die *Gitarre,* Repräsentantin der dreiteiligen Chordophone mit Griffbrett, gelangte zwar erst im 18. Jahrhundert zu voller Bedeutung, doch findet man ihre Abbildungen auf spanischen Buchmalereien bereits vom 10. Jahrhundert an unter den Bezeichnungen *Guitarra latina, Quinterna, Guiterne* u. a., und in entwickelter Form in Juan Bermudos *Declaración de instrumentos musicales* (Ossuna 1555) als *Vihuela.* Der deutsche Komponist und Musiktheoretiker Michael Praetorius (1571 bis 1621) beschreibt die Gitarre als Instrument der italienischen Komödianten.

Der Musiktheoretiker Johannes de Grocheo (tätig um 1300 in Paris) schreibt im Traktat *Theoria* (Darmstädter Bibliothek): „Unter den Instrumenten stehen die Saiteninstrumente noch immer an erster Stelle und unter ihnen steht an erster Stelle die *Fidel,* denn sie hat Kantilene und überhaupt jede musikalische Form in sich." Die hervorragende Stellung der Fidel im mittelalterlichen Instrumentarium beweisen auch zahlreiche Abbildungen. Für ihre mittelasiatische Herkunft spricht eine Darstellung auf Elfenbein-Buchdeckeln aus dem 8. Jahrhundert, auf der sie in typisch orientalischer Manier gehalten wird, sowie eine im Utrechter Psalter, die sie mit spatenförmigem Schallkörper zeigt. Die Fidel mit ovalem Schallkörper tritt erstmals im 10. Jahrhundert auf. Von

82 Gerade Trompete, Zugtrompete, Portativ, Harfe, Fidel,
Hans Memling: Triptychon „Christus von Engeln umgeben", 15. Jahrhundert

diesem Jahrhundert an wird bei den Slawen die später allgemein verbreitete Endform der Fidel mit schmalem, langgezogenem und an den
Seiten eingezogenem Korpus entwickelt.

Neben der Fidel gab es ein weiteres Streichinstrument, das auf einer
Plastik im Erzbischöflichen Palais der spanischen Stadt Santiago de
Compostela in Gesellschaft der Fidel zu sehen ist. Es hat einen breiten,
ovalen Schallkörper und niedrige Zargen. Schriftliche Quellen nennen
es *Lira.*

Zu den beliebten Instrumenten des Mittelalters gehörte ferner die
Drehleier. In der ersten Entwicklungsphase besteht das Hauptmerkmal
ihrer Bauweise in der Saitenverkürzung mittels Tangenten, später dann
in der Mechanisierung des Bogens in Form einer drehbaren Holzschei-
be, die mit Harz bestrichen und im Unterteil des Schallkörpers angebracht war. Auf frühen Abbildungen hat die Drehleier ansehnliche
Ausmaße, so daß sie von zwei Musikanten gespielt werden mußte,
einer drehte die Kurbel, der zweite bediente die Tangenten. Mit der
Zeit wurde das Korpus immer kleiner, bis ein einziger Spieler genügte.
Ihre alte Bezeichnung *Organistrum* wurde allmählich von den Namen
Armonia und *Symphonia* abgelöst. Im 14. Jahrhundert sank ihre Beliebtheit, in der Kunstmusik überlebte sie nur, solange die Polyphonie

83 Glocken, Triangel, Weißer Zink, Schellen, Trompete, Hackbrett, Harfe, Schalmei, Fidel, Laute, Portativ, Mandora, Längsflöte, Harfe, Trumscheit, Psalter, Kesseltrommel, Glöckchen, Glockenspiel, Klavichord, Drehleier,
Codex Casimirianum, 1448

Drehleier. Nach der Zeichnung in einem Psalterium, um 1170, Glasgow, Hunterian Museum

auf dem Orgelpunkt beruhte. Mit der Entwicklung einer freieren Stimmführung verlor die Drehleier ihre Bedeutung; nur die europäische Volksmusik kennt sie heute noch.

In seinem Traktat aus der Zeit um 600 nennt Isidor von Sevilla die Trommel *Symphonia* und beschreibt sie als ein hohes Stück Holz, das auf beiden Seiten mit Fell bezogen ist.

In der illuminierten Handschrift *Liber viaticus* des Johannes von Neumarkt (Mitte des 14. Jahrhunderts, Prager Nationalmuseum) ist ein Musiker zu sehen, um dessen Hals eine in ihren Ausmaßen der heutigen Kleinen Trommel entsprechende Trommel hängt; die beiden Schlegel fallen im richtigen Winkel von etwa 75° auf das Fell auf, der Spieler hält den Ellbogen der rechten Hand genau so erhoben wie die heutigen Trommler. Relativ häufig erscheinen die Trommeln auf Abbildungen paarweise, sie sind mit Riemen oberhalb des Knies oder um die Hüfte befestigt und werden mit zwei Holzschlegeln geschlagen. Die *Pauke* (alte Bezeichnung Kesseldrommel) gelangte erst nach den Kreuzzügen im ausgehenden 13. Jahrhundert nach Europa. In Guillaume de Machauts Eroberung Alexandriens heißt sie *Nacaires* (aus dem arabischen naqqâra). Joinville, der Chronist König Ludwigs des Heiligen von Frankreich, bemerkt in seinen Schilderungen der Kreuzzüge über die Musikinstrumente der Sarazenen: „Der Streit zwischen ihren Pauken und Hörnern war furchtbar anzuhören." Eine Zweimembranentrommel mit länglich-fäßchenförmigem Korpus ist in der aus dem 12. Jahrhundert stammenden Handschrift Cod. Ff der Universität Cambridge dargestellt, und Trommeln in Sanduhrgestalt findet man in italienischen illuminierten Handschriften. Das sog. *Margaretum* war ein Schellentamburin, das mit einem Schlegel zum Tönen gebracht wurde; aus Asien verbreitete es sich im ganzen Mittelmeergebiet, besonders in Italien und Spanien. In den Werken der italienischen Maler des 14. und 15. Jahrhunderts gehört das Margaretum zu den besonders häufig dargestellten Musikinstrumenten. Im 16. Jahrhundert findet man es dann

84 Clavicytherium mit aufrechtem Korpus, Detailansicht des holzgeschnitzten Altars in der Pfarrkirche zu Kefermarkt, Oberösterreich

85 Kesseltrommeln, Fidel, Horn, Triangel, Laute und Sackpfeife, Miniatur in der Olmützer Bibel, 1470

Trommel. Nach der Miniatur in der Bibel König Wenzel IV., 14. Jahrhundert, Wien, Staatliche Bibliothek

plötzlich und ausschließlich als Volksinstrument wieder, doch verschwindet es allmählich ganz. Das Mittelalter kannte somit annähernd sämtliche Trommelarten, die das heutige Orchester benutzt. Da diese Instrumente damals vor allem im Militärwesen zur Geltung kamen, wo die Stärke ihres Klanges die Hauptsache war, gab es auch solche von beträchtlichen Dimensionen, die sog. *Bedons*.

Ikonographische und literarische Quellen haben uns davon überzeugen können, daß die Rolle der Musikinstrumente in der mittelalterlichen Musikpraxis von größerer Bedeutung war, als man angenommen hatte. Das Mittelalter kannte allerdings noch kein Orchester mit fester Besetzung, und die abgebildeten Musikantengruppen zeigen wechselnde Ensemblebildungen, doch läßt sich — insbesondere zur Zeit der Polyphonie — bereits ein gewisses Streben nach vorteilhaften instrumentalen Klangverbindungen erkennen. Diese Epoche kannte auch noch keine homogene Instrumentengruppierung, wie sie für die einsetzende Renaissance so bezeichnend ist. Der Mangel an Berichten über den Instrumentenbau und die Pflege der Instrumentalmusik im Mittelalter stellt die Organologie vor Probleme, die trotz aller Schwierigkeiten geklärt werden müssen.

NEUZEIT

RENAISSANCE

Literatur- und Bildbelege sowie die bereits überlieferten Instrumente selbst gestatten eine genaue Vorstellung vom Instrumentarium der Renaissance. Sie ist die Zeit des einsetzenden steilen Aufstiegs der Instrumentalmusik, deren Initiatoren die Hof- und Adelskapellen waren. Und da fällt auf den ersten Blick der Unterschied zum Mittelalter mit seiner Vorherrschaft von Saiteninstrumenten auf, nämlich die verschwenderische Fülle und präzise Bauweise der im Gegensatz zu früheren Zeiten zumeist aus Holz verfertigten Blasinstrumente.

Das immer stärker werdende Streben nach tiefen Tönen ließ großdimensionale Instrumente entstehen, die spieltechnisch schwer zu beherrschen waren. In der Renaissance wurden einzelne Instrumente in zahlreichen Stimmlagen gebaut, vom Hochdiskant bis zum Großbaß, was zur Entstehung von sogenannten Instrumentenchören gleicher Tonfärbung führte. Als Beispiel nennen wir die von Michael Praetorius angeführte 21gliedrige Blockflötenfamilie.

Gefördert wurde diese einmalige Entwicklung der Holzblasinstrumente einerseits von den Bemühungen um Timbrierung, Abstufung der Klangfarbe der Instrumente, andererseits von der Erfindung der Klappen zur Überwindung der Entfernung bis zum tiefsten Griffloch. Diese umwälzende Tat gewann so große Bedeutung, daß sie die Schaffung von ganz neuen Instrumententypen ermöglichte. Unter diesen nimmt der *Pommer* (Bomhart) eine wichtige Stelle ein; er bildete auf dem Höhepunkt seiner Entwicklung im 16. Jahrhundert Stimmlagen von der

86 Sordunen, Ende des 16. Jahrhunderts

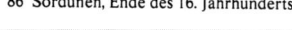

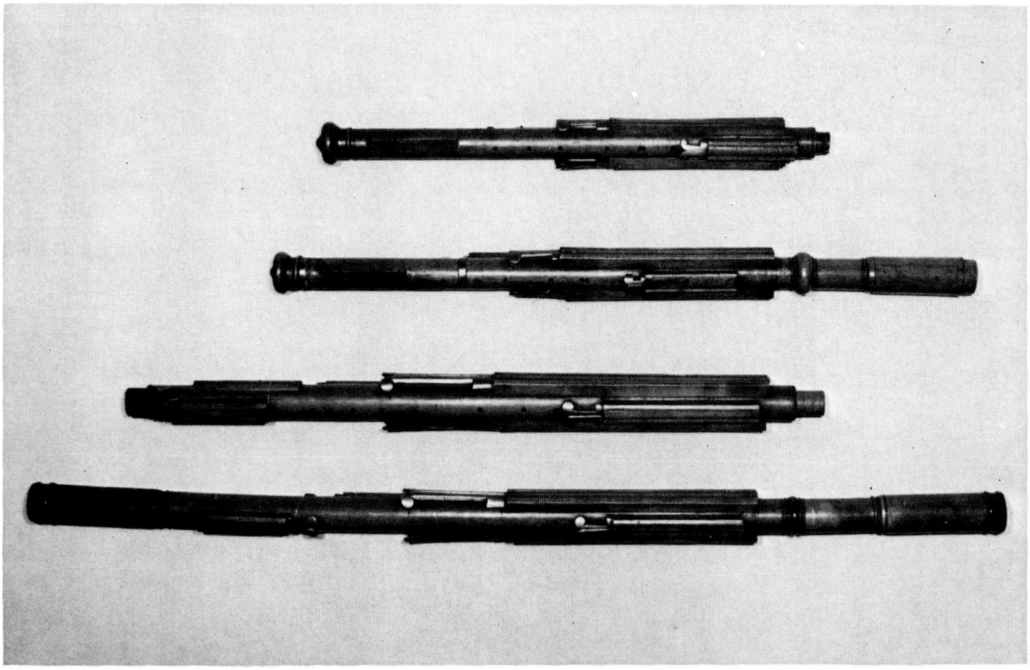

87 Zugtrompete und Schalmeien,
Maestro del Cassone Adimari: Detail seines Gemäldes Die Adimari-Hochzeit, um 1450, Foto Scala,
Firenze

88 Bomharte, Gerade Trompeten und krumme Trompete,
Zeichnung in Richenthals Chronik, der sog. Leningrader Handschrift, 1464

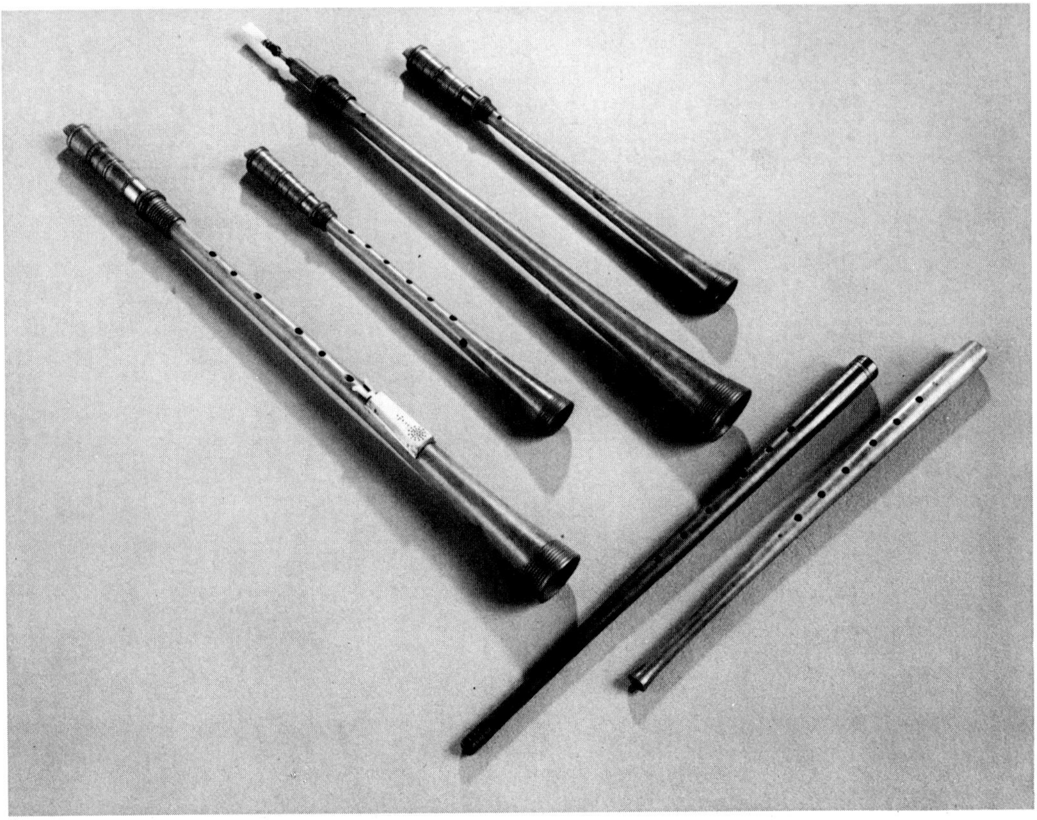

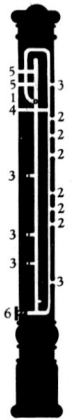

89 Zwei Zinken und vier Rauschpfeifen, Ende des 16. Jahrhunderts

Kleinen Schalmei, *Bombardo sopranino* genannt, bis zum Großbaßpommer, dem *Bombardone,* aus.

Der Pommer besaß neben sieben offenen Grifflöchern mehrere mit Klappen versehene Tonlöcher, die durch Messingkapseln, Fontanellen genannt, geschützt waren. Im leicht konisch erweiterten Unterteil des Instruments befanden sich zwei Luftlöcher, der Rand des Schalltrichters war durch einen dekorativen Metallkranz vor Beschädigung geschützt. Der französische Philosoph und Gelehrte Abbé Martin Mersenne führt in seiner *Harmonie universelle* von 1636 nur noch drei Pommergrößen an: Dessus, Taille und Basse. Diese ungefügen Doppelrohrblattinstrumente, unter denen der Großbaßpommer eine Länge von drei Metern erreichte, klangen ähnlich wie das Fagott, dem sie im 17. Jahrhundert weichen mußten, so daß die Musiktheoretiker des 18. Jahrhunderts von den Pommern keine Kenntnis mehr hatten.

Großbaßsordune:
1. Mundstücköffnung,
2. Grifflöcher, 3. Klappen,
4. Luftloch, 5. Tonlöcher,
6. Öffnung zum Ablassen des Wassers

Die Vorliebe für Baßtöne und Nasaltimbre sowie das Streben nach Beherrschung der Spieltechnik führten zur Entstehung von eigenartig gebauten Holzblasinstrumenten. Eines von ihnen, die *Sordune,* ist auf dem Frontispiz von Praetorius' *Theatrum instrumentorum* (Wolfenbüttel 1618) in der Hand des rechts neben der Orgel stehenden Musikers abgebildet. Die vier überlieferten Sordunen werden in den Sammlungen des Wiener Kunsthistorischen Museums aufbewahrt, wohin sie aus dem Ambraser Schloß gelangten. Diese Unikate italienischer Herkunft

Baßpommer:
1. Doppelrohrblatt, 2. S-Rohr
aus Messing, 3. Oberteil mit
6 Grifflöchern, 4.—5. Drücker,
6. Fontanelle,
7. Messingbeschlag,
8. Messingfontanelle,
9. Schallbecher,
10. Messingkranz

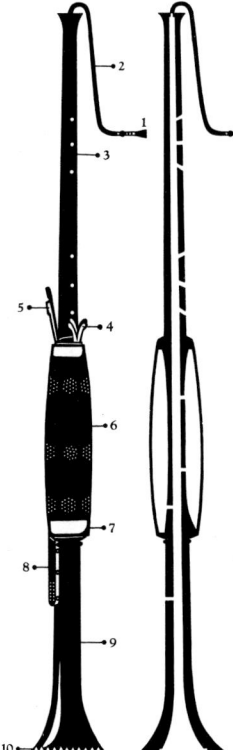

90 Zink, Rackett, Baßschnabelflöte, Bomhart, Krummhorn, Querflöte, Posaune, Panflöte, Sackpfeife, Blockflöte, Spielende Hirten mit Pan. Schnitzereidetail des Elfenbein-Münzschranks von Kurfürst Maximilian I. von Bayern von Christoph Angermaier, um 1620

91 Griffbrett des Zinks,
Holzschnitt in J.F.B.C. Majer: „Museum musicum theoreticopracticum", 1732

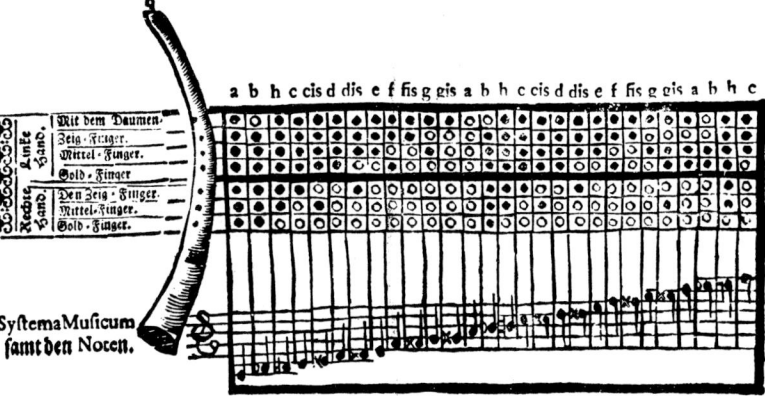

Tartölt: 1. Doppelrohrblatt,
2. S-Rohr, 3. Grifflöcher

92 Trompete in D,
A. Schnitzer, Wien, 1581

93 Tartölts in Originaletui,
Sammlung Schloß Ambras, Ende des 16. Jahrhunderts

aus einer in zwei bis drei Führungen durch den Korpus gebohrten zylindrischen Röhre mit Doppelrohrblatt sind auf das sorgfältigste aus einem einzigen Stück Buchsbaumholz gedreht; obgleich der tiefste Ton der Großbaßsordune Kontrabaß E_1 war, sind ihre Ausmaße verhältnismäßig klein. Auch ihr Ton ist sehr schwach, geht auch bei starkem Blasen nicht über ein Mezzopiano hinaus. Auf dem gleichen Prinzip wie die Sordune beruht das *Rackett,* das ein so kurzes Korpus besaß, daß das Diskantrackett bloße 12 cm hoch war. Im Innern des zwar kurzen, aber breiten zylinderförmigen Körpers waren neun miteinander verbundene Kanäle gebohrt, von den vielen Löchern auf der Oberfläche dienten nur elf zum Greifen. Die Rackette litten an den gleichen Mängeln wie die Sordunen: an schwachem Ton und unbestimmtem

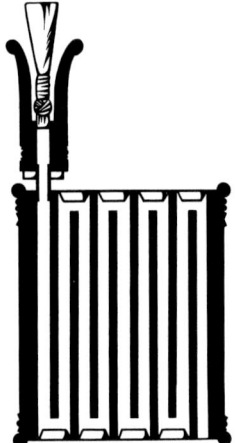

Rackett, Kanalsystem nach
J. Schlosser

94 Orgel aus dem Jahr 1575,
Dekanatskirche zur Hl. Dreifaltigkeit in Smečno (Tschechoslowakei)

Klang, aber vor allem an hoher Reißanfälligkeit. Doch haben Rackett und Sordune mit ihren spiraligen Bohrungen der Entwicklung der Blasinstrumente bis hin zum Fagott neue Wege gewiesen.

Nicht weniger wichtig in der Renaissancemusik waren die Holzblasinstrumente mit Windkapsel, einer das Rohrblatt umschließenden Holzkapsel, in die man durch eine Öffnung blies, ohne das Rohrblatt in den Mund zu nehmen. Sobald der Balg der mittelalterlichen Pfeife, des Platerspiels, durch die hölzerne Windkapsel ersetzt war, entstand das *Krummhorn,* das kaum das Barock überlebte und in Deutschland bald

95 Orgelpositiv,
Jesaias Compenius, 1610

zu den „verrosteten Instrumenta" gehörte, während es in Frankreich bis in die Mitte des 18. Jahrhunderts in modernisierter Form unter dem neuen Namen Tournebout lebendig blieb.

Mit einer Windkapsel war auch jene Schalmeivariante versehen, die die ursprünglichen Merkmale des Stamminstruments, den kurzen konischen Korpus und die weite Mensur, bewahrt hatte. Dieses Instrument betritt als *Rauschpfeife* auf Hans Burgkmairs berühmtem Triumphzug Kaiser Maximilians im 16. Jahrhundert die Szene. In Museumssammlungen ist die Rauschpfeife nur in Prag (mit dem Unikat eines Großbaßinstruments), in Berlin und Leipzig vertreten. Aufgrund der dort aufbewahrten Stücke war es möglich, die ganze sechsgliedrige Rauschpfeifenfamilie vom Sopranin- bis zum Großbaßinstrument zu bestimmen.

Bei der Rauschpfeife war das Überblasen in die höhere Oktave nicht möglich, ihr Tonumfang beschränkte sich daher auf die Töne von 6 Tonlöchern und einer Klappe. Da sie weitmensuriert war, klang sie stumpf und ausdruckslos und eignete sich deshalb nicht zur Wiedergabe der ständig anspruchsvoller werdenden Tonsätze; ihr Gebrauch blieb auf das 16. Jahrhundert beschränkt.

Auch die von der Querflöte noch nicht verdrängte *Schnabel-* oder *Blockflöte* bildete in der Renaissance zahlreiche Stimmlagen aus, die vom „Klein Flötlein" bei Praetorius bis zur Großbaßflöte mit S-förmigem Messinganblasrohr (ital. Esse) reichen. Praetorius zitiert die 21 Instrumente zählende Blockflötenfamilie: 2 kleine Flötlein, 2 um eine Quart niedrigere Diskant-, 2 um eine Quint niedrigere Diskantflöten, 4 Alt-, 4 Tenor-, 4 Basset-, 2 Baßflöten und 1 Großbaßflöte. Das 16. Jahrhundert kannte keine feste Stimmung dieser Instrumente; so ermittelte der belgische Musikwissenschaftler und Musiker François-Joseph Fétis (Fabrication des Instruments de Musique, 1855), daß es in der Renaissance Schnabelflöten derselben Art in verschiedenen Tonhöhen gab, und nennt als Beispiel die Diskantschnabelflöte, die um eine ganze Terz niedriger gestimmt war als die übrigen Instrumente der gleichen Tonlage. Auch Praetorius beschwert sich über die Seltenheit

96 Schwarzer Zink,
Ende 16. Jahrhundert

97—98 Cister, Vorder- und Rückansicht,
Girolamo de Virchi, Brescia 1574

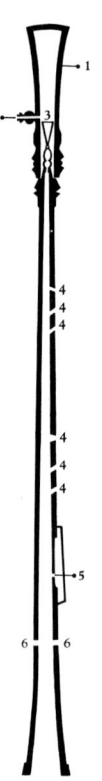

Großbaßrauschpfeife:
1. Windkapsel, 2. Mundstück,
3. Doppelrohrblatt,
4. Grifflöcher, 5. Klappe,
6. Luftlöcher

Windkapsel: 1. Deckel,
2. Doppelrohrblatt,
3. Mundstück

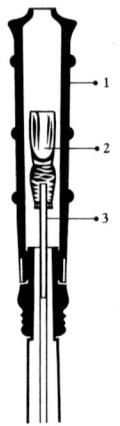

99 Harfe und Laute,
Detail einer Buchmalerei, Leitmeritzer Gesangbuch, 1520

100 Tabulaturzeichen auf Lautengriffbrett,
Sebastian Virdung „Musica getutscht und ausgezogen", 1511

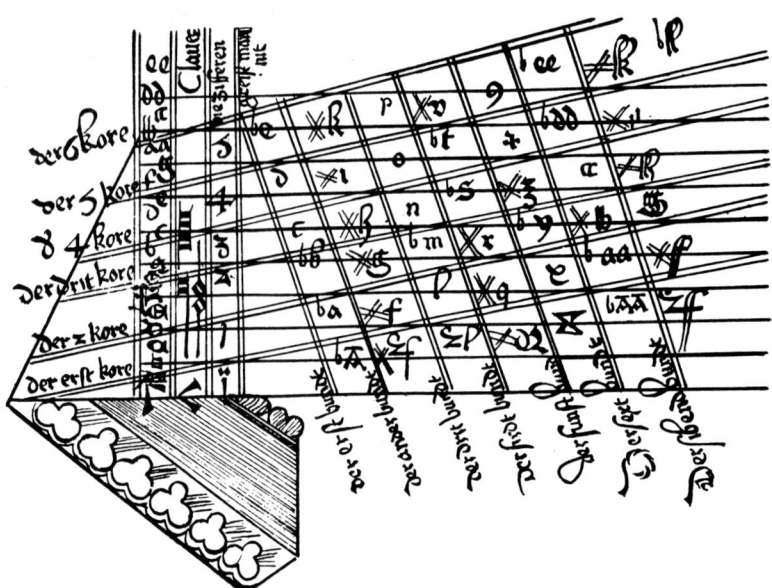

92

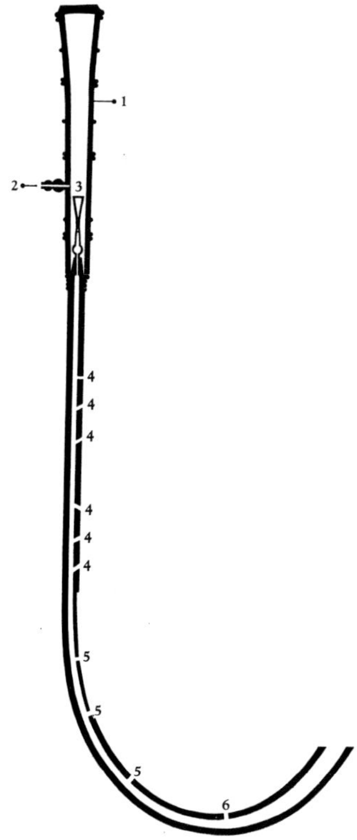

Krummhorn: 1. Windkapsel,
2. Mundstück,
3. Doppelrohrblatt,
4. Grifflöcher, 5. Klappen,
6. Luftlöcher

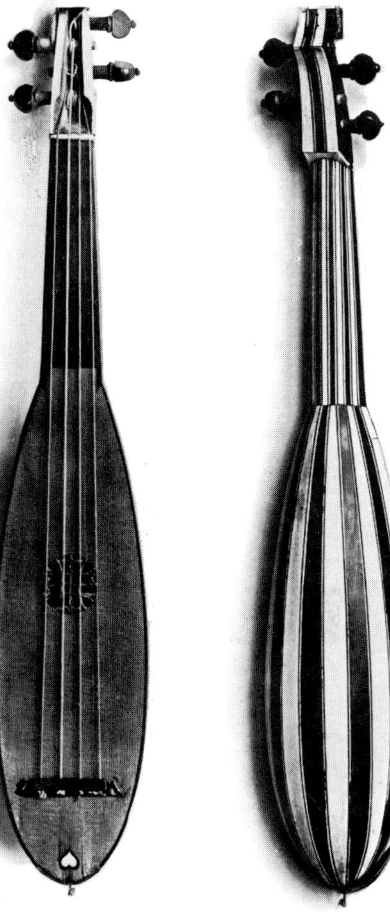

101—102 Pandora (Mandürchen), Vorder- und Rückseite,
Italien, 16. Jahrhundert

Phagotum

von „richtig stimmenden" Blockflöten. Nachdem die Blockflöte um die
Mitte des 18. Jahrhunderts der Querflöte gewichen war, blieb sie in
primitiveren Formen als Volksinstrument (Czakan = Stockflöte, Fuja-
ra = Hirtenflöte) sowie als Signalpfeife erhalten.

Da die Baßblockflöte klangschwach und der Großbaßpommer zu
schwerfällig waren, suchte man nach einem Instrument, das sowohl mit
tiefen Tönen ausgestattet als auch technisch besser spielbar war. Diese
Eigenschaften fanden sich im Fagott, dessen Erfinder der Tradition
nach der Italiener Afranio degli Albonesi ist. Sein *Phagotum* benanntes
Instrument war aber nur eine Art Sackpfeife. Zwei mit Grifflöchern
und Klappen versehene Vertikalpfeifen waren durch einen Klotz verbunden, über den die Luft aus dem Balg zu den Metallrohrblättern im
Oberstück der Pfeifen strömte. Die dritte, mittlere Pfeife deckte und
schmückte zugleich die Vorderseite des Klotzes. Jede Pfeife war so in
zwei Teile geteilt, daß der obere in den unteren Teil ragte, dieser diente
als Windkanal und Zungenkapsel. Beim Spiel lag das Phagotum auf
den Knien des Bläsers, der dabei den Balg auf die von der Sackpfeife
her gewohnte Weise bediente.

103 Chitarrone, Orgel, Laute, Geige, Sopran- und Baßblockflöte,
Laurent de la Hire (1606–1656): „Allegorie der Musik", die Muse Euterpe,
The Metropolitan Museum of Art, New York

Den Erfinder des *Fagotts* kennen wir nicht, wir wissen nur, daß er
nicht nur Pommer, Baßblockflöte, Schalmei und Krummhorn, sondern
auch die Posaune gekannt haben muß, denn er benutzte bei der Herstellung des mit einem U-förmigen Rohr ausgestatteten neuen Instruments einige Bauelemente jener Musikinstrumente. Vom historischen
Gesichtspunkt ist jene Entwicklungsetappe des Fagotts zur Renaissance zu rechnen, in der es vorwiegend *Dulzian* genannt wird. Typisch für
dieses Instrument ist die Bohrung beider Windkanäle in einem einzigen
Stück Ahornholz, mitunter auch Kirsch- oder Birnbaumholz. Durch
eine Querbohrung waren beide Kanäle verbunden, und die so entstandenen äußeren Löcher wurden mit einem Holzpfropfen verstopft.
Außer den sechs Grifflöchern für die Finger beider Hände und einer
offenen Klappe für das siebente Tonloch befinden sich auf dem aufwärts gerichteten Windkanal noch zwei weitere Grifflöcher und eine
Klappe für die Daumen beider Hände. Der Dulzian hatte noch eine
Besonderheit: einen gelochten Deckel über der Schalltrichteröffnung,
der den Ton dämpfen sollte. Wie alle Renaissanceinstrumente wurde
auch das Fagott in ganzen Familien hergestellt. Praetorius unterteilt
in: Diskantfagott, 2 Pikkolofagotte, 3 Chorist-, 1 Quart- und

104 Gebundenes Klavichord,
Deutschland, 17. Jahrhundert

105 Spinettregal,
Anton Meidling, Augsburg 1587

Dulzian

1 Quintfagott. Der Name Choristfagott leitet sich von der Verwendung als Baßunterstützung auf dem Kirchenchor her, seiner langwährenden Hauptaufgabe. Vom Choristfagott, dessen Grundtonleiter C Dur war, stammt das heutige Fagott ab.

Vermittler zwischen den Holzblasinstrumenten, mit denen sie Material und Bauweise (Holz, Grifflöcher) gemeinsam hatten, und den Blechblasinstrumenten, zu denen sie wegen ihrer Tonbildungsart mittels Mundstück gehörten, waren die *Zinken*. Schon im 11. Jahrhundert unterschied man den Weißen, Geraden Zink vom Schwarzen oder Krummen Zink. Der weiße ist älter und hatte seit dem 13. Jahrhundert nur fünf Grifflöcher sowie einen Schalltrichter aus Tierhorn. Später wurde der Weiße Zink aus einem oder mehreren Stücken Buchsbaumholz gedreht und hatte in der Regel sieben Grifflöcher, eines davon auf der Rückseite. Das aus Horn oder Buchsbaumholz verfertigte Mundstück wurde entweder aufgesetzt, was dem Instrument einen schärferen Ton gab, oder gleich eingedreht; das war der weichere Ton des Stillen Zinken. Der Krumme oder Schwarze Zink bestand aus zwei der Länge nach halbhohlen Holzleisten, in die das Rohr ausgestochen wurde; beide Teile wurden dann zu einem leicht sichelförmigen Instrument zusammengeleimt und mit schwarzem Leder überzogen.

Spiel- und Ansatztechnik der Zinken behandelt Daniel Speers *Grundrichtiger Kurtz leicht und nöthiger Unterricht Der musicalischen*

106 Virginal,
England, 1575

107 Spinett,
Murano da Pentorisi, 1590
Museo degli Strumenti Musicali del Castello Sforzesco di Milano

108 Virginal in Schreibschrank,
Deutschland, 17. Jahrhundert

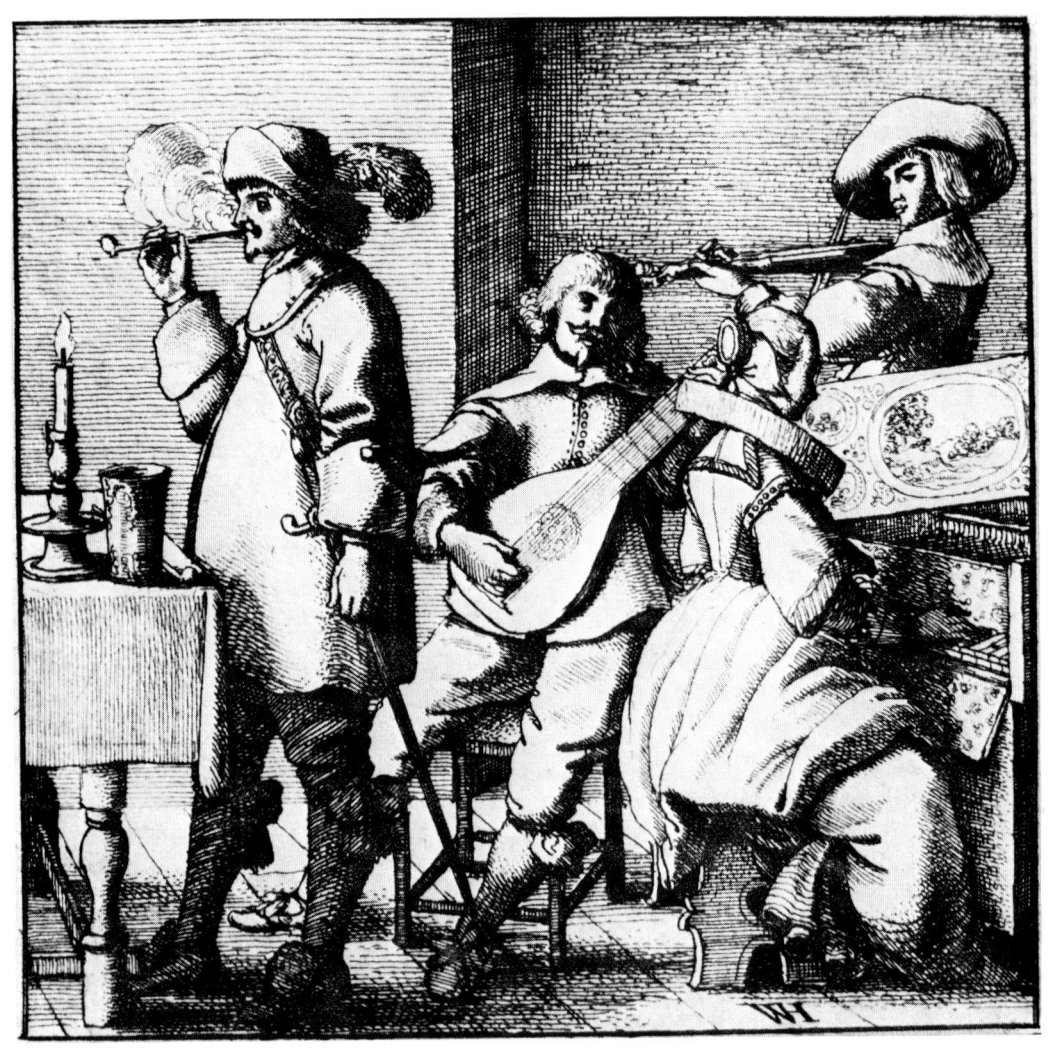

109 Laute, Cembalo, Sordune,
Kupferstich von Václav Hollar, Beginn des 17. Jahrhunderts

Kunst (Ulm, 1687). Da ist von einer interessanten Ansatzmethode zu lesen, die bei hochgestimmten Zinken angewandt wurde und sich von der bei Blechblasinstrumenten sonst üblichen unterschied. Der Umstand, daß der Mundstückdurchmesser bei Zinken mit höherer Tonlage am Rand nicht größer war als 1,5 cm, machte einem Bläser mit dünnen und schmalen Lippen die gewohnte Ansatzmethode unmöglich. Das Mundstück wurde ohne Druckausübung zwischen die Lippen geklemmt, und nur beim Anblasen waren Lippen und Wangenmuskeln stark gespannt. So bliesen die Musikanten in alter Zeit, da ihre Instrumente noch keine Mundstücke in unserem Wortsinn hatten und das Rohr einfach in den Mund gesteckt wurde. Noch heute begegnet man dieser Blastechnik bei gewissen Volksinstrumenten und bei der hochgestimmten Trompete (Es-Soprankornett, Bachtrompeten).

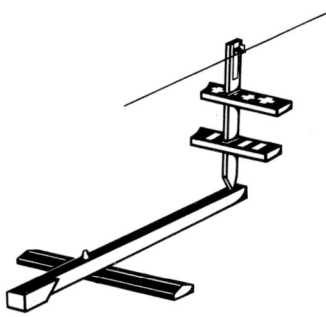

Cembalo-Mechanik

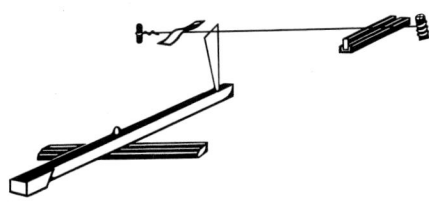

Klavichord-Mechanik

110 Baßcister,
Deutschland, Anfang des 16. Jahrhunderts

Joanes · andreas veronci

12 mosi
1512

111 Lira da braccio und Signatur des Meisters Giovanni d'Andrea,
Verona 1511

112 Viola da gamba und Viola da braccio,
Detailansicht des Isenheimer Altars von Matthias Grünewald (etwa 1470/83 bis um 1510)

113—114 Baßviola, Vorder- und Rückseite
Gaspard Tieffenbrucker, Lyon, um 1560,
Sammlung Haags Gemeentemuseum, Den Haag

Der Ton der Zinken ähnelte dem der Blechblasinstrumente: in hohen Tonlagen den Trompeten, in niedrigen den Posaunen. Sie hatten aber auch noch etwas von der Klangfarbe des Dulzians, vor allem in den höheren Tonlagen. Der letzte Komponist, der diesen unsicheren, schleppenden und matten Klang, der an sich unschön, aber in Verbindung mit anderen Instrumenten für bestimmte Klangeffekte sicherlich nicht uninteressant war, benutzt hat, war Gluck in seinem Orpheus. Der Baßzink hieß *Serpent* seines schlangenförmig gewundenen Rohres wegen, das die Deckung der Tonlöcher ermöglichte. Auch der Serpent war mit schwarzem Leder überzogen. Als Baßinstrument überlebte er in der Kirchen- und Militärmusik, besonders der französischen, bis in

In Padua Vendelinus Tieffenbruker.

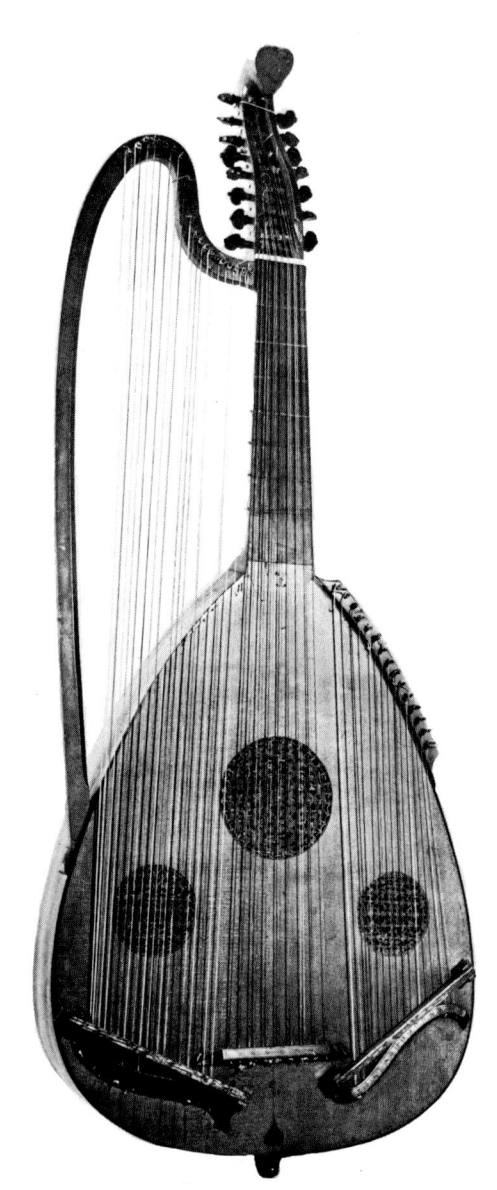

115 Harfencister und Signatur des Herstellers
Wendelin Tieffenbrucker, Padua, um 1590

die Mitte des 19. Jahrhunderts. Da der Timbre des Serpent Glanz und Intonationssicherheit vermissen ließ, versuchten die Instrumentenmacher des beginnenden 19. Jahrhunderts ihn mit Klappen zu verbessern; für ein solches Instrument haben Rossini, Mendelssohn und Wagner komponiert. Der Liverpooler Instrumentenmacher Jordan verfertigte sogar ein Kontraserpent, das 1851 in London vorgeführt wurde, doch war alle Mühe vergeblich, und der Serpent wurde von seinen Abkömmlingen verdrängt: zuerst vom Baßhorn, später von der Ophikleide und der Baßtuba.

Die Anwendung gebogener Schallrohre mit Auszugsvorrichtung

116 Harpsichord,
Vitus de Trasuntinus, Venedig 1560

schuf die Voraussetzung für die Weiterentwicklung der Blechblasinstrumente. Im Werdegang der Posaune spielte die *Zugtrompete* in ihrer älteren Form eine wichtige Rolle; sie ist auf zahlreichen mittelalterlichen Kunstwerken dargestellt, unter denen Hans Memlings (um 1433—1494) Antwerpener Altartryptichon das bekannteste ist. Der Bläser hielt die Zugtrompete mit der einen Hand dicht hinter dem Mundstück, während er mit der anderen das übrige Instrument hin und her bewegte. Der jüngere Trompetentyp trug bereits Baumerkmale der Posaune; der Bläser hielt das Mundrohr des Korpus fest und zog den U-förmigen Röhrenteil aus und ein. Nach der Vergrößerung der Zugtrompete genügte dann eine Änderung der Auszugsvorrichtung zur Entstehung der *Posaune.* Der Posaunenbläser hält — im Unterschied zum Bläser der älteren Zugtrompete — mit der Linken das Mundstück des Instruments und bedient mit der Rechten den U-förmigen Zug. Die besten Hersteller von Posaunen und anderen Blechblasinstrumenten waren Nürnberger Instrumentenbauer. Der erste mit Namen bekannte ist ein gewisser Hans Neuschel. An der Wende des 15. Jahrhunderts belieferte er Adel, Klerus und königliche Kapellen mit seinen Erzeugnissen, die jedoch nicht erhalten geblieben sind. Seinen Ruhm setzten noch bis ins späte 17. Jahrhundert die Nürnberger Meister Schnitzer, Hainlein, Ehe, Haas u. a. fort. Nürnberg war auch wegen der Produktion leistungsfähiger Stahlsaiten berühmt.

Vergeblich würde man jene überraschende Mannigfaltigkeit und hohe technische Erfindungsgabe, wie sie die Blasinstrumente auszeichnete, bei den Saiteninstrumenten suchen. Vielleicht erinnern nur die Formveränderungen der Zupfinstrumente an die Mannigfaltigkeit ihrer mittelalterlichen Vorläufer. Insbesondere die Laute und ihre verschiedenen Abarten erfreuten sich allgemeiner Beliebtheit bei den Menschen der Renaissance; sie erlebte auf dem Höhepunkt ihrer damaligen Entwicklung so ruhmvolle Tage wie es, vielleicht mit Ausnahme der Geige, keinem anderen späteren Instrument vergönnt war. Die Renais-

117 Von links: Posaune, Cembalo, Viola da gamba und da braccio, Geige, Oktavlaute, Sordino, Schwarzer
Zink, Schalmei, Lira da braccio, Violoncello, Blockflöte, Weißer Zink, Schwarzer Zink, Laute. Rechts in der
Ecke: Glocken, Schellen, Jagd- und Posthörner.
Jan Breughel: „Das Gehör", Öl, um 1620, Museo del Prado, Madrid

118—119 Sopranlaute, Vorder- und Rückseite
Italien, 16. Jahrhundert

sance erhob die *Laute* zum Kunstwerk. Ihr ursprünglich birnförmiger
Korpus wandelte sich zur harmonischen, an den Rändern mit Ebenholz
und Elfenbein ausgelegten Mandelform. Die ebene Decke aus feinjäh-
rigem Fichtenholz blieb unverändert, aber das Schnitzwerk um die
Schallöffnung (Rose) wies prächtige gotische Ornamente auf. Auch
stieg die Anzahl der Späne, aus denen der gewölbte Boden des Instruments zusammengeleimt ist, und nicht selten wechselten diese ab mit
haardünnen Adern aus Ebenholz oder einem anderen farbigen Holz.
Reiches Schnitzwerk zierte den auf der Decke befestigten Saitenhalter
sowie den nach rückwärts abgeknickten mächtigen Wirbelkasten.

Die Saitenzahl der Laute nahm ununterbrochen zu. Ursprünglich
hatte sie vier Doppelsaitenchöre, später kamen ein fünftes Paar und
eine höchste Saite hinzu, die in *Aa, dd¹, gg¹, hh, e¹e¹, a¹* gestimmt waren.
Im 16. und 17. Jahrhundert gab es bereits elf- und mehrbündige Lauten.

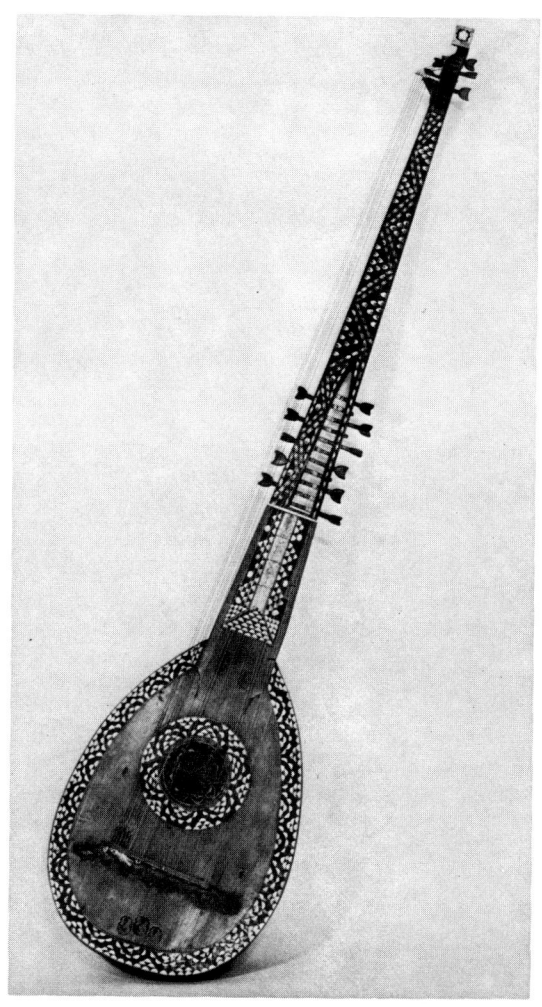

120 Chitarrone,
Johannes Mantoya de Cardone, 1591

Die ungeheure Beliebtheit dieses Instruments führte zum Entstehen der Tabulaturnotierung, die statt der Tonhöhe die Stelle der „Griffe" auf dem Lautenhals bezeichnet. Im 17. Jahrhundert verfiel der Lautenkult, das Instrument verlor seine gesellschaftliche Stellung. Zwar zieht sie Bach sowohl im Orchester (Trauerode, Mathäuspassion) als auch als Einzelinstrument (Partiten für Laute) noch heran, doch um die Mitte des 18. Jahrhunderts wird sie von Saiten- und Tasteninstrumenten schnell aus der Musikpraxis verdrängt.

Wie alle Instrumente wurde auch die Laute in verschiedenen Tonlagen gebaut, die von der kleinen Oktavlaute bis zu den Baßlauten reichten; bei letzteren waren die Baßsaiten in einen besonderen Wirbelkasten auf dem verlängerten Lautenhals außerhalb der Längsachse des Instruments geführt; das waren die sog. *Theorbenlauten, Theorben* und *Erzlauten* (Chitarrone) mit bis 2 m langem Hals. Dank ihrer in der

121 Tamburin, Geige, Laute, Blockflöte,
Bernardino Lanino (1510(15)—1583): „Thronende Madonna mit
Heiligen und Stiftern", Detailansicht, North Carolina Museum of Art

Renaissance gewonnenen großen Verbreitung blieb die Lautenherstellung noch für lange Zeit ein einträglicher Zweig des Instrumentenbaus. Seine Zentren waren die Städte Füssen an der bayerisch-tirolischen Grenze und Nürnberg. Im 16. und 17. Jahrhundert verschob sich der Schwerpunkt der Produktion nach Italien. Ernst Gottlieb Baron erwähnt einen Prager Lautenmacher namens Martin Schott, der sich mit seinen „romanischen Theorben" einen Namen machte; ein anderer Prager Lautenbauer, Ondřej Ott stellte auch prachtvolle Gitarren, die *Chitarra battente* her. Lauten wurden zu gesuchten Sammlerobjekten; Fuggers berühmtes Augsburger Kunstkabinett barg die größte Lautensammlung.

Die Fidel des 16. Jahrhunderts hatte einen schlanken Hals mit schneckenförmigem Kopf und frontalen Wirbeln; durch Vergrößerung des Korpus der Lyra entstand das Baßglied mit der italienischen Bezeichnung *Lirone perfetto,* das im Stehen gespielt wurde. Diese beiden Saiteninstrumente gingen der *Viola* voraus, die alle Errungenschaften ihrer Vorgänger in sich aufnahm und vereinigte, nämlich die gewölbte Decke mit C-förmigen Schallöchern, den ebenen Boden, den schlanken Hals mit Schnecken und frontalen Wirbeln. Auch die Viola bildete ihre zahlreichen Stimmlagen aus, von der Diskant-*Viola da braccio,* über die *Tenorviola da gamba* bis zur *Großbaßviola*. Im 16. Jahrhundert waren Gamben und Violen keine selbständigen Instrumente, sondern stellten nur zwei Arten einer Gruppe von vier bis fünf verschiedenen Stimmlagen dar. Bald jedoch bevorzugten die Italiener die vornehmlich in Norditalien hergestellten Instrumente da braccio, da diese ein ausdrucksvolleres Spiel erlaubten. Violen herrschten unter den Saiteninstrumenten im Kontrapunktgewebe der polyphonen Musik bis zum siegreichen Antritt der Geigen vor. Im ausgehenden 16. Jahrhundert geht aus der Viola da braccio als Vertreter der höchsten Tonlage der Saiteninstrumente die Geige hervor; der Höhepunkt ihres Ruhmes aber fällt erst in die Folgezeit. Die schnelle Verbreitung und Vervollkommnung dieses bedeutendsten Musikinstruments der Neuzeit ist vor allem das Verdienst der Komponisten des 16. Jahrhunderts, die ihren schönen Klang und die außerordentliche Eignung für das Orchesterspiel sogleich erkannten. Auf ihre Anregung hin werden im Laufe von 50 bis 70 Jahren bereits im 16. Jahrhundert in den Werkstätten von Duiffopruggar in Lyon und Gasparo da Salò in Brescia die ersten Meistergeigen gebaut. Ein im Instrumentarium von Musikensembles häufiges Tonwerkzeug war das *Hackbrett,* damals vorwiegend als transportables Instrument konstruiert, das an Riemen getragen oder auf den

122 Theorbenlaute, Tenorquinton,
Bartholomeus van der Helst (1613—1670), „Die Musikerin", Öl, The
Metropolitan Museum of Art, New York

Tisch gelegt wurde; allgemeine Verbreitung gewann es z. B. in den Kapellen der böhmischen Adeligen. Daniel Adam von Veleslavín führt es unter der Bezeichnung Sambuca an.

Die Renaissance kennt auch die Entwicklung von Saiteninstrumenten mit Klaviatur. Durch Anbringung einer Klaviatur an eine bestimmte Psalterart entstand das bereits um die Mitte des 14. Jahrhunderts belegte *Klavichord*. Die von den Monochordstegen abgeleiteten Tangenten des Klavichords brachten beim Anschlag die Saiten zum Schwingen und begrenzten zugleich deren schwingenden Abschnitt, wobei einem Saitenchor mehrere Tasten, und damit Töne, zugeordnet waren. Das war der Fall beim älteren sog. gebundenen Klavichord, während beim bundfreien zu jeder Taste ein eigener Saitenchor gehört. Mittels dieser in einen schmalen rechteckigen Kasten eingeschlossenen simplen Mechanik ohne Register und ohne Pedale konnte nur ein äußerst schwacher Ton erreicht werden. Demgegenüber war es möglich, bei leichtem Fingeranschlag das Vibrieren der Hand auf die Saite zu übertragen, damit ein gewisses Vibrato zu erzielen und so dem Spiel mehr Ausdruck zu geben. Der deutsche Musikwissenschaftler Jakob Adlung schreibt in seiner Musica Mechanica Organoedi (1768), daß der Ton des Klavichords zwar schwach, aber zart klinge und daß kein anderes Instrument ein derart zierliches Spiel erlaube.

Etwa hundert Jahre später entstand ein weiteres Tasteninstrument, von dem uns erstmals der Prager Gelehrte Paulus Paulirinus de Praga in den 60er Jahren des 15. Jahrhunderts Kunde gibt, nämlich das *Virginal*. Seine Saiten wurden mit Rabenkielen oder Lederkielen angerissen. Es wurde in verschiedenen Größen und Formen und verschieden kompliziert gebaut; in England und Nordeuropa waren viereckige, in Italien gedehnt fünfeckige Formen in Gebrauch. Die kleinen Virginale mit vierfüßigen Saiten hießen in Italien *Ottavino* oder *Spinettino*, in England *Oktavvirginale*, da sie um eine Oktave höher gestimmt waren als die übrigen.

Vom 15. Jahrhundert an baute man die früher parallel zu den Saiten angebrachte Klaviatur auch senkrecht zu den mit Zupfmechanik versehenen Saiten ein und erhielt so das *Cembalo*, ital. clavicembalo, dessen viele Vorteile gegenüber dem Klavichord u. a. im größeren Tonumfang und den Saitenchören lagen. Als man dem Klavizimbel eine zweite Klaviatur hinzufügte, konnten neue Tonfarben gewonnen werden. Beim Anreißen mit einem Federkiel oder Lederkiel entstand ein Ton, der an Stärke den Klang des Klavichords übertraf und dessen Klangfarbe mittels eines Registers (Lautenzug) geändert werden konnte.

Um Hollands Führung in der Herstellung von Tastenchordophonen machten sich Instrumentenbauer wie Hans Ruckers, Martin van der Biest, Hans Grauwels u. a. verdient. Die Söhne des ersteren, Andreas und Johannes Ruckers, setzten die Tradition so erfolgreich fort, daß die Instrumente holländischer Meister nach ganz Europa gingen. Man baute neben solchen mit eingebautem Spinettino auch zweimanualige Cembali, die über acht- und vierfüßige Register verfügten. Das Cembalo verschwand im ausgehenden 18. Jahrhundert, nachdem es drei Jahrhunderte wechselnder Beliebtheit erlebt hatte.

Die Mission, die im Jahre 1457 der Böhmenkönig Ladislav Postumus an den Hof König Karls VII. von Frankreich entsandte, damit sie um die Hand von Prinzessin Magdalena werbe, führte auch einen Paukenschläger mit. Die *Pauke* war damals in Westeuropa unbekannt. Die in der Fachliteratur gängige Ansicht, die Pauke sei auf diese Weise über Ungarn ins europäische Instrumentarium gelangt, geht auf eine irrige Deutung des ersten von Ladislavs Titeln („König von Ungarn") zurück; Ladislav hatte nie seinen Sitz in Ungarn, und die Mission war aus Prag abgereist. Früher wurde das gegerbte Fell mit Sticken gespannt. Im beginnenden 16. Jahrhundert ging man dazu über, hierfür Eisenreifen mit Spindeln zu benutzen. Den Tympanisten, wie die Musikanten genannt wurden, die die Pauke, das wichtigste Membranophon des europäischen Orchesters, schlugen, standen die gleichen Rechte zu wie den Trompetern; sie nahmen in den fürstlichen Kapellen einen festen Platz ein.

123 Lira da gamba,
Wendelin Tieffenbrucker, um 1590

124—125 Lira da braccio, Vorder- und Rückseite,
Giovanni Maria da Brescia, 1540, Ashmolean Museum, Oxford

126 Geige, Tamburin, Posaune, Bomhart, Viola da gamba, Laute,
Peter Lastman (um 1583—um 1633) „Das Konzert", Öl

BAROCK UND ROKOKO

In der Barockzeit steht die Tonkunst im Zeichen des Generalbasses. Der Sieg der italienischen Monodie über die niederländische Polyphonie bedeutet eine große Wende für die Weiterentwicklung der europäischen Musik. Statt der Kirchentonarten beherrschen die schon früher in der Volksmusik üblichen Dur- und Molltonarten die Szene. Wichtigster Ausdrucksfaktor wird neben Melodie und Harmonie die Instrumentation, in deren Rahmen, in der Art eines konzertanten Instrumentalstils, die Differenzierung der Musikinstrumente vor sich geht.

Die außerordentlich große praktische Bedeutung des Basso continuo, des Generalbaßspiels, stärkte zusehends die Stellung der Generalbaßinstrumente Orgel, Cembalo und Laute. Der Maestro al cembalo wird zum Dirigenten des gesamten Instrumentenensembles. Die bezifferte Baßstimme prägte das gesamte barocke Musikschaffen so nachhaltig, daß die musikgeschichtliche Epoche von 1600 bis 1750 nicht zu Unrecht Generalbaßzeit genannt wird.

Im barocken Orchester treten die Musikinstrumente immer häufiger als obligate Solostimmen auf. Daher verschwinden wegen ihrer techni-

127—128 Trompete und Trompetendetail,
Jan Bauer, Prag, Ende des 18. Jahrhunderts

129 Blockflöte,
Jan Kupecký (1667?—1740): „Der Flötenspieler", Öl

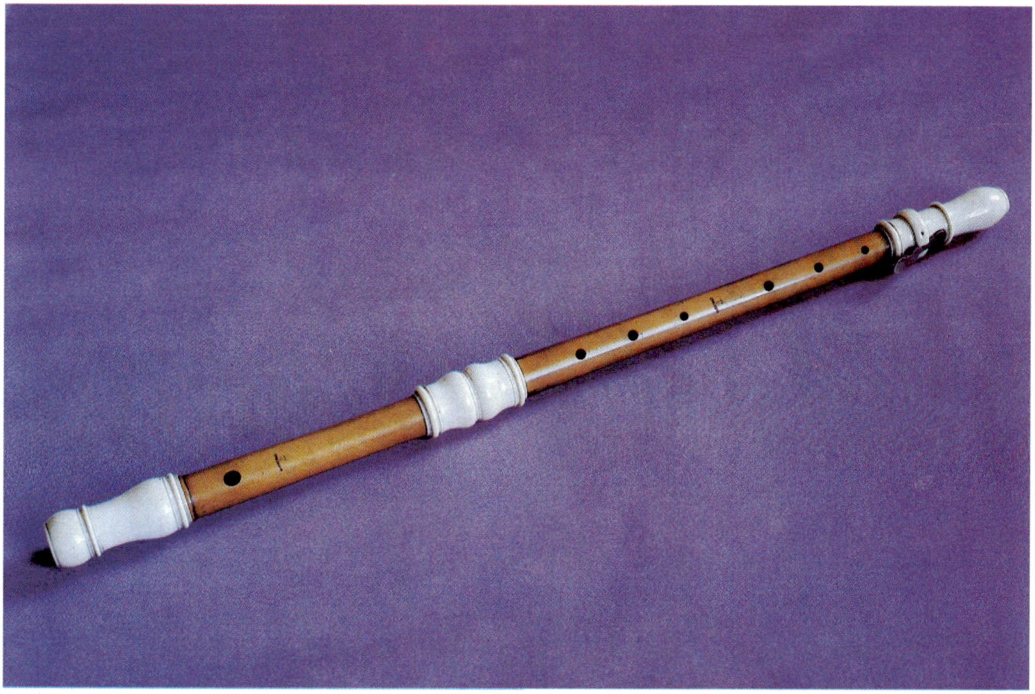

130 Flöte,
Louis Hotteterre, Ende des 17. Jahrhunderts

131 Klarinetten aus Buchsbaumholz und Elfenbein,
J. Schlegel (1733—1792), Basel

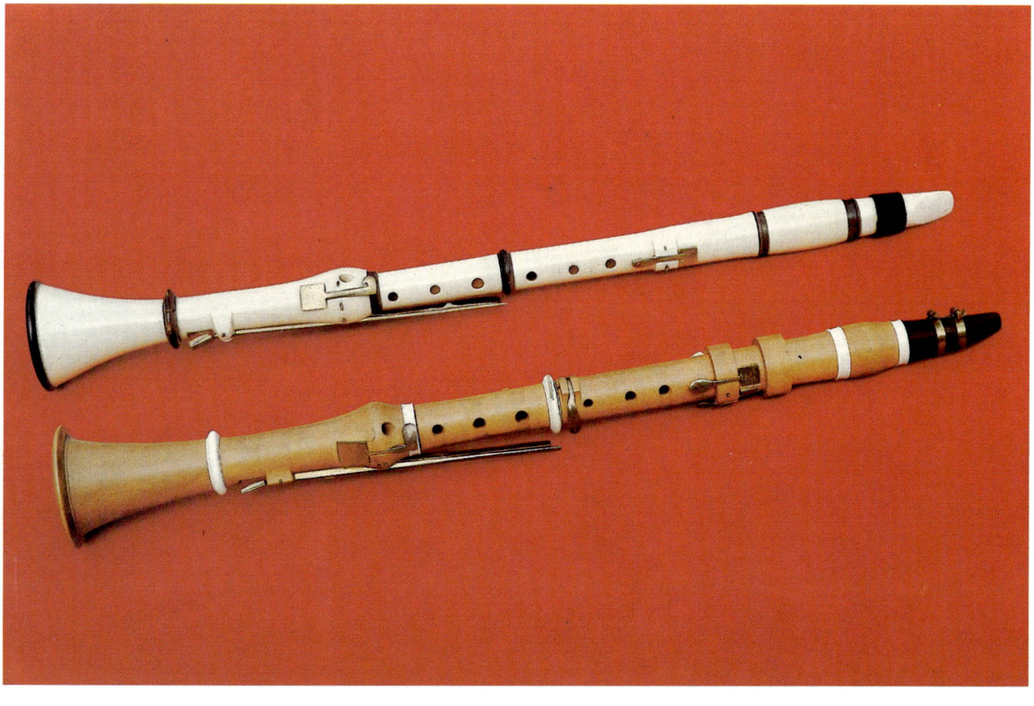

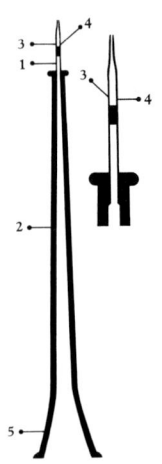

Oboe-Querschnitt:
1. Mundstück, 2. Ober- und Unterstück,
3.—4. Doppelrohrblatt,
5. Schallstück

schen und musikalischen Mängel zuerst alle Holzblasinstrumente mit Windkapsel (Rauschpfeifen, Krummhörner u. a.); dann werden Bomharte, Sordunen und Rackette und zuletzt auch die Zinken ausgeschlossen. Nur drei haben überlebt: die Schalmei, aus der sich in einem komplizierten Prozeß die *Oboe* entwickelte, das *Fagott* und die *Querflöte*. Letztere gehörte zu jenen Blasinstrumenten, die in der Renaissance „nur" in drei Größen vertreten waren; im Barock wird sie zur ausdrucksvollsten Solostimme. Unter den Blechinstrumenten kommen vorrangig die hohen Trompeten (Klarinen) und Posaunen in verschiedenen Tonlagen zur Geltung. Einziger Neuling ist hier das *Waldhorn*, das sich durch Verlängerung des Rohrs und Verkleinerung des Instrumentendurchmessers aus dem Jagdhorn entwickelt hat. Nach Böhmen gelangte das Waldhorn bereits 1681 durch Vermittlung Graf Franz Sporcks, der zwei seiner Diener nach Paris geschickt hatte, um mit diesem „herrlich pompösen Instrument" — wie Mattheson sagt — vertraut zu werden.

Im Barock entstand ein weiteres wichtiges modernes Musikinstrument, die *Klarinette*. Heute kann Johann Christoph Denner nicht mehr eindeutig als ihr Erfinder gelten, doch bleibt ihm das Verdienst, die Schalmei vervollkommnet zu haben. Eine Erhellung der Anfänge und der Benennung der Klarinette sowie ihres Platzes im Orchester wird durch den Umstand erschwert, daß in den ersten für sie geschriebenen Tonsätzen die gleiche Bezeichnung für die Klarinette gebraucht wurde wie für die Schalmei. Das Wort Klarinette ist das italienische clarinetto und bezeichnet eine clarino genannte hochgestimmte Trompete. Denners Klarinette hat das trichterförmige Schallstück und die sieben Grifflöcher der Schalmei beibehalten, hinzugefügt sind bloß eine Aufschlagzunge und zwei Klappen, die den Tonumfang des Instruments nach der Tiefe zu erweiterten. In seiner Symphonie „avec clarinettes et cors de chasse" (1755) benutzte der Komponist Johann Stamitz Klarinetten.

Einmal zu Beginn des 18. Jahrhunderts spielte eine Gruppe von In-

132—133 Jagdhörner,
B. Fürst, Ellwang 1770, und Goutrot, Paris, Ende des 18. Jahrhunderts

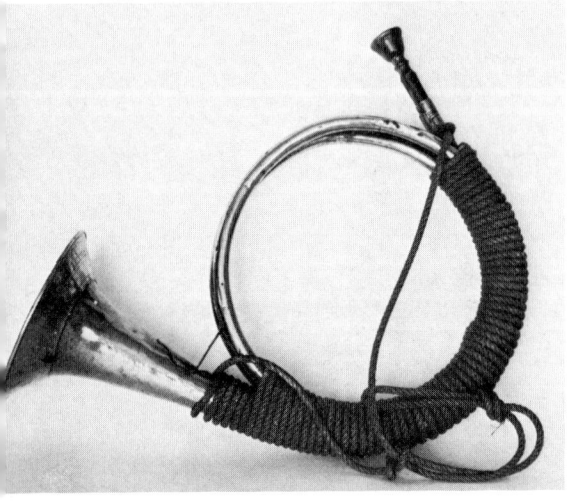

134 Fagott und Waldhorn,
Wiener Porzellan, 18. Jahrhundert

135 Positiv, Violone, Tenorviolen; im Hintergrund: Trompeten und
Posaunen; an der Wand hängend: Waldhorn, Triangel (mit Metallringen),
Oboe d'amour, Pandora. Geistliches Konzert in der Weimarer Kirche im
Jahre 1732, Kupferstich aus demselben Jahr

Klarinettenquerschnitt:
1. Rohrblatt, 2. Ober- und
Unterstück, 3. Mundstück,
4. Schallbecher

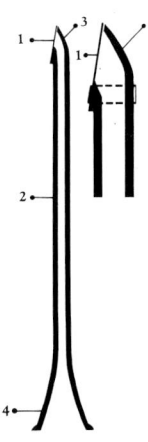

strumentalisten in der Weimarer Kirche unter der Leitung eines
Dirigenten, der dem Organisten in die Noten schaut. Der in Johann
Gottfried Walthers *Musicalischem Lexicon* (1732) enthaltene zeitgenössische Kupferstich hält die Atmosphäre dieser Aufführung
fest und zeigt, wie die verschiedenen Instrumente von der Orgel als
Generalbaß gestützt werden. Die Kirche hatte nach dem Dreißigjähri-
gen Krieg alle Mittel der staatlichen und geistlichen Gewalt zur Er-
neuerung ihres alten Glanzes eingesetzt und baute prachtvolle Kirchen, in denen der liturgische Gesang von der Orgel begleitet wurde.
Das *Positiv,* das zur Renaissancezeit zwei Blasebälge und mehrere Register hatte, blieb zwar noch für gewisse Zeit in Gebrauch, konnte aber
den steigenden Ansprüchen bei feierlichen Gottesdiensten nicht mehr
genügen, und so begann man, mächtige, mehrmanualige Werke mit
vielen Registerzügen zu bauen. Die Renaissance maß einem möglichst
vollständigen System von Prinzipalpfeifen die größte Bedeutung zu,
während die barocken Orgelbauer grundsätzlich nach einer reichen

117

136 Waldhorn in G aus Porzellan,
Deutschland, 18. Jahrhundert, The Metropolitan Museum of Art, New York

Vertretung der Flöten gestrebt hatten. Durch verschiedene Kombinationen und Vermischung dieser Register konnte man nun neue Klangfarben gewinnen. Die Orgel wurde durch neue technische und akustische Errungenschaften, wie die Einführung der temperierten Stimmungen und die Erfindung der Windwaage, verbessert. Der damalige Tonumfang der Tastatur C—c² blieb für sehr lange Zeit gültig. Viele ausgezeichnete Orgelbauer trugen das Ihre zu Ruhm und Ehren der Orgelkunst bei; wir wollen hier nur den Orgelbauer und Organisten des Fürstenhofes zu Wolfenbüttel Jesaias Compenius, den Vorläufer der berühmten Silbermannfamilie Eugen Casparini sowie Andreas und Gottfried Silbermann selbst, ferner Zacharias Hildebrand und Anton Gärtner nennen.

Die weltliche Musik erhob das *Cembalo* zum wichtigsten Generalbaßinstrument. Da es einen weiteren Saitenbezug mit sechzehnfüßigem

137 Waldhorn,
C.F. Eschenbach, Markneukirchen 1792 und Trompete,
G.F. Glier, Markneukirchen 1801

Register erhielt, nahm sein Korpus beträchtlich an Länge zu, der Klang aber gewann an Tiefe und Sättigung. Der Cembalist, unterstützt von den Gesten des ersten Geigers, markierte das Tempo und gab die Zeichen zum Einsatz des Orchesters. Zur Erzielung größerer Tonfülle benutzte man zuweilen zwei oder mehr Cembali, die ihrerseits von weiteren Generalbaßinstrumenten wie Laute, Harfe, fast immer Baßstreichinstrumenten gestützt wurden.

Den romanischen Völkern gebührt das Verdienst um den von der Mitte des 18. Jahrhunderts an einsetzenden ungeahnten Aufstieg der *Gitarre.* Ihre damalige Form ist gültig geblieben: der flache Boden aus Ahornholz, die Decke aus Fichtenholz, die hohen Zargen und das kreisförmige Schalloch. Das Griffbrett war mit Bünden im Halbtonabstand versehen und endete in einen flachen Kopf. Die sechs Saiten waren in E, A, d, g, h, e^1 gestimmt, notiert wurde jedoch um eine Oktave höher. Wie die Laute schuf sich auch die Gitarre ihre Griffnotation, für deren Verbreitung an der Wende des 18. Jahrhunderts der Weimarer Hofgeiger Jakob August Otto gesorgt hatte; ihm wird auch die Einführung der sechsten, tiefsten Saite zugeschrieben. Aber schon vor Otto hatten alle Länder Europas für die Gitarre geschwärmt und sich an Beifallsbekundungen überboten; wir würden das heute eine Modekrankheit nennen. Hervorragende Künstler und Komponisten wie Schubert, Boccherini, Weber, Paganini u. a. spielten und komponierten für sie.

Ein schwächerer Konkurrent der Gitarre war die bereits im Mittelalter als *Citole* bekannte *Cister* mit birnförmigem Korpus. Im 16. und 17.

139 Portativ,
Ende des 18. Jahrhunderts

140 Französische Konzert-Sackpfeife Musette,
2. Hälfte des 18. Jahrhunderts

Jahrhundert hieß sie in England Cittern und in Deutschland Zitter. Das
mit fünf doppelten Drahtsaiten und Capotasto (Hauptbund) ausgestat-
tete Instrument, das man mit einem Plektrum anriß, wurde im ausgehenden 18. Jahrhundert zu einem der Lieblingsinstrumente der Frauen.
Besonders schöne Cistern mit sinnreichem Stimmechanismus stammen
von dem Prager Geigenbauer Johann Michael Willer. Als Erfindung
englischer Herkunft gilt die Cisterabart *Pandora*, ein Generalbaßinstrument mit gegliedertem Schallkörper und sieben doppelchörigen
Drahtsaiten. Einen noch reicher gegliederten Körper hatte das *Orpheoreon* mit acht Doppelsaiten. Diese vielsaitigen Instrumente waren nicht
sehr verbreitet und konnten wegen des aufwendigen Stimmens die Barockzeit nicht überleben.

   Die Bewunderung für das klassische Altertum führte zur Wiederge-
burt der antiken Lyra in Form der *Lyragitarre*, die wie jene sechs Saiten hatte, aber anders als die Lyra auf das Knie des linken Beins gelegt

141 Orgel,
H. Sieber, St. Michaelskirche in Olomouc (Tschechoslowakei), 1706

Pandora

wurde; dieses stützte sich dabei auf einem Schemel ab. Das wenig praktische Instrument wurde ausschließlich von Frauen und noch im 19. Jahrhundert jahrzehntelang gespielt. Als eine Art Gitarrenersatz baute der Londoner Edward Light Ende des 18. Jahrhunderts die *Harfenlaute,* die erst nach der Patenterteilung 1816 größere Verbreitung fand.

Wir wissen nicht viel über die Entstehung des Instruments, dessen erster Name *Gravicembalo col piano e forte* lautete. Der Hammermechanismus war eigentlich bereits seit 1400 bekannt, und schon der *Échequier,* ein Instrument, das Guillaume de Machaut erwähnt, war vermutlich mit einer Hammermechanik ausgestattet (vgl. échec =

142—143 Theorbenlaute und Detailansicht ihrer Rosette, Thomas Edlinger, Prag, 17. Jahrhundert

Orpheoreon

144—145 Chitarra battente, Vorder- und Rückseite,
Italien, Anfang des 18. Jahrhunderts

Schlag, Anschlag). Arnold Dolmetsch spricht in seiner *Interpretation of the Music of the XVIIth and XVIIIth Centuries* (1915) von einem im Jahre 1610 gebauten Klavier, das die ersten Cristofori-Instrumente um mehr als hundert Jahre überholt hatte; es ähnelte einem großen Zimbal, und seine recht kleinen Hämmer waren wie bei der einfachen

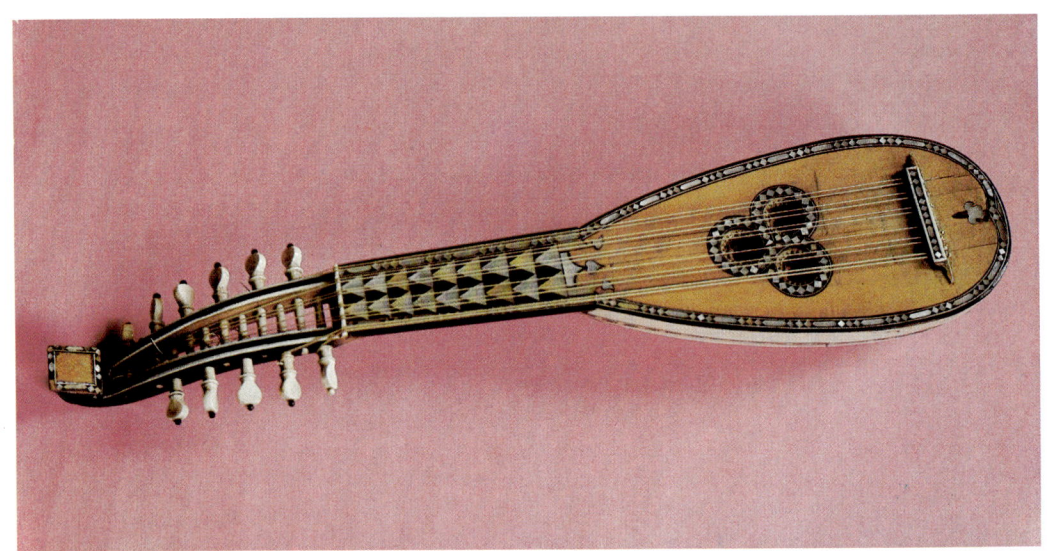

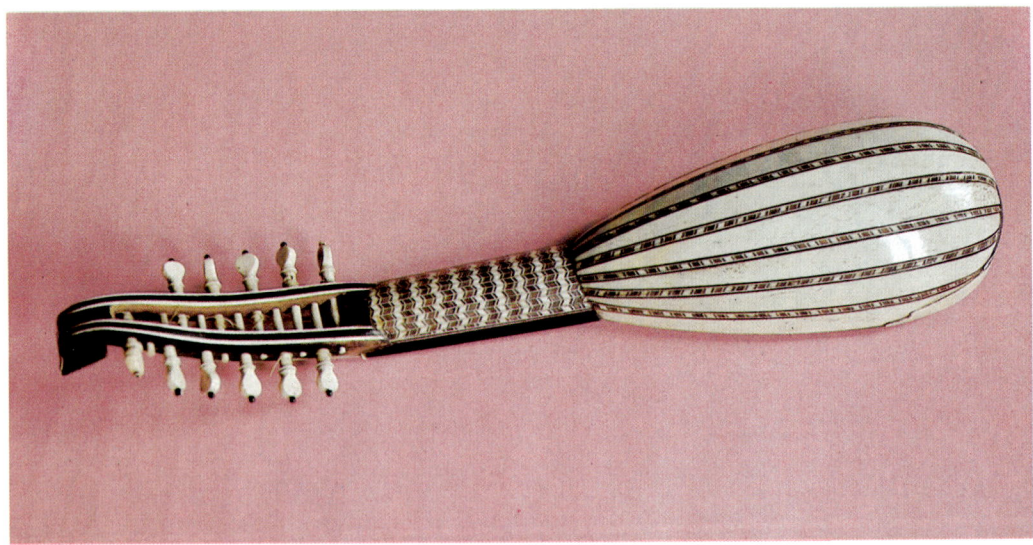

146—147 Pandurina, Vorder- und Rückseite,
Ignazio Ongaro, Venedig, Beginn des 18. Jahrhunderts

Form der Wiener Mechanik an den Tasten befestigt. Seit den Tagen, da
die Tonkunst den geringen Dynamikbereich der zeitgenössischen Tastenchordophone, des Klavichords und des Cembalos, als störend emp-
fand, lag das baldige Kommen des Klaviers sozusagen in der Luft.
Darum auch erntete der Zimbalvirtuose Pantaleon Hebenstreit 1705 in
Paris mit seinem selbstverfertigten Instrument großen Beifall; Ludwig
XIV. gab diesem Hackbrett besonderer Konstruktion den Namen *Pantaleon.* Der deutsche Organist und Musikschriftsteller Gottfried Schrö-
ter beschreibt, wie er 1717 die Hammermechanik erfand; ein Jahr zuvor
aber hatte der Franzose Jean Marius der Pariser königlichen Akademie

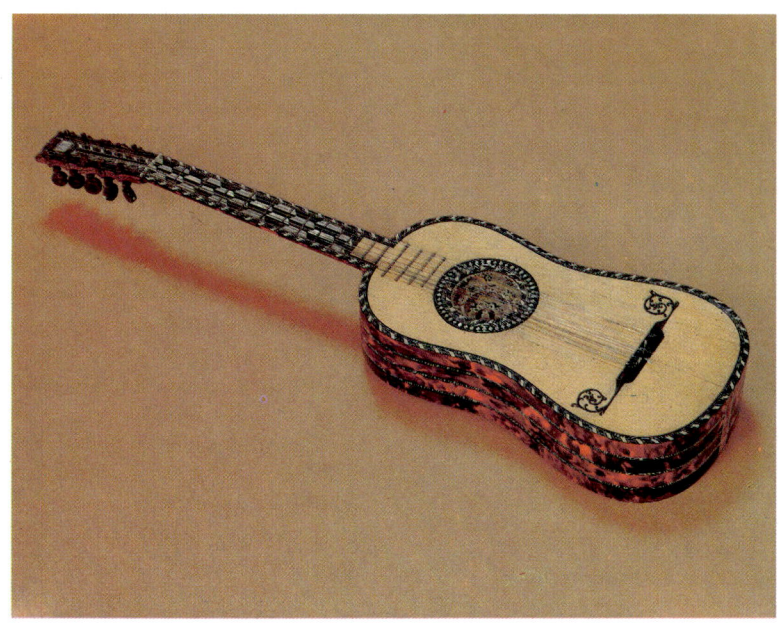

148 Gitarre,
Jean Voboam, Paris, 1687

149 Rückseite einer Gitarre desselben Meisters

150 Geige,
Nicola Amati, Cremona 1681

Hauptteile der Gitarre: 1. Kopf
mit Wirbeln, 2. Mechanik,
3. Griffbrett mit Bünden,
4. Hals, 5. Querriegel, 6. Decke
mit Schalloch, 7. Zargen,
8. Boden

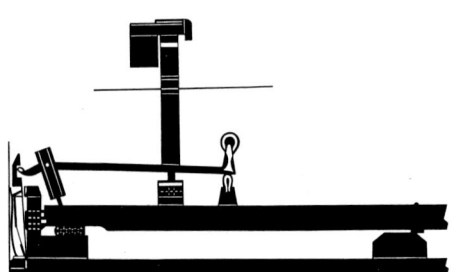

Deutsche
Hammerklaviermechanik
(A. Stein, 1772)

Englische
Hammerklaviermechanik
(R. Stodart, 1777)

151 Doppelgitarre,
Alexandre Voboam le Jeune, Paris, 1696

Modelle seines *Clavecin à maillets* mit Hammermechanik vorgeführt.
Doch bleibt historische Tatsache, daß der italienische Instrumenten-
bauer Bartolommeo Cristofori im Jahre 1709 in Florenz das erste
Hammerklavier konstruierte.

Aus der technischen Beschreibung von Cristoforos Klaviermechanik
(Giornale dei letterati d'Italia, 1711) geht hervor, daß diese im wesentlichen der englischen Mechanik entsprach, denn der hirschlederbezogene Hammer sprang nach Anschlagen der Saiten zurück und wurde
durch einen Stößer gehoben. Das Instrument war mit besonderen

152—153 Gitarre, Vorder- und Rückseite,
Fedele Barnis, 18. Jahrhundert

Dämpfern für jede Taste versehen. Das Verdienst um eine allgemeinere Verbreitung des Hammerklaviers gebührt dem berühmten Orgelbauer Gottfried Silbermann, und von ihm führt ein direkter Weg zu John Broadwood, der im Jahre 1780 in England die heutige englische Mechanik konstruierte. Die Wiener Mechanik geht auf Silbermanns Schüler Johann Andreas Stein zurück (Augsburg, 1778), ist jedoch erst durch seinen Schwiegersohn Johannes Andreas Streicher berühmt geworden. Bei dieser Mechanik sind die Hämmer lederbezogen und direkt auf dem hinteren Ende des Tastenhebels drehbar befestigt, während bei der englischen die filzbezogenen Hämmer auf einer eigenen Leiste, dem Mechanikbalken, befestigt sind.

Der führenden Stellung des Cembalos flämischer Herkunft ent-

154—155 Gitarre,
Georgius Sellas, Italien, 17. Jahrhundert

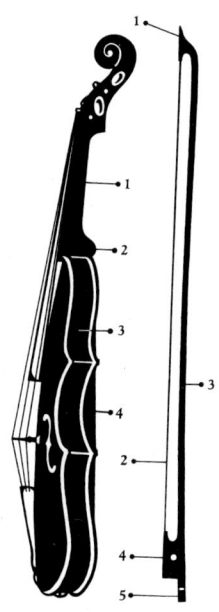

Geige: 1. Hals, 2. Fuß,
3. Zargen, 4. Boden. Bogen:
1. Spitze, 2. Roßhaar,
3. Stange, 4. Frosch,
5. Schraube (Beinchen)

Geige: 1. Schnecke,
2. Wirbelkasten, 3. Wirbel,
4. Sattel, 5. Decke, 6. F-Löcher,
7. Steg, 8. Saitenhalter,
9. Stimme, 10. Kinnstütze

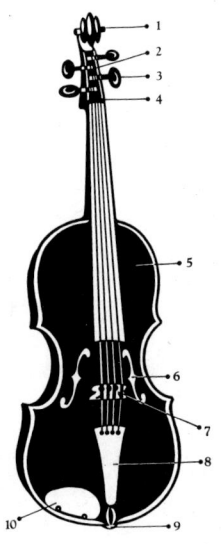

156 Erzcister, 17. Jahrhundert

157 Lyragitarre, G.M. Pace, Catania, Anfang
des 19. Jahrhunderts

158 Lyragitarre,
Mlle Rivière: „Dame mit Lyra", Öl, um 1820

Violino piccolo

Tenorgeige

159 Viola bastarda, Blockflöte,
Domenicchino (Domenico Zampieri, 1581 – 1641): „Santa Cecilia", um 1620, Musée du Louvre.
Photo Musées Nationaux

sprach unter den Streichinstrumenten des 17. Jahrhunderts die in Italien hergestellte *Geige.* Die Violineninstrumente, die in den Werkstätten der Meister Nicola Amati, seines Schülers Antonio Stradivari und Giuseppe Guarneris del Gesù in Cremona gebaut wurden, bedeuten den Gipfel der Vollkommenheit. An edler Schönheit, melodischer Klangfülle und Beweglichkeit der Spieltechnik kommt kein anderes Instrument der Geige gleich. Das will freilich nicht heißen, daß diese Eigenschaften alle Geigen auszeichnen; der Klang hängt vom Hersteller ab. Die Violinen der berühmten italienischen Meister des 17. und 18. Jahrhunderts sind Kunstwerke, die nur mit den Gemälden eines Raffael

Pardessus de viole

Viola pomposa

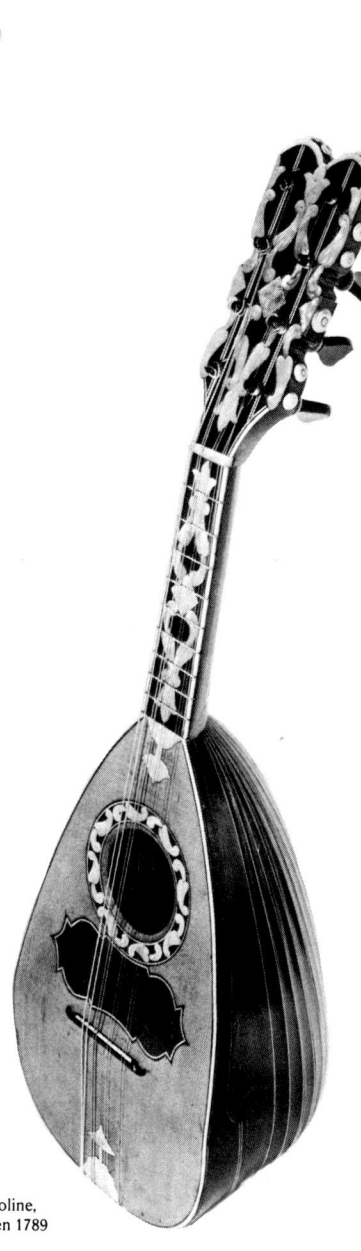

160 Mailänder Mandoline,
Francesco Plesbler, Mailand, 1773

161 Neapolitanische Mandoline,
Johann Jobst Frank, Dresden 1789

oder den Bildwerken eines Michelangelo vergleichbar sind. Wie ein Blinder nie die Wirkung von Farbenharmonien empfinden kann, so kann sich auch niemand eine Vorstellung von der Schönheit und einmaligen Wirkung des Gesangs der Geige eine Vorstellung machen, wenn er nicht dem Spiel eines Künstlers auf einer Meistergeige gelauscht hat.

Die Violinenfamilie reicht von der als *Violino piccolo* bekannten Quartvioline, die etwas kleiner als die Geige und eine Quart höher gestimmt war, bis zur Kontrabaßgeige; dieser wurde der *Kontrabaß* (Violone) vorgezogen. Von den sechs Vertretern der Geigenfamilie gerieten innerhalb relativ kurzer Zeit und ganz zu Unrecht zuerst die Pikkolovioline und dann die Tenorvioline in Vergessenheit. Die Abwesenheit beider Instrumente ist ein fühlbarer Mangel nicht nur bei der Aufführung von Bachwerken, in denen die Quartgeige oft vorgeschrieben ist, sondern überhaupt im Orchester, wo die Tenorstimmen heute von der Viola und dem Violoncello übernommen werden. Interessan-

Quinton

163 Spitzharfe,
Deutschland, 2. Hälfte des 18. Jahrhunderts

162 Harfenlaute,
Edward Light, Ende des 18. Jahrhur

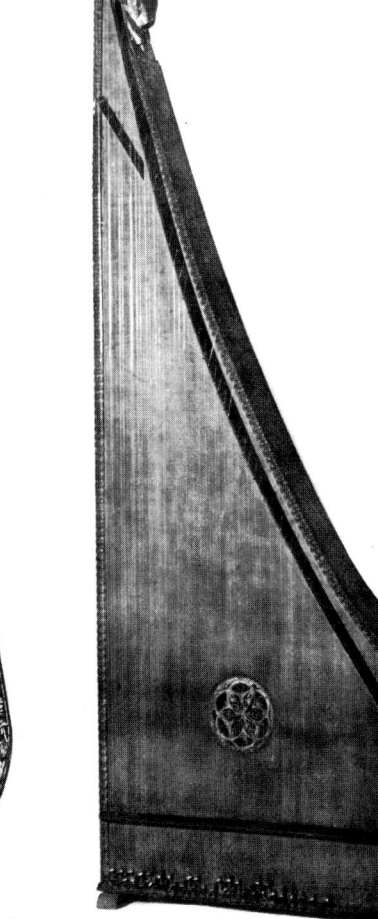

164 Pedalharfe,
Frankreich, 2. Hälfte des 18. Jahrhunderts

165 Pedalharfe,
Jean Baptiste Mauzaisse (1784—1844): „Harfenlektion", Photo Musées Nationaux

terweise konnte sich das *Violoncello* nur sehr langsam gegen die Viola da gamba durchsetzen, denn die in der Geschichte der Improvisation wichtige Gambe verteidigte hartnäckig ihre Stellung in der Hausmusik und als Soloinstrument. Bautechnisch gesehen war die Gambe mit ihren hohen Zargen und dem flachen Boden gegenüber dem Cello im Nachteil. Andererseits gestatteten die größere Saitenanzahl (5—6) und die besondere Bogenhaltung (wie beim Kontrabaß) das Gambenspiel auf drei und auch vier Saiten gleichzeitig. Erst im ausgehenden 17. Jahrhundert, da Stradivari dem Violoncello seine klassische Form gab, konnte dieses Instrument die Viola da gamba in den Hintergrund drängen.

Bei den Violininstrumenten zeigt sich zum erstenmal, wie wichtig der Lack ist. Er schützt das Instrument vor ungünstigen äußeren Einwirkungen, vor Feuchtigkeitsschwankungen und übt überdies auf die Tonqualität einen gewissen Einfluß aus. Der Lack wirkt an sich mit seiner durchscheinenden Schönheit, dem satten Kolorit und einer schwer definierbaren Eigenschaft, die bei Edelsteinen Lichterspiel heißt. So hat auch das Geheimnis der Lackerzeugung, das die Meister von Cremona mit ins Grab genommen haben sollen, die Phantasie nicht nur von Geigenbauern, sondern auch immer wieder von Chemikern und Dilettanten beschäftigt.

Die ihrer Bedeutung entsprechende Vielfalt der Saiteninstrumente umfaßt auch neue Abarten, die sich als nicht so lebensfähig wie die Violinen erwiesen und deshalb nur kurze Zeit überlebten. So entstand aus der Viola da gamba und der Lira da gamba die *Viola bastarda,* die zu Beginn des 17. Jahrhunderts mit Resonanzsaiten, nach der Jahrhundertmitte jedoch wieder ohne diese auftritt. Bis ins 19. Jahrhundert diente ein *Pochette* genanntes Streichinstrument mit kleinem Korpus, die sog. Tanzmeistergeige, zur Begleitung beim Tanzunterricht. Die Pochette in ursprünglich schmaler kahnförmiger Ausführung hieß in Italien Sordino. Sie wurde im 18. Jahrhundert auch als winzige Geige mit

166 Spinett, 17. Jahrhundert

167 Cembalo-Spinett, Johannes Ruckers, Antwerpen 1619

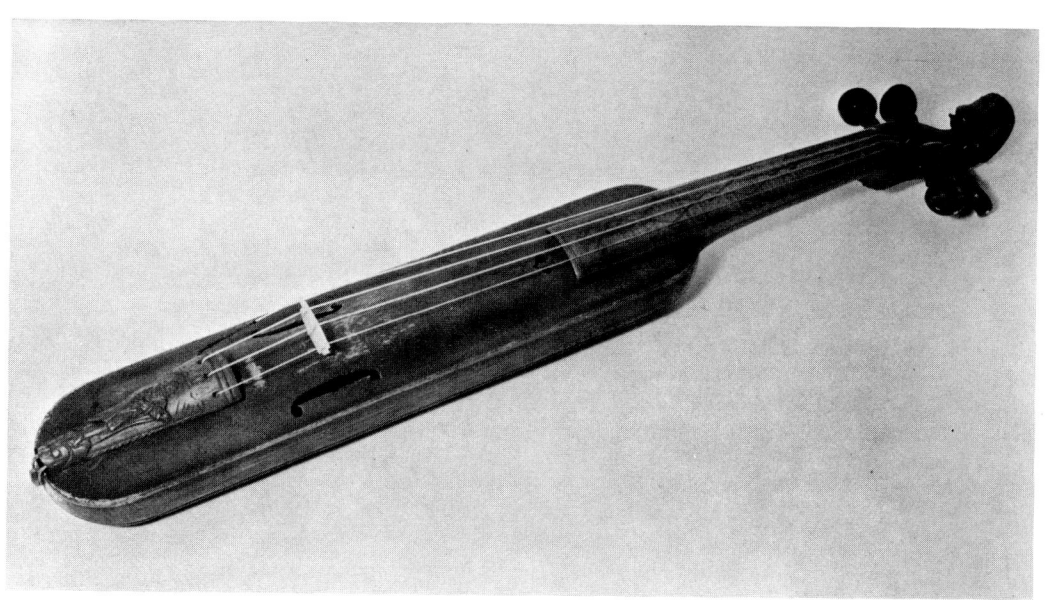

168—169 Sordino und Detailansicht ihres Bodens, Italien, 17. Jahrhundert

normal großem Hals und vier Saiten verfertigt. Auf Bachs Anregung baute man in Deutschland die fünfsaitige *Viola pomposa,* während die in Frankreich entstandenen fünfsaitigen Gamben *Quintone* hießen. Die gleiche Saitenzahl, mitunter noch um eine vermehrt, besaß der *Basso di camera;* aus der Mitte des Jahrhunderts stammt die Diskantviola, *Pardessus de viole* genannt. Wir sehen, daß nicht nur Kompositionen dem Wandel des Geschmacks unterliegen, sondern daß auch Musikinstrumente entstehen, den Höhepunkt ihrer Entwicklung erreichen und dann neuen, zeitgemäßeren weichen. Auch den außer mit Griffsaiten noch mit Metallresonanzsaiten ausgestatteten Instrumenten war ein frühes Ende beschert. Eine liebliche Vertreterin dieser Saiteninstrumente ist die *Viola d'amour,* ital. Viola d'amore, deren Bezeichnung wohl auf Viola da Mori, Maurenviola zurückgeht, denn es gibt gewisse Zusammenhänge zwischen der Viola d'amore und den indischen Instru-

170 Hackbrett (Dulcimer), Frankreich, 17. Jahrhundert

171 Cembalo, Ende des 17. Jahrhunderts

menten Sarangi und Esrâr, die auch Resonanzsaiten haben. Es ist noch nicht mit Sicherheit festgestellt, wann die Viola d'amore mit Resonanzsaiten ausgestattet wurde; sie ist etwas größer als die Geige, ihr flacher Boden ist nach oben abgedacht, die Schallöffnungen sind meist wie züngelnde Flämmchen geschnitzt. Ihre sechs oder sieben Griffsaiten und die gleiche Anzahl Resonanzsaiten laufen durch den Steg hindurch unter dem Griffbrett im ausgehöhlten Hals zu den Wirbeln. Die harmonische äußere Form mit langem Wirbelkasten und zahlreichen Wirbeln krönt ein geschnitzter Frauen- oder Puttenkopf, Symbol der zarten Innigkeit ihres Klanges. Die Griff- und Resonanzsaiten der Viola d'amore waren im D-Dur-Dreiklang gestimmt, zuweilen in Des-dur. Johann Sebastian Bach, der mit Vorliebe für die Viola d'amour in es-moll setzte, machte von der damals üblichen Skordatur, der Umstimmung von Saiten in die gewünschte Tonart, Gebrauch. Mit dem steigenden Verlangen nach tonstärkeren Instrumenten im ausgehenden 18. Jahrhundert verlor sie wegen ihrer Klangschwäche ihre Daseinsberechtigung. Eine Viola d'amour mit größerem Korpus und doppelter Resonanzsaitenzahl heißt *Englische Violette.*

Von den Engländern stammt die *Baryton* oder *Viola di Bordone* genannte Viola, deren auf der Rückseite des Halses geführte Saiten mit dem linken Daumen angerissen wurden. In Größe und Stimmung entspricht das Baryton der Tenorgambe. Neben den Griffsaiten besaß es neun bis achtundzwanzig Resonanzsaiten, die durch den breiten Steg hindurch in den mächtigen Wirbelkasten führten; dieser endet vorwiegend in einem geschnitzten Männerkopf. Wie alle Gambeninstrumente war auch hier das Griffbrett mit Bünden versehen. Die Blütezeit des Barytons fällt mit der Wirkungszeit Joseph Haydns bei Fürst Nikolaus Esterházy (1765—1775) in Eisenstadt zusammen, wo der Komponist zwischen 1766 und 1775 für dieses Lieblingsinstrument des Fürsten 175 Stücke schrieb.

172 Cembalo, Hercule Pepoli, Bologna 1677

MODERNE ORCHESTERINSTRUMENTE
(ausgehendes 18. Jahrhundert, 19. und 20. Jahrhundert)

Während die Barockmusik mehr oder weniger Universalcharakter trägt, fällt in das 19. Jahrhundert die Entstehungszeit der nationalen Musikkulturen. Mit der Verbreitung der Blechblasinstrumente ging die Bildung von Volksorchestern einher, deren Zusammensetzung und technischer Fortschritt nicht selten von Militärkapellen abhängig waren. Das damalige Streben nach neuen Klangfarben erinnert zwar an die Renaissance, es ist jedoch nicht mehr auf polyphone Gegensätzlichkeit und Durchsichtigkeit gerichtet, sondern auf das Ausdrücken und Wecken von Emotionen. Diese Forderung nach ausdrucksvoller, gefühlsstarker Musik weitet das Orchester um neue Instrumente in zahlreichen Stimmlagen aus. Klarinetten werden in acht, Saxophone in sechs Größen gebaut. Um allen Anforderungen zu genügen, mußten vor allem die Blasinstrumente von Grund auf verändert werden. Die Deutschen F. Blühmel und H. Stölzel bauen zu Beginn des 19. Jahrhunderts die *Ventiltrompete,* die in der Gruppe der Blechbläser zur vorherrschenden Diskantstimme wird. Berlioz hat die *Harfe* im Orchester heimisch gemacht. Sie wandelt sich in ein Instrument, auf dem in allen Tonarten musiziert werden kann. Die klassisch-romantische Epoche hat die Zupfchordophone fast ausnahmslos aus dem Orchesterinstrumentarium ausgeschlossen; ebenso erging es den Idiophonen, die erst in der Neuromantik und im Impressionismus wieder zu Ehren gelangten.

Es mag auf den ersten Blick erscheinen, als hätte unser Jahrhundert

173 Englische Violette, Johannes Udalricus Eberle, Prag 1727

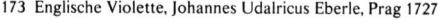

174 Quinton, Tomáš Hulinský, Prag 1754

175 Viola da gamba, Johannes Udalricus Eberle,
Prag 1740

176—177 Geige „Le Messie", Shirley Slocombe, „Le Messie", Antonius Stradiuarius, (Cremona 1716), Gouache, 1890

178 Taschengeige Pochette, sog. Tanzmeistergeige, 2. Hälfte des 18. Jahrhunderts

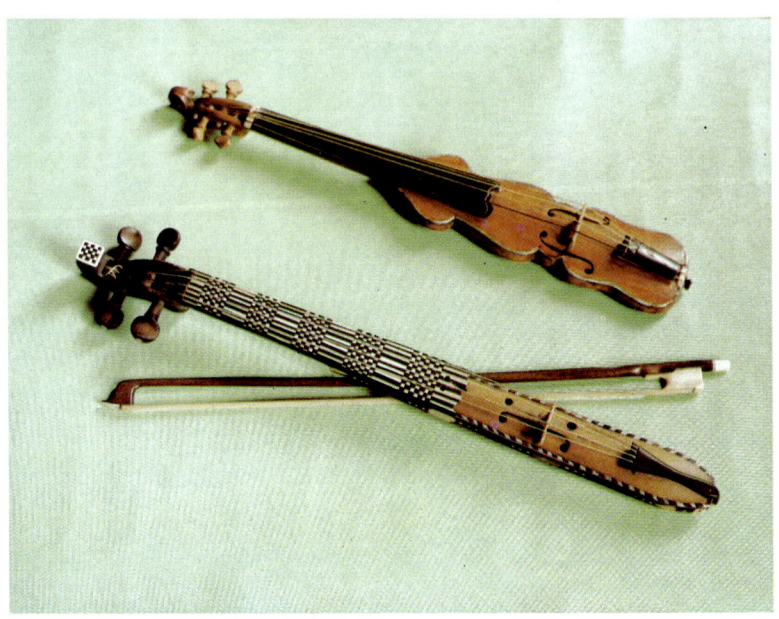

das Erbe der Tonwerkzeuge der Romantik ohne Veränderung übernommen. Genau gesehen verhält es sich nicht so, auch wenn z. B. die diesbezüglichen Neuerungen eines Richard Strauss eigentlich auf Berlioz' Instrumentationslehre zurückgehen. Um die Mitte des 20. Jahrhunderts erlebt der Zupfklang in Form von Streicherpizzicatos sein Comeback, und Idio- sowie Membranophone werden zunehmend zu mitbestimmenden Faktoren der Gegenwartsmusik. In Strawinskys *Histoire du Soldat* steht sechs melodischen Instrumenten die gleiche Anzahl Schlaginstrumente gegenüber. Auch diese Entwicklung ist verständlich,

179 Viola di Bordone (Baryton), Wiener Arbeit, 2. Hälfte des 18. Jahrhunderts

180 Baßviola da gamba (später zu einem viersaitigen Instrument umgebaut), Joachim Tielke, Hamburg 1687

weil der Rhythmus jahrhundertelang durch die Harmonie unterdrückt war.

Sämtliche Musikinstrumente der großen Museensammlungen der Welt bestehen zu fast einem Fünftel aus sog. Friktionsinstrumenten, bei denen Stäbe, Saiten, Stifte, Schalen, Gläser oder Glocken aus Holz, Glas und Metall nicht durch Anschlag, sondern durch Reibung, Friktion, zum Tönen gebracht werden. Das geschieht mittels eines mit Kolophonium bestrichenen Bogens, einer rotierenden Walze, des Luftstroms oder der befeuchteten Fingerkuppen des Spielers. Unternehmungslustige Instrumentenmacher, Akustiker und Mechaniker haben im 19. Jahrhundert den Markt mit Dutzenden von Musikinstrumenten überschwemmt, die sie entweder selbst „erfunden" oder zumindest „verbessert" hatten und denen sie romantisch klingende Namen griechischer Herkunft gaben wie *Euphon* (klingende Glasröhren und Metallstifte) oder *Terpodion* (kolophoniumbestrichene Walze und Holzstäbe), *Akukryptophon, Bellarmonic, Klavizylinder, Coelestine, Uranion* usw. Die Töne dieser Instrumente waren in der Regel schwach und einer hinreichenden Ausdrucksmodulation nicht fähig; auch wegen der Einmaligkeit ihrer Herstellungsweise verschwanden sie in den 50er Jahren des 19. Jahrhunderts von der Szene.

181—182 Violoncello, Vorder- und Rückseite, Domenico Galli, Parma 1691

183—184 Viola d'amour, Vorder- und Rückseite, Tomáš Hulinský,
Prag 1769

185 Viola di Bordone (Baryton), 18. Jahrhundert

In der unübersehbaren Menge der Friktionsidiophone führte u. a. die in der Mitte des 18. Jahrhunderts von Johann Wilde in Petersburg erfundene *Nagelgeige,* auch *Nagelharmonika* genannt, ein kurzes Dasein. Dieses Reibspiel bestand aus einem Schallkasten unterschiedlicher Gestalt, in dem verschieden lange Eisenstifte saßen, die mit einem Violinbogen angestrichen wurden. Später wurde die Nagelgeige mit Resonanzsaiten ausgestattet, und nachdem sie schon in Vergessenheit geraten war, erlebte sie zu Beginn unseres Jahrhunderts in Wien unter der Bezeichnung *Duolon* eine erfolglose Auferstehung. Die interessanteste Vertreterin dieser Gruppe ist die *Glasharmonika,* eine Erfindung des berühmten Physikers Benjamin Franklin. Er hatte chromatisch gestimmte, verschieden große Glasschalen auf eine gemeinsame Achse aufgereiht, die mit Hilfe eines an ein Pedal angeschlossenen Triebrads rotierte. Die Glasschalen konnten nur erklingen, wenn die Finger des Spielers absolut sauber und fettfrei waren, so daß ein bloßes Waschen nicht genügte; der Spieler mußte sich die Hände mit Kreide einreiben, was unangenehme Trockenheit der Haut zur Folge hatte. Gewisse Glasschalen mußten mit der Fingermitte, andere mit dem oberen Glied

186 Die Glasharmonikavirtuosin Angelika Kauffmann, Gravüre, 1. Hälfte des 19. Jahrhunderts

187 Nagelgeige, 1. Hälfte des 19. Jahrhunderts

oder der Fingerkuppe ganz leicht gestrichen werden. Das Problem, wie
ein unmittelbarer Kontakt der schwingenden Schalen mit den Fingern
zu umgehen und die Qualität des Tons dabei zu bewahren wäre, konnte
auch die *Klavierharmonika* nicht lösen. Gerüchte vom schädlichen
Einfluß des Glasharmonikaklangs auf den menschlichen Organismus
führten dazu, daß mehrere Städte öffentliche Harmonikakonzerte ver-
boten. Trotzdem waren Musiker und Publikum von ihrem Spiel ent-
zückt, denn die Glasharmonika hat wohl wie kein anderes Instrument
den sentimentalen Zeitgeist ausgedrückt und auch Literatur und Dichtkunst beeinflußt (Jean Paul, Wieland, Schubart u. a.). Erst nachdem das
Werther-Fieber ausklang und um 1810 die weniger zerbrechliche und
weniger nervenzerrüttende *Physharmonika* erschienen war, schlug
auch die letzte Stunde der Glasharmonika. Nach 1830 ist sie und ihr
ätherischer Klang verschwunden.
    Bei der Physharmonika waren durchschlagende Metallzungen mit
einem Ende an Stimmplatten befestigt; zum Klingen brachte sie ein
Luftstrom, der mit zwei Pedalen in Blasebälgen erzeugt und in die
Windkammer getrieben wurde, von dort gelangte der Wind durch Ta-
stenventile zu den einzelnen Zungen. Diese teilten ihre Schwingungen
durch eine Längsöffnung den Stimmblättern mit. Neueste Forschungen
haben die Entstehung der Schallwelle als eine Folge des periodischen
Sinkens und Steigens des Luftdrucks an dem schmalen Zungenschlitz

149

188 Violoncello, Geige, Serpent, Klavier, Waldhörner, Oboe, Theorbe, John Zoffany: „Musikalisches Familienporträt", Öl, 1781

nachgewiesen. Die Tonhöhe hängt von der Länge und Dicke der Zunge ab, die Klangfarbe von deren Form und Stellung.

Noch heute nennen die Deutschen und Franzosen im Unterschied zur großen Orgel (grand-orgue) oder zur Pfeifenorgel (orgue de tuyaux) die Zungenorgel (orgue d'anches) *Harmonium,* geben ihr also den Namen eines Instruments, das mit der Orgel nur wenig gemeinsam hat. Um seine Vervollkommnung haben sich die Franzosen Gabriel Joseph Grenié mit der 1810 gebauten *Orgue expressif* und Alexandre François Debain verdient gemacht; letzterer ließ 1840 nicht nur das Instrument, sondern auch die Bezeichnung Harmonium patentieren. Um dem Spieler das Verändern der Tonstärke zu ermöglichen, führte die Pariser Firma Alexandre père et fils die sog. Expression ein. Dieses Register verschließt den Magazinbalg, dadurch kann der Spieler den Luftdruck und somit die Lautstärke über die Pedale unmittelbar beeinflussen. Die Zungen dieser Instrumente gerieten nicht augenblicklich in volle Schwingungen, sondern erst nach geraumer Weile, wie es noch bei den meisten heutigen Harmonien der Fall ist. Da auf diese Weise das Spielen schneller Passagen nicht möglich war, versah der Pariser Instrumentenbauer Martin seine *Perkussionsorgel* (orgue à percussion) mit einem Hammermechanismus, der Perkussion, ferner mit einem Prolongement benannten Register, das ein längeres Nachklingen der Töne gestattete. Das von dem Franzosen Victor Mustel gebaute *Künstlerharmonium* (harmonium d'art) vereinte alle bisherigen Errungenschaften, vermehrt um eine doppelte Expression und von Kniehebeln regierte „Jalousien". Die präzisen Dispositionen von Mustels Harmonium ließen ein selbständiges Harmonium-Schrifttum entstehen. Weltbekannt sind ferner die Harmonien des Wiener Produzenten Kotykievicz.

Das Harmonium kann eine oder mehr Zungenreihen von gleicher Klangfarbe haben, die Spiele heißen. Jedes Spiel verfügt über 61 Zungen in fünf Oktaven. Ihre Tonhöhe wird, wie bei der Orgel, in „Fuß"

189 Glasharmonika, 1. Hälfte 19. Jahrhundert

190—191 Terpodion und Innenteil des Instruments, 1. Hälfte 19. Jahrhundert

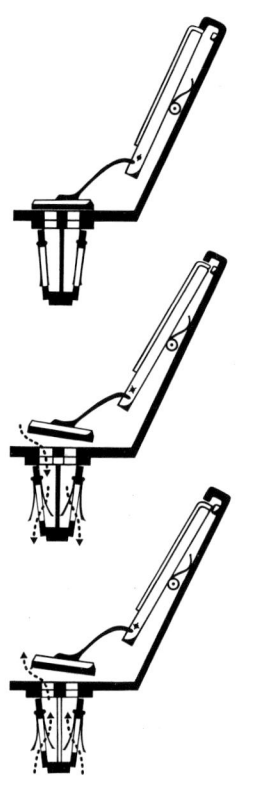

Tonbildung im Akkordeon

192 Physharmonika, Anfang 19. Jahrhundert

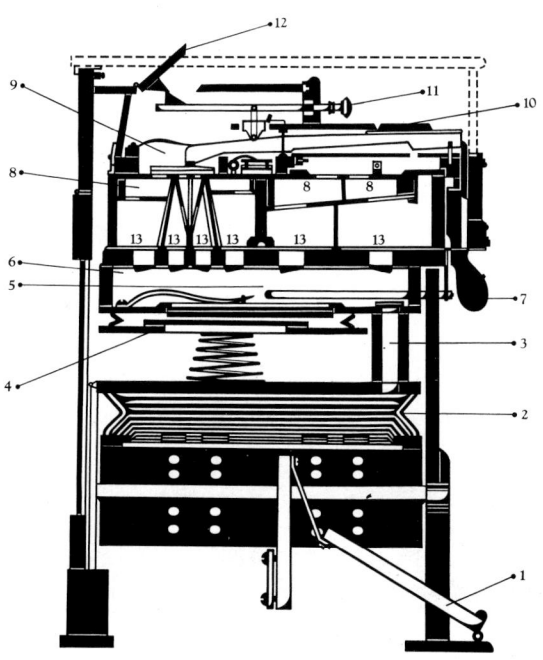

Harmonium, Querschnitt: 1. Pedal, 2. Schöpfbalg,
3. Windkanal, 4. Magazinbalg, 5. Windlade,
6. Registerventile, 7. Kniehebel, 8. Kanzellen,
9. Spielventil, 10. Tastatur, 11. Registerzug,
12. Forteklappe, 13. Zungenlager

193 Serpent. beginnendes 19. Jahrhundert

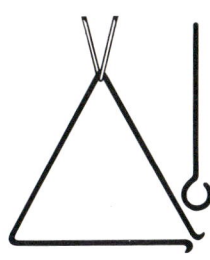

Triangel

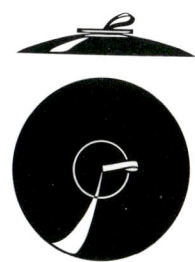

Tschinellen

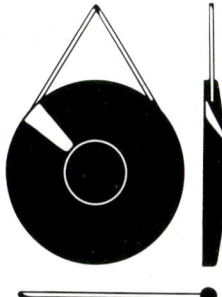

Gong

angegeben, wobei aber dieses Maß nicht die Pfeifenlänge bezeichnet, sondern die jeweilige Stimmlage. Um vollere Klangfarben oder Doppeltöne zu erreichen, können beim Harmonium, wie bei der Orgel, mehrere Töne gleichzeitig durch Anschlag einer Taste gespielt werden. Ein wesentliches und die Spieltechnik beeinflussendes Merkmal des Harmoniums ist die Teilung der Spiele in zwei unabhängige, einander ergänzende Bereiche, den Baß und den Diskant. Zu jedem Bereich jedes Spiels gehört ein Registerzug. Diese Züge sind meist über den Manualen angebracht und beschriftet.

Je nach dem, wie schnell der Spieler die Pedale drückt, bringt er die Zungen in stärkere oder schwächere Schwingungen. Man erkennt einen guten Harmoniumspieler ebenso am Pedaltreten, wie man einen guten Pianisten am Anschlag erkennt. Konzertharmonien sind mit verschiedenen Verbesserungen wie der Perkussion und dem Prolongement ausgestattet. Die Bostoner Firma Mason & Hamlin baute nach französischen und deutschen Vorläufern ein Harmonium mit Luftsaugemechanismus; es sollte die Orgel ersetzen, hieß *Cottage-organ* und war mit einem Pedal und mehreren Manualen ausgestattet.

Auch das Akkordeon, in der Volkssprache „Ziehharmonika" genannt, das David Buschmann in Berlin herstellte und *Handäoline* nannte, ist mit durchschlagenden Zungen versehen. Ihre Viereckform änderte 1829 Charles Wheatstone in ein Sechseck und benannte sein Instrument *Concertina*. Im Unterschied zur Handäoline änderte sich die Intonation der Concertina nicht mit der Veränderung der Balgführung, die Druckknöpfe waren in Horizontalreihen gelagert, und durch wechselndes Knopfdrücken mit der rechten bzw. linken Hand ließ sich die chromatische Tonleiter spielen. In England ist die Concertina Nationalinstrument, in Deutschland kehrte man Ende der 40er Jahre des 19. Jahrhunderts zur Viereckform zurück und ordnete die Tasten in Vertikalreihen; von dieser Form ging Heinrich Band beim Bau seines *Bandonions* aus.

Anfänglich erklangen zu einem Knopf auf Druck und Zug unterschiedliche, später jeweils die gleichen Töne. Darüber hinaus wurden die Töne der Melodieseite chromatisch angeordnet. So gelangte man

194 Okarina aus gebranntem Ton, 2. Hälfte des 19. Jahrhunderts

195 Englisches Doppelflageolett, 2. Hälfte des 19. Jahrhunderts

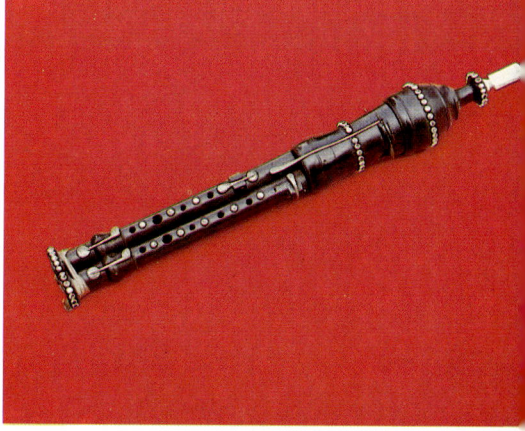

Xylophon

zur chromatischen Harmonika, dem *Akkordeon.* Seither ist das Interesse der Harmonikabauer auf das Akkordeon mit Pianoklaviatur für die rechte Hand gerichtet; ständige Verbesserungen betreffen nicht nur die Vermehrung der Baßreihen, ihre chromatische Anordnung (Baritonbässe) und die Erweiterung des Tonumfangs mittels Oktavregister verschiedener Tonlagen, sondern auch die Einführung zahlreicher Kombinationsregister, Jalousien u. a. Mit einem sinnreich konstruierten Umschalter, durch den Baßknöpfe von Akkord- auf Einzeltonspiel umgestellt werden, hat das Modell Scandalli Conservatorio ungeahnte technische und musikalische Ausdrucksmöglichkeiten erreicht. Zu den international führenden Modellen gehören die deutschen Morino und Orgela sowie das tschechoslovakische Modell Delicia.

David Buschmann erfand auch eine *Mundharmonika,* die anfangs eher als Spielzeug denn als Tonwerkzeug gedacht war, aber nach ständigen Verbesserungen einen festen Platz unter den Blasinstrumenten gewann. Man teilt sie in diatonische, chromatische, Begleit- und Spezialharmonikas. Zu den diatonischen gehören die Richter-, Knittlinger- und die Wiener Harmonikaarten. Die Richtersche Mundharmonika hat 10 bis 12 einfache Tonkanzellen, denen je zwei Töne unterschiedlicher Tonhöhe zugeordnet sind; ein Ton spricht beim Ausatmen, der andere

196—197 Flöte und Pikkoloflöte, Amati, Kraslice (Tschechoslowakei)

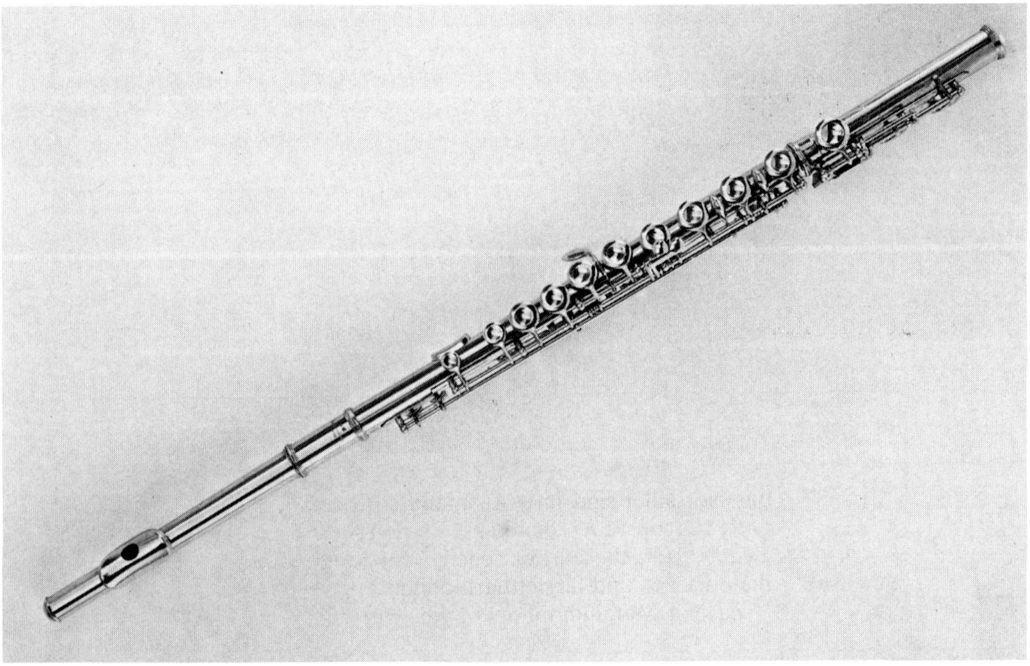

156

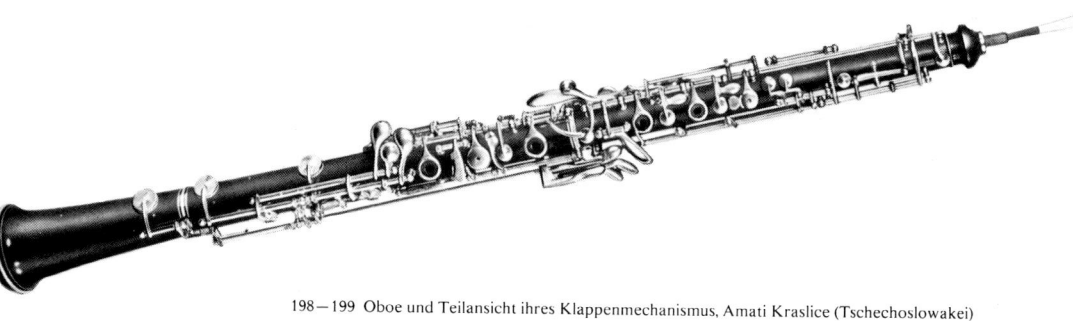

198—199 Oboe und Teilansicht ihres Klappenmechanismus, Amati Kraslice (Tschechoslowakei)

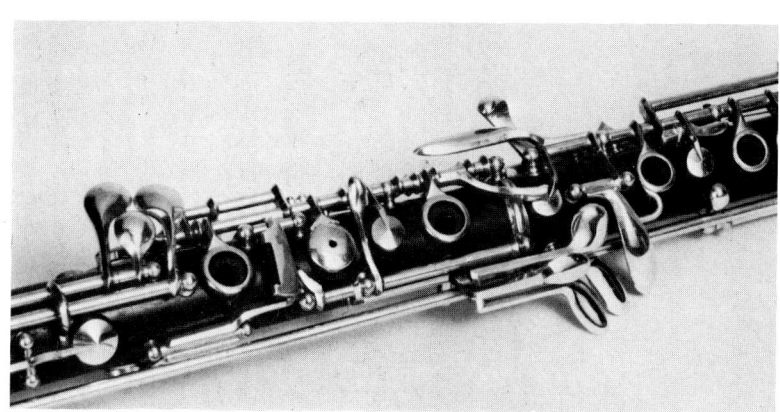

beim Einatmen an. Die *Knittlingerharmonika* hat eine oder zwei Oktaven, doppelte Tonkanäle, und jeder Ton, der dem Einatmen als auch der dem Ausatmen entsprechende, ist durch die obere Oktave verdoppelt. Die Wiener Typen sind Tremoloharmonikas; auf jede ihrer Tonkanzellen entfallen zwei unisono gestimmte Töne, deren geringe Frequenzdifferenz das Tremolo des Tons zur Folge hat. Die chromatischen Harmonikas bestehen eigentlich aus zwei diatonischen, von denen eine um einen Halbton höher gestimmt ist als die andere. Zu den Begleittypen gehört die etwa 60 cm lange *Akkordharmonika;* sie besteht aus zwei parallelen Teilinstrumenten, die beiderseits mit Blechplatten verbunden sind, so daß sie auseinander- und zusammengezogen werden können. In den letzten Jahren hat man auch Mundharmonikas mit Klaviatur gebaut, die sogenannten *Blasharmonikas.* In der Bundesrepublik ist die *Harmonette* verbreitet, mit deren 32 Klappen eine chromatische Skala von drei Oktaven gespielt werden kann. In der Tschechoslowakei entstand durch Verbindung von zwei chromatischen Harmonikas die *Polyphonic,* die in allen Tonlagen, selbst vierstimmig, spielbar ist; dabei sind ihre Ausmaße so klein, daß sie mit der Hand fast ganz zugedeckt werden kann. Zu den Spezialharmonikas zählt man die Typen mit außereuropäischen Tonsystemen, ferner die kombinierten melodischen und Begleitharmonikas.

Zu den Metallidiophonen, die dem Orchesterklang durchdringende Helle beimischen, gehört der *Triangel,* ein gleichseitiges Dreieck aus

200 Englischhorn

201 Hausorgel, Georg Hammer, Schiers (Schweiz), 1838

Flexaton

Kastagnetten

202 Hakenharfe. Severin Pfalz (1796—?): „Der Prager Harfenist Josef Häusler"

rundem, gebogenem Stahldraht mit einer offenen Ecke. An einer anderen wird er in einer Fadenschlinge frei aufgehängt und mit einem Stahlstäbchen angeschlagen. Der Triangel besitzt infolge der unharmonischen Relation seiner Partialtöne keine Ton- sondern eine Geräuschhöhe; je kleiner die Abmessungen des Instruments, desto höher das Geräusch. Eine ähnliche Aufgabe im Orchester erfüllen die *Becken* (Tschinellen), die als erster 1779 Gluck in seiner Iphigenie auf Tauris gebrauchte; in Militärkapellen sind sie seit dem beginnenden 19. Jahrhundert bekannt. Sie werden aus Bronzelegierungen oder Glockengut hergestellt und beim Gegeneinanderschlagen so gehalten, daß vier Finger durch eine Lederschlinge gesteckt werden, während Daumen und Zeigefinger diese Schlinge festhalten bzw. der gestreckte Daumen sich auf eine Filzunterlage stützt. Das effektvolle Hin- und Herdrehen der Becken hat seine akustische Begründung, nämlich ein möglichst effektvolles Nachklingen. Ein Herunterreißen auf den Leib des Spielers bewirkt Dämpfung der Becken. Es gibt ihrer drei Arten: die türkischen, die chinesischen, die dünner gehämmert und daher tiefer im Ton sind als die ersten, und die italienischen, die als Einzelstücke auch für Jazzorchester hergestellt werden.

159

204 Fagott, Amati, Kraslice (Tschechoslowakei)

203 Kontrafagott, Amati, Kraslice (Tschechoslowakei)

Aus China ist über Indonesien der *Gong* nach Europa gekommen und erstmals 1791 vom französischen Komponisten François-Joseph Gossec benutzt worden. Er wird als flaches Bronzebecken in verschiedenen Größen mit aufgebogenem, 2—5 cm breitem Rand in der Stimmung von c bis c^1 verfertigt, auf einer Seidenschnur aufgehängt und durch Anschlag eines Schlegels zum Tönen gebracht; der Schlegel kann weich oder lederbezogen und hart sein, bei größeren Instrumenten wird auch ein in die Gongmitte gerichteter fäßchenförmiger Holz-

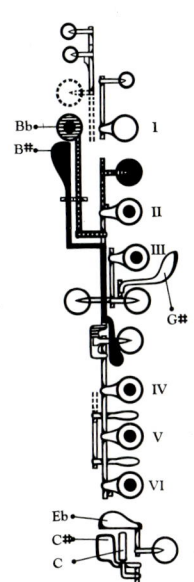

Bb
B♯

I

II

III

G♯

IV

V

VI

Eb
C♯
C

Böhmsches Klappensystem an Flöte

Böhmsches Klappensystem an Klarinette

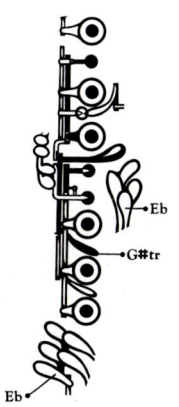

Eb

G♯tr

Eb

hammer verwendet. Hallender Gongton kann bei genügender Größe des Instruments der Klangfülle einer großen Glocke gleichkommen. Eine Abart ist das *Tamtam,* ein wenig gewölbtes Bekken mit leicht aufgebogenem Rand, das sich vom Gong durch seine unbestimmte Tonhöhe unterscheidet.

Glocken werden im Orchester durch vier bis dreizehn Messing- oder Stahlröhren abgestufter Länge ersetzt; sie sind am oberen Ende geschlossen und im Umfang einer Oktave chromatisch gestimmt. Ein mit dickem Leder bezogener Schlegel läßt sie erklingen, wobei sie an der Stelle angeschlagen werden müssen, wo sie aufgehängt sind. Erstmals wurden sie zur Betonung feierlicher Stimmung von Luigi Cherubini verwendet. Seitdem Händel 1738 im „Saul" ein Glockenklavier einsetzte, ist das *Glockenspiel* nicht mehr aus dem Orchesterinstrumentarium verschwunden. Es besteht aus zwei Reihen chromatisch gestimmter Stahlstäbe, die frei auf Holzschienen oder auf Saiten, die durch Metall-

205 Zithern, liegend: beginnendes 19. Jahrhundert, stehend: Georg Tiefenbrunner, München 1850

161

stifte gezogen sind, liegen. Zwei verschieden große hammer- oder kugelförmige Klöppel oder der Hammermechanismus, der von der Klaviatur beherrscht ist, bringen sie zum Klingen. Eine Abart des Glockenspiels ist das *Tubaphon,* das statt Stahlstäbchen Metallröhren verwendet, die mit einem Hammer angeschlagen werden. Sein sanfter, zarter Ton kann zum einmaligen Klangeffekt des sog. Kreisglissando gesteigert werden, wenn die Hämmerchen auf den Röhren verschiedene geschlossene Kurven beschreiben. Die klanglichen und technischen Möglichkeiten des Tubaphons sind im Symphonieorchester bisher nicht zur Genüge genutzt worden, und es ist noch immer eher ein Artisteninstrument.

Die 1886 von Alphons Mustel in Paris gebaute *Celesta* gleicht in

Klappensystem der Oboe   Klappensystem des Heckel-Fagotts   Klappensystem des Saxophons

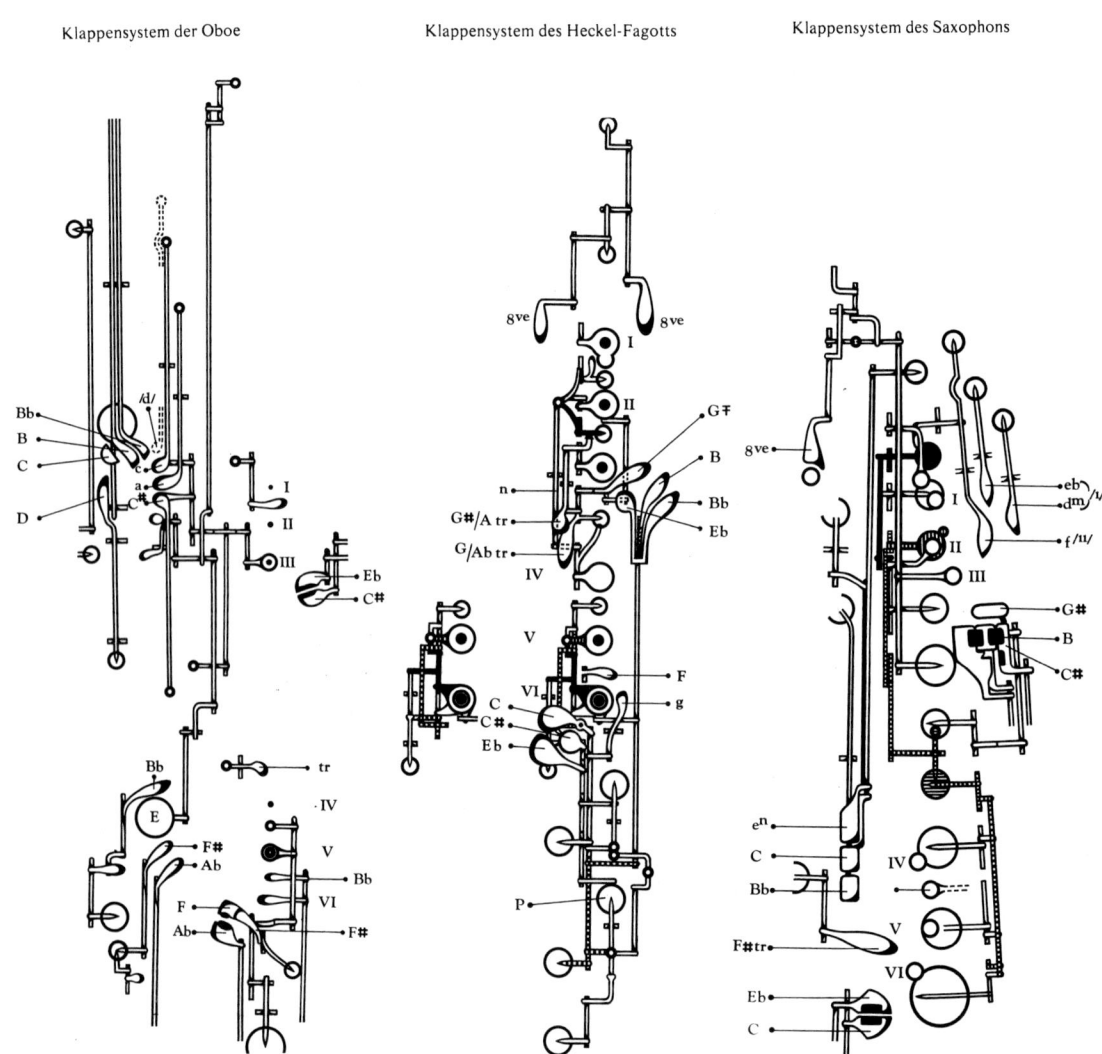

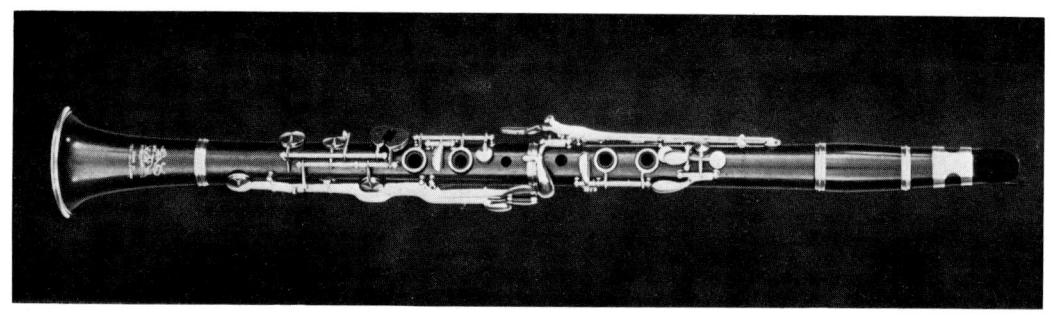

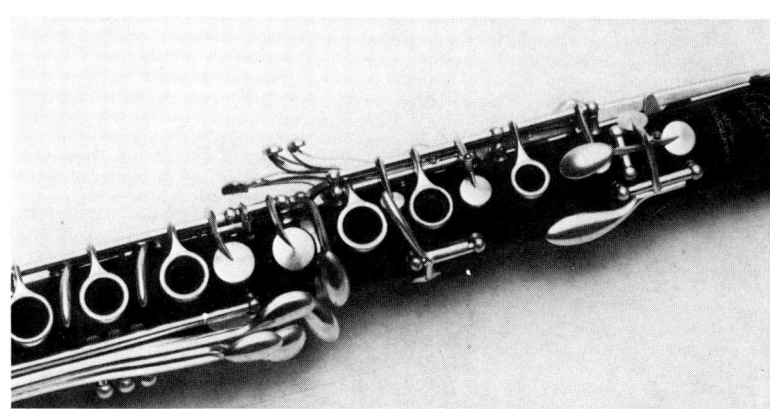

206–207 Klarinette und Teilansicht eines Böhmschen Klappensystems, Amati, Kraslice (Tschechoslowakei)

ihrem Äußeren einem kleinen Harmonium. Das Gehäuse birgt Stahlplatten, die auf abgestimmten hölzernen Resonanzkörpern liegen und auf einen Hammermechanismus mit Klaviatur ansprechen; das einzige Pedal regiert die Dämpfer. In jüngster Zeit ist die Celesta mit einem elektromotorischen Vibrator ausgestattet worden und im deutschen Sprachgebiet vorwiegend als Klaviaturglockenspiel mit Vibrator bezeichnet. Der Klang der Celesta ist zarter und reiner als der des Glockenspiels. Ein weiteres Idiophon dieser Gruppe ist das *Vibraphon,* das 1924 der Amerikaner Winterhoff konstruiert hat. Hier sind der Länge nach angeordnete Stäbe aus Aluminiumlegierung in zwei Reihen nebeneinander auf einem besonderen Metallständer angebracht, unter jedem Stab ist eine Metallröhre als Resonator frei hängend befestigt. Auf einer gemeinsamen Achse im Oberteil der Resonatoren rotieren von einem Elektromotor angetriebene kleine Deckel, die abwechselnd das Eindringen der Schallwellen in den Resonanzraum der Röhren gestatten bzw. verhindern. Die Töne des Instruments erhalten damit ein dy-

208 Baßklarinette, Amati, Kraslice (Tschechoslowakei)

Pikkolo-Heckelphon

namisches Vibrato, dessen Schnelligkeit sich regulieren läßt. Das Nachklingen der Töne kann mit dem Pedal gesteuert werden.

Im Jahre 1840 erscheint das *Xylophon* (früher auch Strohfidel) im Orchester. Beim modernen Xylophon sind die üblichen 36 Holzstäbe mit gewölbter Oberfläche aus Palisander oder Ahorn durch Saiten miteinander verbunden, liegen in vier Reihen (im Symphonieorchester nur zwei Reihen) frei auf Holzschienen und sind in den Knotenpunkten der Schwingungen von Gummistücken gestützt, wobei einige Holzstäbe zwecks leichterer Beherrschung verdoppelt sind. Sie werden mit löffelartigen Schlegeln geschlagen. Der Klang des Xylophons ist hohl und scharf, das Aushalten der Töne ersetzt ein Tremolo (schnelle abwechselnde Schläge beider Schlegel). Die im Symphonieorchester benutzten *Kastagnetten* sind mit einem löffelförmigen Holzplättchen versehen, das zwischen beiden Hälften der schalenartigen Kastagnetten liegt und in einen Stiel ausläuft. Mit dem so entstandenen Handgriff ist das Instrument leichter zu bedienen; mitunter sind auch zwei Kastagnettenpaare auf einem Handgriff miteinander verbunden, wobei dann die Verbindungsschnur durch ein Gummiband ersetzt wird, das beide Kastagnettenhälften gut voneinander hält. Schwierige Partien werden so gespielt, daß der Rhythmus auf den am Mittelfinger sitzenden und in die andere Hand gelegten Kastagnetten mit den Fingern geklopft wird.

Moderne Tonsetzer schreiben in ihren Partituren zuweilen noch weitere, weniger übliche Idiophone vor, wie z. B. das *Flexaton*, eine Stahlplatte, die an einem Ende in einem Metallrahmen mit Handgriff befestigt ist und durch Schütteln zweier beiderseits mit einer Stahlfeder an der Platte angebrachten Holzkugeln zum Tönen gebracht wird. Da sich die Tonhöhe mit dem Auf- und Abbiegen der Platte ändert, gibt das

209 Streichzither, Ende des 19. Jahrhunderts

210 Tafelklavier, Leopold Sauer, 1. Hälfte des 19. Jahrhunderts

211–213 Teilansicht des Klappenmechanismus eines Altsaxophons; Tenor- und Sopransaxophon, Amati, Kraslice (Tschechoslowakei)

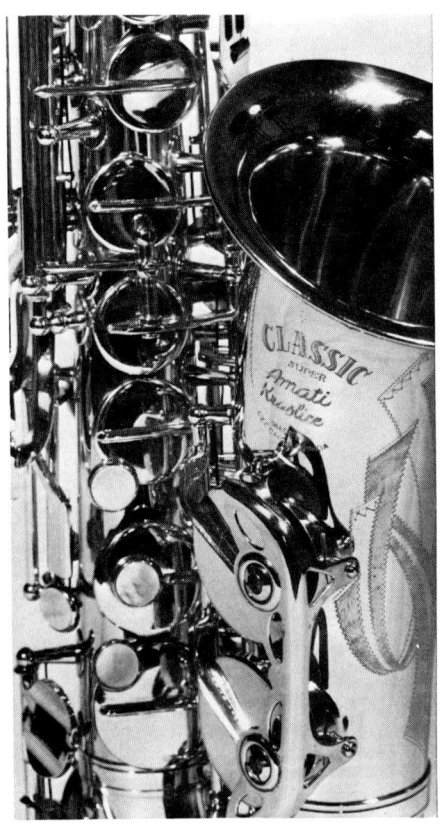

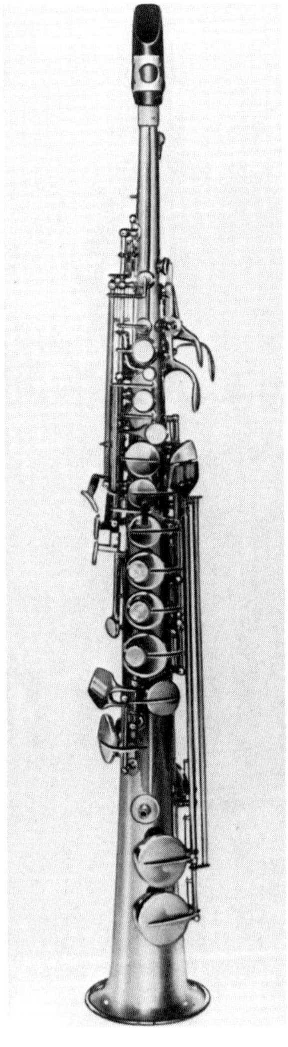

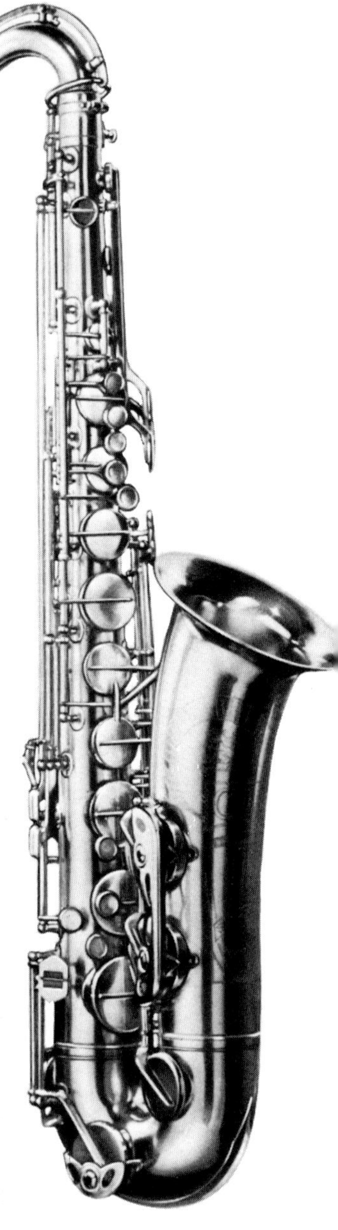

Flexaton einen wimmernden Glissandoklang her. Vor allem die französischen Komponisten (Debussy, Ravel) schreiben die *Crotales* vor, zwei kleinere, in Quinten gestimmte Bronzeteller mit Glockenton, die in der Regel paarweise verwendet werden. Tonmalerischen Wirkungen dienen verschiedene Tonwerkzeuge wie *Amboß, Schellen, Schnarre* u. a.

Unter den englischen Musikliebhabern des ersten Viertels des 19. Jahrhunderts war das *Englische Flageolett* verbreitet, eine Art Längsflöte mit Beinmundstück und einem Schwamm im Rohr zum Aufsaugen des Speichels. Es wurde auch mit doppelter Röhre hergestellt

Sarrusophon

— das englische *double flageolet* —, bei dem mittels eines Mechanismus eine Röhre ausgeschaltet werden konnte. In Italien und anderen westeuropäischen Ländern war an der Jahrhundertwende ein eiförmiger Flötentyp aus Ton oder Porzellan beliebt, den sein Erfinder, der Italiener Donati, *Okarina* nannte. Sie hatte acht bis zehn Grifflöcher und manchmal noch ein oder zwei Klappen. In der Gruppe der Blasinstrumente ist die moderne *Querflöte* ein wichtiges Mitglied, ihre Vervollkommnung um die Mitte des 19. Jahrhunderts ist das Werk des Flötisten der Münchner Hofkapelle Theobald Böhm. Er gab der Flöte ihre ursprüngliche Zylinderform zurück, verbesserte die Mechanik und bestimmte neue Prinzipien des Klappensystems; diese wurden später bei den meisten Holzblasinstrumenten angewendet. Die Flöte klingt sanft, in tieferen Lagen fast schwermütig. Heute wird sie öfter aus Neusilber (eine Kupfernickelmischung, heute vorwiegend aus 900/1000 Silber) als aus Grenadilleholz hergestellt. Die höchste Region des orchestralen Tonumfangs vertritt ein Instrument, dessen durchdringender Ton nicht zu überhören ist, die *Kleine Flöte* oder *Pikkoloflöte*. Gegenwärtig werden an sie immer höhere technische und musikalische Anforderungen gestellt, oft tritt sie auch als Solostimme auf.

Seit 1867, als die *Klarinette* mit dem Böhmschen Klappensystem versehen wurde, bietet sie mit ihrer Tonbildung und ihrem Tonumfang dem Musiker vielfältige Möglichkeiten. Es gibt mehrere Typen und Größen: die kleinste und klangschärfste, die Es-Klarinette, wird zu-

214 Grifftabelle einer Klappentrompete

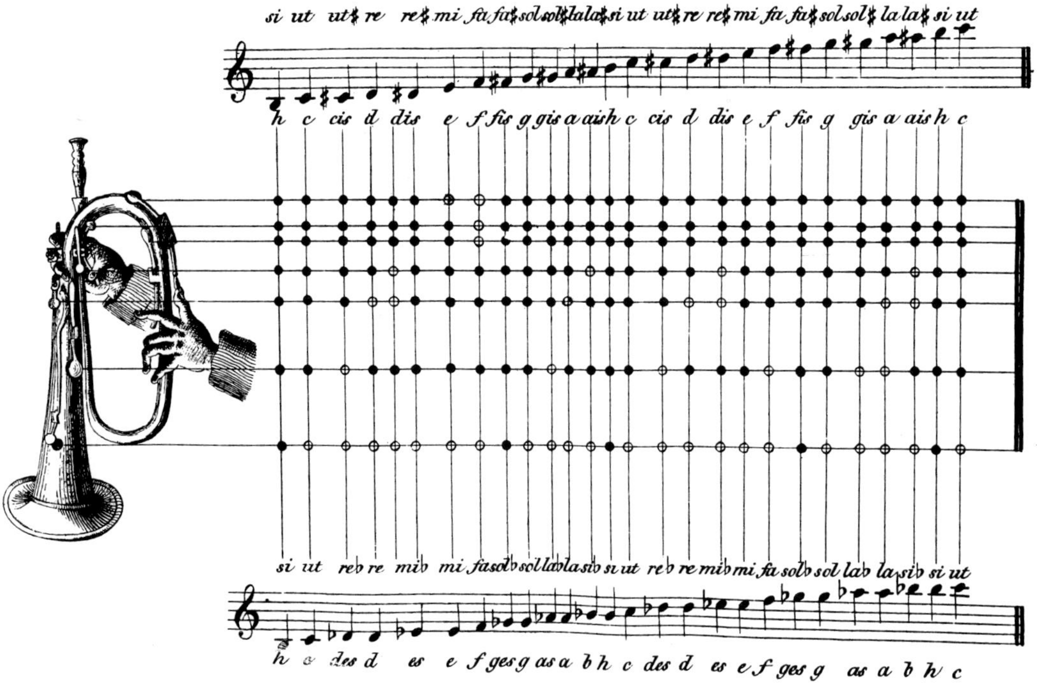

167

meist in der Blasmusik verwendet, während das Symphonieorchester die A- und B-Klarinetten vorzieht. Neben dem Böhmschen System ist auch das Heckelsche verbreitet, das eine unterschiedliche Anordunung der Mechanik und damit auch einen anderen Fingersatz sowie einen anderen Klang hat. Vincent d'Indy hat in der Oper Fervaal (1895) eine Kontrabaßklarinette vorgeschrieben, die 1890 der Franzose Fontaine Besson verfertigt hat. Auch Antonín Dvořák hat sie dann in seiner Oper Čert a Káča (Die Teufelskäthe) angewandt.

Der belgische Instrumentenbauer Adolphe Sax erhielt 1846 in

215 Giraffenklavier, Josef Seufert, Wien, um 1820

216 Orphika Joseph Dohnal, Wien, um 1800

Frankreich das Patent auf sein *Saxophon*. Entsprechend seiner steigenden Beliebtheit wurde das Saxophon ständig verbessert und zuletzt mit
dem Böhmschen Klappensystem ausgestattet. Die ursprüngliche Saxo-
phonfamilie hatte zwei Reihen: die für das Symphonieorchester bestimmten Instrumente, abwechselnd in F und in C gestimmt, und die für
Zivil- und Militärkapellen bestimmte Reihe, deren Instrumente abwechselnd in Es und B gestimmt waren. Die ersteren setzten sich nicht
durch, während die anderen in der Jazzmusik zur Geltung kamen. Die
Saxophone sind wie die Klarinetten mit einem einfachen Rohrblatt
versehen, unterscheiden sich von diesen jedoch durch Bau und Ton. Sie
werden in die Oktave übergeblasen, nicht in die Duodezime wie die

Klappenhorn (Key Bugle)

Aida-Trompete

Klarinetten, ihr Korpus besteht aus Metall und hat eine weite konische Mensur.

Das Instrument, dem sich alle übrigen Orchesterinstrumente beim Stimmen anpassen, ist die *Oboe;* sie entstand im 17. Jahrhundert in Frankreich durch Verengung der Schalmeiröhre und ertönte erstmals 1659 in Camberts Oper Pomone. In den Jahren 1844/50 wurde sie mit dem Böhmschen Klappensystem ausgestattet und wie die Flöte in C gestimmt. Tonqualität und -sicherheit der Oboe sind von der Einrichtung und Qualität des Doppelrohrblatts abhängig, das an einem Ende eines Metallröhrchens befestigt ist, das mit seinem anderen Ende im Oberteil des Instruments steckt. Daher richten die meisten Oboebläser das Doppelrohrblatt selbst ein. Es muß vor dem Spiel mit dem Mund gut befeuchtet werden, beim Spiel steuert der Bläser die Schwingungen des Doppelrohrblatts durch leichtes Zusammendrücken der Lippen und Bewegungen der Mundmuskeln. Die Oboe ist das Instrument von Liebeskantilenen und Naturmotiven, die die Töne von Hirtenpfeifen nachahmen. Etwas größer ist die Oboe d'amour, *Liebesoboe,* die mit einem birnförmigen Schallstück, dem sog. Liebesfuß, ausgestattet ist. Er gibt dem Instrument einen milden Klang. Johann Sebastian Bach hat für sie geschrieben, dann geriet sie in Vergessenheit und wurde von Debussy (Gigues) und Richard Strauss (Sinfonia domestica) wiederentdeckt. Das in der ersten Hälfte des 18. Jahrhunderts aus der Oboe da caccia, der *Jagdoboe,* entstandene Englischhorn trägt seinen Namen nach der ursprünglich gekrümmten Form. Das moderne *Englischhorn* ist gerade, nur das metallene Ansatzrohr ist leicht gebogen, um die Längshaltung des Instruments zu ermöglichen. Seit dem 18. Jahrhundert sind Baritonoboe und Baßoboe in Partituren vorgeschrieben; letztere tritt seit ihrer Ausstattung mit modernem Klappensystem an der Wende des vorigen Jahrhunderts im Symphonieorchester auf. Ein ernster Konkurrent der Baritonoboe ist das 1904 konstruierte *Heckelphon,* das in den Strauss Opern Salome und Elektra auftritt. Der Erfinder dieses Instruments und Gründer der berühmten Bieberacher Blasinstrumentenfabrik Johann Heckel hat seine Heckelphone in verschiedenen Tonlagen gebaut: das *Terz-Heckelphon* und das *Pikkolo-Heckelphon.*

Auch um die Verbesserung der Intonationseigenschaften des *Fagotts* hat sich Heckel einmalige Verdienste erworben; das Böhmsche Klappensystem hatte sich trotz großer Bemühungen am Fagott als unbrauchbar erwiesen. Die einzige wirklich tiefe Grundstimme der Holzblasinstrumente ist in der modernen Orchesterpraxis im *Kontrafagott* zu finden, das zwar schon im 18. Jahrhundert bekannt war, aber erst nach Heckels Verbesserungen brauchbar wurde. Kontrafagottbläser nennen ihr Instrument im Scherz „Zentralheizung", da es aus Holzröhren besteht, die mittels U-förmiger Metallbogen verbunden sind. Das Metallschallstück ist nach unten gerichtet, die Öffnung ein wenig seitwärts gedreht. Das *Subkontrafagott* stammt von dem tschechischen Instrumentenbauer Václav František Červený (1872); seine theoretische Länge war viermal größer als die des Fagotts. Wegen der an die Spieltechnik gestellten enormen Anforderungen hat sich das Subkontrafagott in der Musikpraxis nicht durchgesetzt.

Die modernen Blechblasinstrumente sind, mit Ausnahme der Posaune, mit einem aus Ventilen, Druckknöpfen, Kanälen und Anschlußstücken bestehenden Mechanismus ausgestattet, dessen Hauptbestandteil

Baßhorn

eine Umschalteinrichtung ist; sie ändert die Länge der akustisch wirksamen Röhre durch Zu- und Abschalten von Rohrbogen; bei Pumpventilen geschieht dies, indem ein Kolben in Hauptachsenrichtung auf und ab bewegt wird, bei Zylinderventilen, indem er sich dreht. In Symphonieorchestern und mitteleuropäischen Blasmusikkapellen werden Zylinderventile angewandt, während die französischen Kornette, Tuben sowie die Jazztrompete das Périnetsystem benutzen. Die Toneigenschaften eines Blechblasinstruments sind in hohem Maße von der Größe, Form und dem Material des Mundstücks abhängig, das kessel- oder trichterförmig sein kann, und nicht zuletzt von der Konizität (Kegelförmigkeit) des Schallbechers.

Mit seinem edlen Klang, der als Solo- und Orchesterstimme nahezu alle Gefühlsstimmungen ausdrücken kann, gehört das *Horn* zu den wirkungsvollsten Blechblasinstrumenten. Es wird vorwiegend mit Zylinderventilen hergestellt. In den letzten Jahrzehnten gewann das Doppelhorn an Bedeutung. Neben dem chromatischen Tonbereich verfügt das Horn auch über Pedaltöne.

Noch bevor sich das moderne Ventilsystem endgültig durchsetzte, hatte 1801 Weidinger in Wien das Klappensystem der Holzblasinstrumente auf die Trompete angewendet. Die Kurzlebigkeit der *Klappentrompete* war die Folge der gewaltsamen Applikation von Pfeifenele-

217 Tenorposaune in B, Ramis, Madrid, Anfang des 19. Jahrhunderts, The Metropolitan Museum of Art, New York

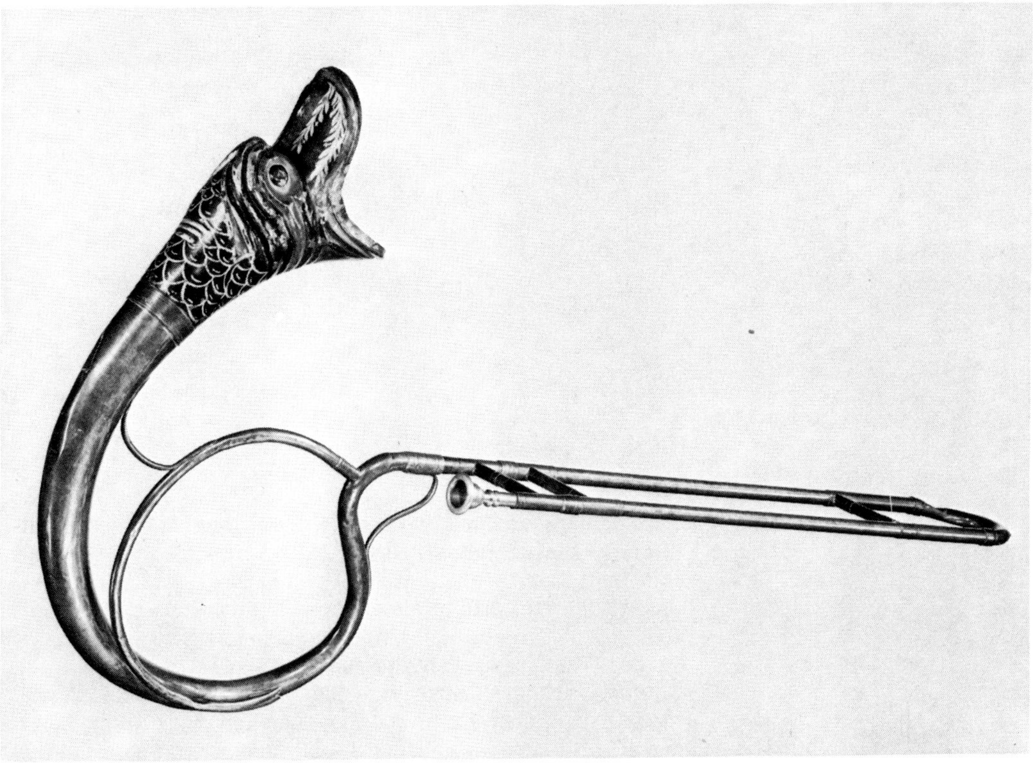

171

Sudrophon

Euphonium

218 Stockgeige, um 1810

menten auf ein Instrument von wesentlich hornartigem Charakter, wo-durch ihr Klang stumpf und ausdruckslos wurde. Um einiges erfolgrei-cher war Halliday mit seinem 1810 in Dublin patentierten *Klappen-horn.*

Die im modernen Symphonieorchester und in der Blasmusik benutz-te *Trompete* mit Zylinderventilen ist am häufigsten in B gestimmt. Ihr heller, feierlicher Klang verschmilzt mit den übrigen Blechinstrumen-ten gut, auch lassen sich durch Verwendung verschiedener Dämpfer mannigfaltige Klangeffekte erzielen. Neben ihr wird in der Blasmusik noch die um eine Quinte tiefere *Es-Trompete* als Begleitinstrument gebraucht. Das tiefste Instrument der Trompetengruppe, das vor allem in der Blasmusik verwendet wird, ist die Baßtrompete. Um die hohen Trompetenpartien in Bachschen Kompositionen in der Originaltonhöhe leichter blasen zu können, hat man die sog. Bachtrompeten in D, die sich oft nach C umstimmen lassen, gebaut. Zumeist aber werden diese hohen Stellen heute auf hoch-B-Trompeten gespielt, deren Rohr halb so lang ist wie das der üblichen B-Trompete. Die Fanfaren in der Oper Aida von Verdi werden auf sog. *Aida-Trompeten* geblasen, die mit einem Kolbenventil versehen sind. Die Jazztrompete ist eigentlich eine übliche B-Trompete mit Kolbenwerk, enger Mensur und Umstimmungsmöglichkeit nach A.

219 Glockenspiel, Amati, Kraslice (Tschechoslowakei)

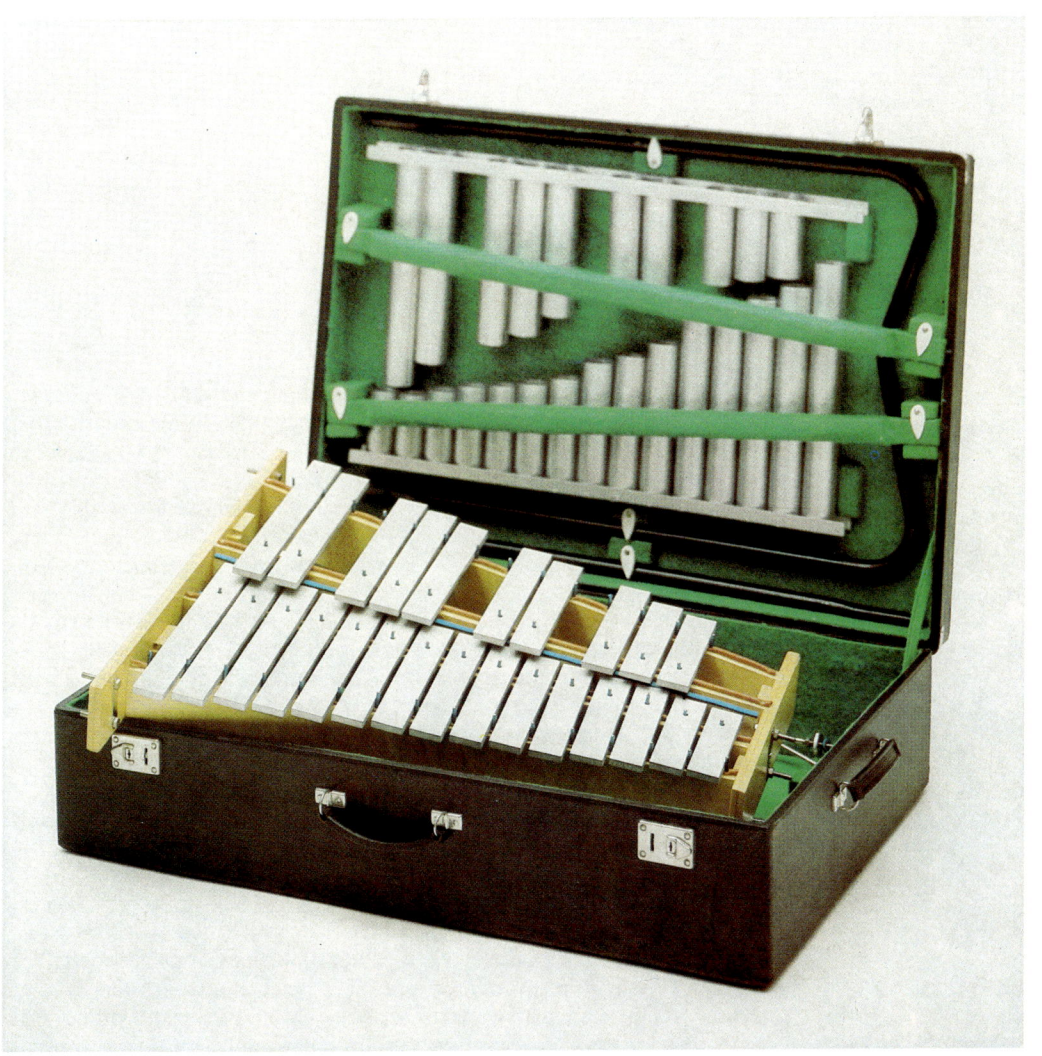

220 Ventiltrompete, Lidl, Brünn

Der Mechanismus der *Posaune* ist seit seiner Entstehungszeit unverändert geblieben, denn ihr Stimmzug ist so vollkommen, daß er nur schwerlich verbessert werden kann. Von den früher verwendeten Instrumenten sind *Tenorposaune* und *Baßposaune* erhalten geblieben. Die bis in die Mitte des 19. Jahrhunderts verbreitete *Altposaune* versuchten die Komponisten des 20. Jahrhunderts (Mahler, Schönberg) wegen ihres eigenartig klaren Tons wieder zum Leben zu erwecken. Orchesterposaunen haben eine weitere Mensur und ein breiteres Schallstück als die für Blasmusiken und Tanzorchester bestimmten Posaunen. Der Leipziger Instrumentenbauer Sattler verband 1839 die Tenor- und die Baßtrompete, indem er auf dem Korpus der Tenorposaune ein Ventil mit Bogen anbrachte. Diese *Tenorbaßposaune* war in kurzer Zeit so beliebt, daß sie die Baßposaune nahezu aus der Orchesterpraxis verdrängt hat. Die z. B. von Wagner vorgeschriebene *Kontrabaßposaune* war schwer zu handhaben und gehört heute bereits zu den historischen Instrumenten. In Militärkapellen, insbesondere bei der Kavallerie, wird die *Ventilposaune* verwendet, die statt des Stimmzugs Pump- oder Zylinderventile hat.

Die Heimat der *Kornette* ist Frankreich, andere Länder setzen sie zumeist nur in Jazzbands ein. Da die Kornettmensur der des Waldhorns gleicht, wurden die ersten mit Ventilmechanismus ausgestatteten Kornette von Waldhornbläsern gespielt. Nach Bauweise und Toncharakter stehen die Kornette zwischen den Trompeten und Waldhörnern. Für anspruchsvolle Passagen greift man zum Pikkolokornett in

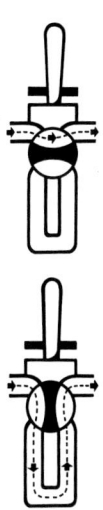

Zylinder(Drehventil-)system

Pumpventilsystem

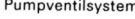

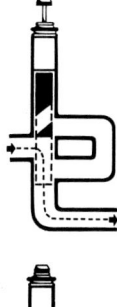

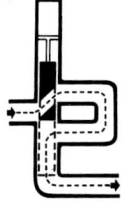

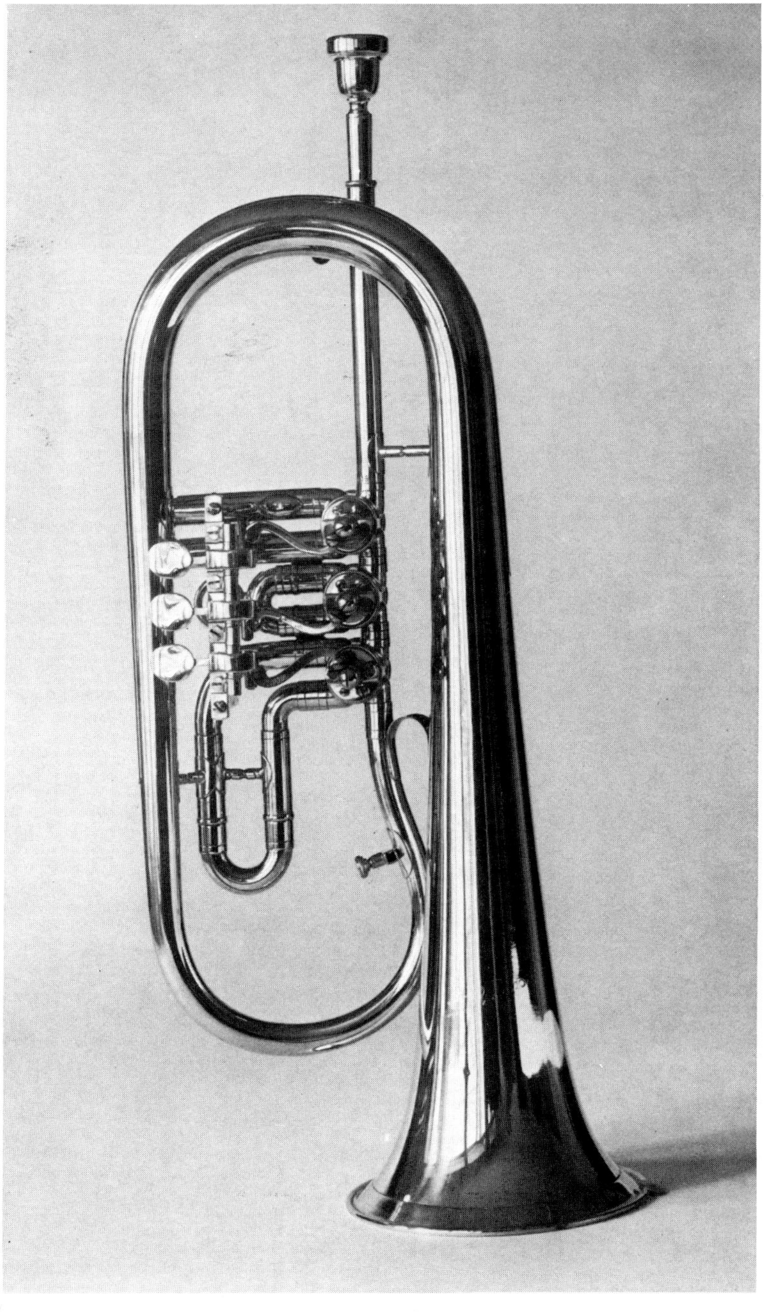

221 Flügelhorn, Lidl, Brünn

Orgel: 1. Rückpositiv, 2. Hauptprospekt mit Metallpfeifen,
3. Holzpfeifen, 4. Pedaltürme, 5. Regierwerk, 6. I. Manual, 7. II. Manual,
8. Pedalklaviatur, 9. mechanische Pedaltraktur, 10. Registerzüge,
11. Schöpfbalg, 12. Windkanal zum Positiv

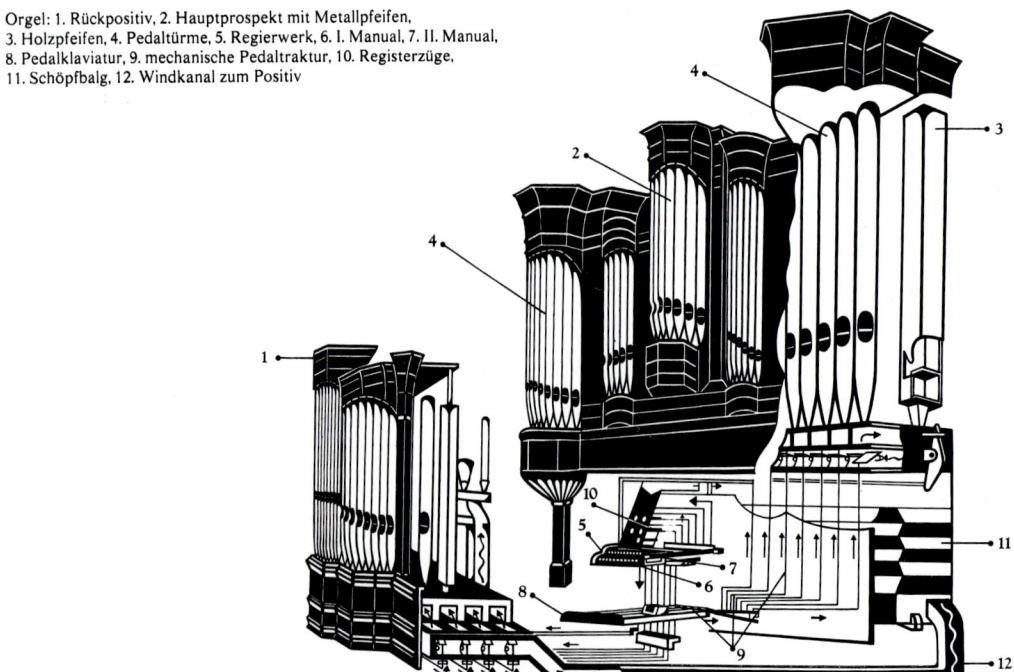

Schema der mechanischen Orgeltraktur mit
Schleiflade: 1. Tasten, 2.—3. Abstrakten, 4. Tonventil,
5. Ventilkammer, 6. Registerzug, 7.—8. Abstrakten,
9. Schleiflade

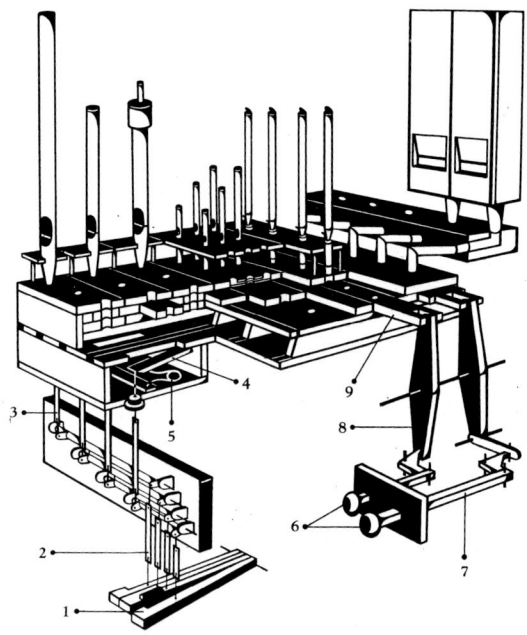

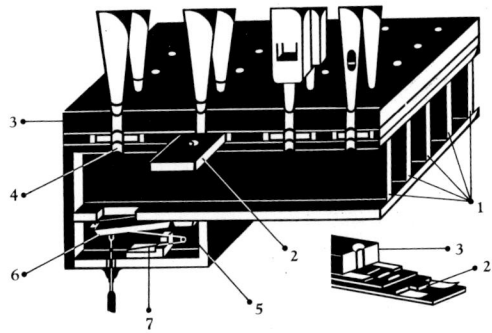

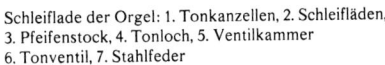

Schleiflade der Orgel: 1. Tonkanzellen, 2. Schleiflädchen,
3. Pfeifenstock, 4. Tonloch, 5. Ventilkammer
6. Tonventil, 7. Stahlfeder

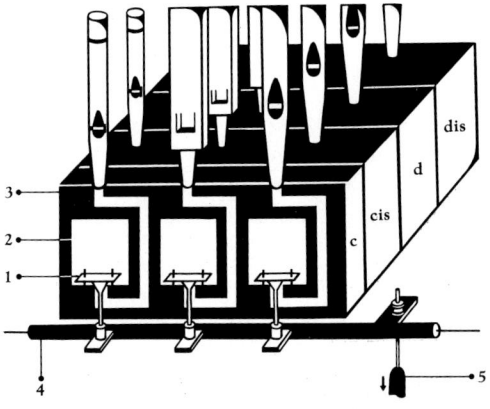

Kegellade der Orgel; 1. Tonventil, 2. Registerkanzelle,
3. Pfeifenstock, 4. zweiarmiger Hebel, 5. Abstrakten

223—224 Orgel und Regierwerk, Rieger & Kloss, Krnov (Tschechoslowakei)

Sopraninlage; am meisten gebraucht wird das Soprankornett. In gewissen Militärkapellen der westlichen Länder ist das in Es oder F, in England das in C gestimmte Altkornett verbreitet.

Unter den Blechblasinstrumenten bilden die Flügelinstrumente eine Sondergruppe. Ihr wichtigstes Mitglied ist das *Flügelhorn,* der König des mitteleuropäischen Blasorchesters. Es ist in seiner Heimat Österreich-Ungarn durch Applikation der Zylinderventile auf das einfache Signalhorn entstanden. Sein Ton ist dunkler und gedämpfter, doch melodiöser als der Trompetenton. Das Flügelhorn eignet sich vor allem für die Blasmusik, im Symphonieorchester tritt es nur sehr selten auf (Mahler). Das Baßflügelhorn füllt die Tenorlage in Blasorchestern aus, wo es ausschließlich zu Hause ist. Zur Tonverstärkung tiefer Lagen des Baßflügelhorns dient das *Euphonium* (eufonico = wohlklingend) oder *Barytonhorn* mit ähnlicher Gestalt, aber engerer Mensur als der des Baßflügelhorns. Nach dem Entwurf des Musikdirektors des preußischen Gardekorps W. F. Wieprecht stellte 1835 der Instrumentenmacher Moritz die *Baßtuba* her, die bald ihren Weg ins Symphonieorchester fand und die bis dahin verbreiteten Serpente, Baßhörner und Ophikleide zum Untergang verurteilte. In der Folge kam es zur Entstehung von verschiedenen riesigen Tubenvarianten in der Kontrabaß-, sogar Subkontrabaßlage, deren Beherrschung nahezu übermenschliche An-

178

strengung verlangte, weshalb sie bald aus der Praxis verschwanden. Das tiefste Blechblasinstrument ist die erstmals von dem Tschechen V. F. Červený gebaute *Kontrabaßtuba;* sie hat im Symphonieorchester die Baßtuba ersetzt. Für Militärkapellen hat man kreisrunde Tuben, die sog. Helikone (a. d. Griech. helixos = sich windend) als F_1-Baß- und B-Kontrabaßhelikon gebaut. Der Name *Bombardon,* der früher ein in Wien gebautes Instrument mit bauchig-kegelförmigem Korpus bezeichnete, wurde dann auf die breitesten Helikon- und Tubenformen übertragen. Eine andere Sonderform des Helikons stammt von dem amerikanischen Militärkapellmeister Sousa; seine nach ihm benannten *Sousaphone* wurden in Militär- und Jazzorchestern verwendet.

Die an verschiedenen Verbesserungen und Erfindungen neuer Tonwerkzeuge besonders reichen Jahre um die Mitte des 19. Jahrhunderts brachten auch gewisse Blechblasinstrumente hervor, die keinen Anklang in der Musikpraxis fanden. Zu diesen gehören das *Sudrophone* des Pariser Instrumentenbauers Sudre, ferner folgende Instrumente des erwähnten Václav František Červený: *Phonikon, Baroxyton* und vor allem *Kornon* (1844). Letzteres soll Richard Wagner beim Entwurf der in seiner Tetralogie benutzten *Wagnertuben* als Muster gedient haben; sie haben ein ovales Korpus und einen weit geöffneten Schalltrichter und werden im Orchester doppelt, in Tenor- und Baßlage, eingesetzt.

Cornophon

An der Jahrhundertwende konstruierte der französische Instrumentenbauer Fontaine Besson seine den Wagnertuben ähnlichen *Cornophone.* Für die französischen Militärkapellen baute Adophe Sax eine ganze Reihe von sog. *Saxhörnern,* deren Tonlagen vom As-Pikkolosaxhorn bis zum Kontrabaßsaxhorn in B reichen.

Die *Orgel* wird seit der Barockzeit zu Recht ein königliches Instrument genannt — kein anderes Musikinstrument verfügte ja über eine so bunte Klangfarbenskala, keines hatte einen so komplizierten Bau, der so viele Zweige menschlicher Tätigkeit berührte. Zwar brachte die Romantik nicht wenige Verbesserungen der Orgel mit sich, doch betrafen sie nur Spieltechnik und mechanische Funktionen; das Streben nach Nachahmung von Orchesterinstrumenten und bizarren Klangeffekten beraubte die Orgel ihrer Eigenständigkeit als Musikinstrument. Dank einem Albert Schweitzer, dank der Zusammenarbeit des deutschen Musikwissenschaftlers Willibald Gurlitt mit dem Orgelbauer Walcker und dank anderen Organologen ist die heutige Orgel ein Instrument von hoher technischer und musikalischer Qualität geworden, auch wenn die moderne Musik vorläufig noch keine innigere Beziehung zu ihr gefunden hat.

Die Hauptbestandteile der Orgel, Pfeifenwerk, Anblasemechanismus (Bälge, Kanäle usw.) und Spieleneinrichtung („Spieltisch"), sind in der

225 Doppelhorn, Lidl, Brünn

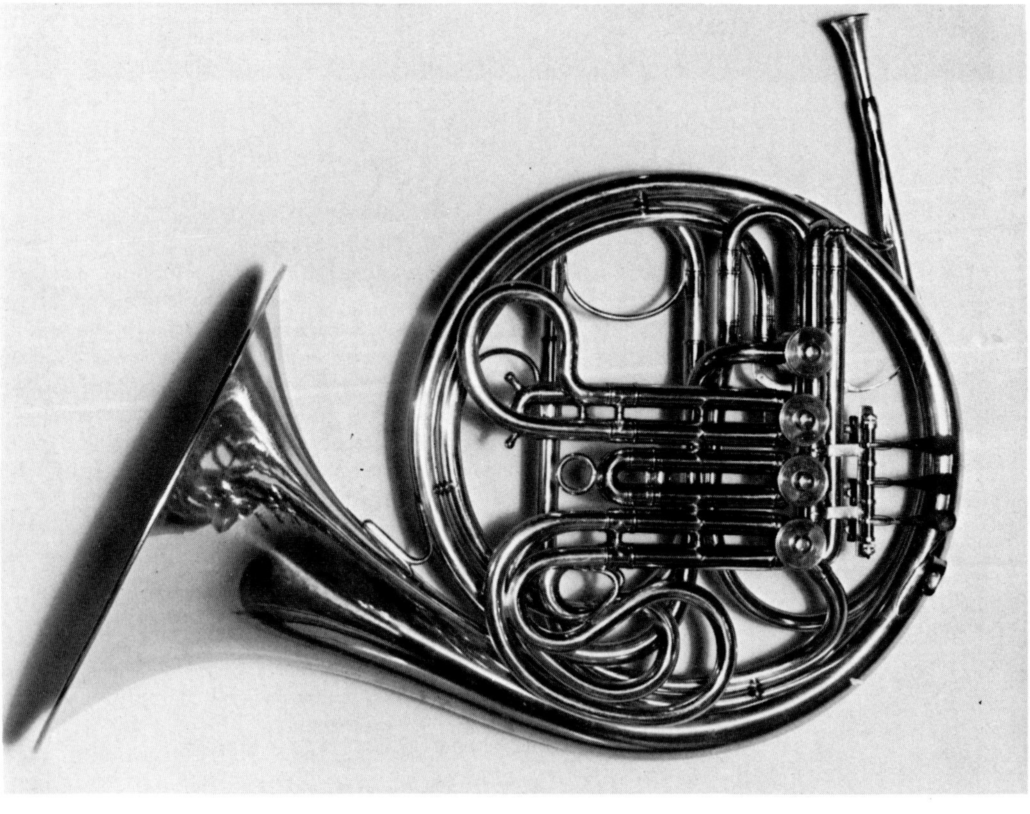

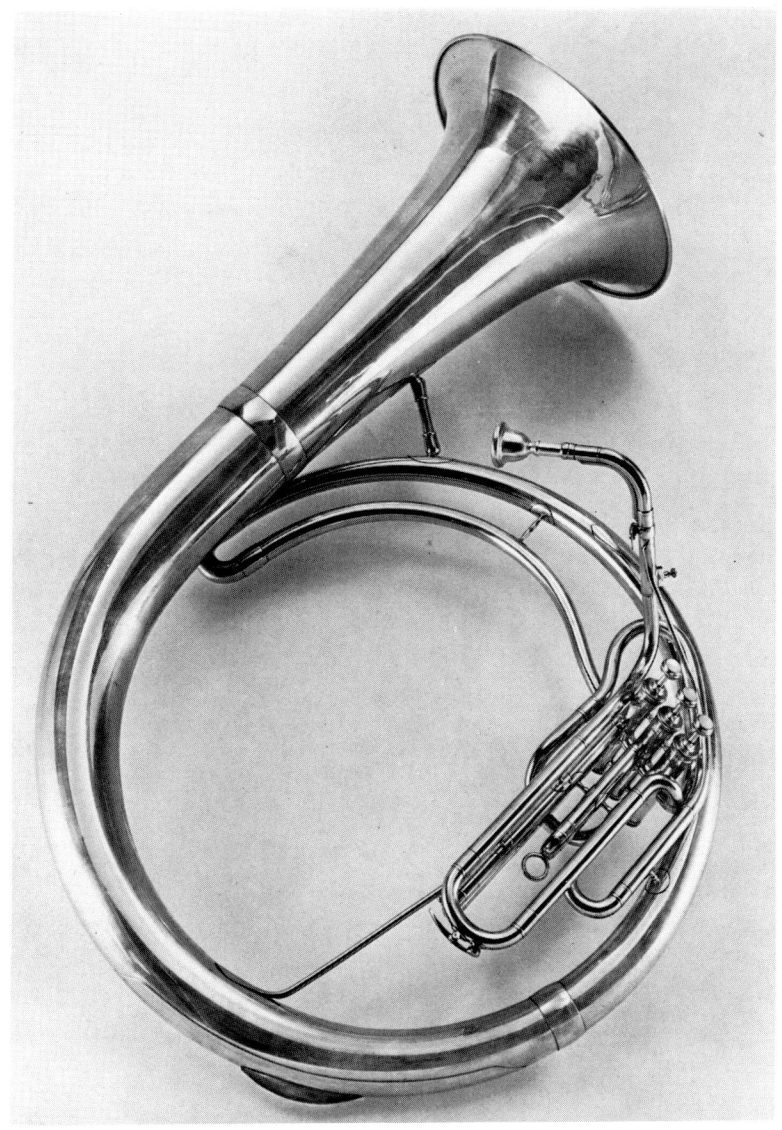

226 Helikon, Amati, Kraslice (Tschechoslowakei)

Regel im Orgelgehäuse untergebracht, dessen Front der oft künstlerisch gestaltete Prospekt bildet. Gespielt wird auf mehreren Klaviaturen, nämlich ein bis fünf terrassenförmig so übereinander stehenden Manualen, daß der Organist abwechselnd mit beiden Händen auf ihnen spielen kann, sowie für die Füße auf einer Baßklaviatur, dem Pedal. Außerdem verfügt die Orgel über das Regierwerk, eine Einrichtung (Registerzüge, -knöpfe, -stangen), mit der die einzelnen Stimmen (Register) dem Wind zugeschaltet oder von ihm getrennt werden können. Über Registerzüge oder -knöpfe werden ferner im Orgelgehäuse untergebrachte Instrumente wie Pauken, Trommeln, Glockenspiele u. a. in Gang gesetzt; in der Romantik stattete man Orgeln selbst mit Geräuschwerkzeugen wie der von Verdi im Othello vorgeschriebenen Donnermaschine aus.

Die Verbindung von Tasten und Pfeifen vermittelt die Traktur. Ältere Orgeln haben eine mechanische Traktur, die der Spieler mit eigener Kraft betätigt. Sie ist ein kompliziertes System von Hebeln, Zügen, Wellen und Wippen, dessen Nachteile sich im schwerfälligen Gang äußern und die sich mit steigender Anzahl eingeschalteter Register, in feuchter Umgebung und bei Temperaturschwankungen noch unangenehmer auswirken. Man hat daher Orgeln mit einer pneumatischen oder elektrischen Traktur ausgestattet. Erstere funktioniert mit Hilfe von durch Metallröhren zugeführter Druckluft (daher auch die Bezeichnung Röhrenpneumatik). Bei der elektrischen, genauer gesagt, der elektropneumatischen Traktur wird durch Tastendruck ein Stromkreis geschlossen, der einen Elektromagnet in Tätigkeit setzt. Hier dient elektrischer Strom als schneller Impulsübertrager von Taste zu Windlade, während die Ventile mechanisch mittels Druckluft arbeiten. Die Vorteile der mechanischen Traktur gegenüber anderen Systemen bestehen in der Möglichkeit, durch Niederdrücken der Tasten den Tonansatz zu beeinflussen und so verschiedene Timbres zu erhalten. Heute

227 Orgel. Rieger & Kloss, Krnov 1973, Nevolné (Tschechoslowakei)

228 Pianoakkordeon, Hořovice (Tschechoslowakei)

werden daher wieder vorwiegend Orgeln mit mechanischer Traktur gebaut.

Der zum Ertönen der Pfeifen notwendige Luftstrom, der Wind, wird von den gewöhnlich unter der Windlade angebrachten Bälgen geliefert. Damit nicht alle Pfeifen auf einmal ertönen, ist der Luftzustrom zu den Pfeifen durch Ventile geschlossen. Drückt der Spieler eine Taste nieder, öffnet sich das Ventil und die entsprechende Pfeife ertönt. Allerdings ertönen nur diejenigen Pfeifen, die über den Registerzug eingeschaltet sind. Das ist das Grundprinzip aller Orgeln. Aus den Bälgen wird komprimierte Luft durch Windkanäle in die luftdicht verschlossene Windlade getrieben, bei der man die älteren Schleif- und Springladen und die neueren Kegelladen unterscheidet. Die Innenfläche der rahmenförmigen Schleifladen sind in so viele parallele Gänge, die sog. Kanzellen, geteilt, wie viele Tasten die entsprechende Klaviatur hat. Auf den durch Brettchen getrennten Kanzellen stehen die Pfeifenstökke mit Öffnungen für die einzelnen Pfeifen. Beim Niederdrücken einer Taste wird dem Luftstrom der Zugang zu einer Tonkanzelle freigemacht. Damit nicht alle Pfeifen derselben Taste gleichzeitig erklingen, sind unter den Pfeifenstöcken durchlöcherte verschiebbare Leisten angebracht, die beim Herausziehen des Registerzugs das Eindringen der

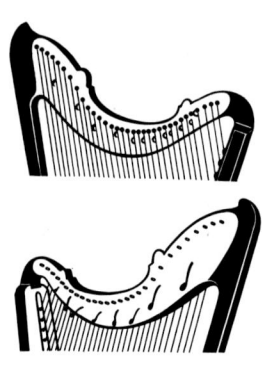

Mechanismus der Hakenharfe

Umstimmungsmechanismus
der Doppelpedalharfe und
Teilansicht des Pedalsystems:
1. Volle Saitenlänge, 2. Pedal
in erster Einrastung, 3. Pedal in
zweiter Einrastung

229 Banjo, Cremona, Luby (Tschechoslowakei)

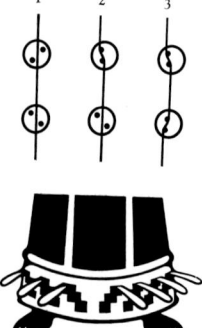

Luft bloß in die Pfeifen des gewählten Registers gestatten. Die Kegellade hat für jede einzelne Pfeife ihr eigenes Ventil. Wird eine Taste niedergedrückt, öffnet sich in allen Registerkanzellen ein entsprechendes Tastenventil; über einen Registerknopf wird das Gesamtventil der dazugehörenden Kanzelle geöffnet und geschlossen. Ihrem Material nach unterscheidet man hölzerne Orgelpfeifen (aus Tannen-, Fichten-, Föhrenholz) und solche aus Metall, d. i. Zinn, Zink, Blei, Kupfer und Zinn-Blei-Legierungen, das sog. Orgelmetall; ihrer akustischen Tonbildung nach Lippen-(Labial-) und Zungen-(Lingual-) pfeifen.

Die Stimmlagen der Register werden von der Länge der längsten offenen Normalpfeife, der C-Pfeife, abgeleitet, die acht Fuß (8′) mißt

(1 Fuß = 31,6 cm). Wird eine Pfeife von doppelter Länge, also 16′, eingeschaltet, so ist ihr Ton gegenüber der Taste eine Oktave tiefer, bei halber Länge, 4′, um eine Oktave höher, usw. Das Verhältnis zwischen Breite bzw. Durchmesser und Länge der Pfeife, Größe und Form ihres Aufschnitts (Pfeifenmunds) sowie anderer Maße bildet die sog. Mensur, die die Klangfarbe beeinflußt.

Die Anzahl der Pfeifen ist bei großen Orgelwerken immens, an die 10 000, und das bedeutet, daß sie zweckvoll ausgewählt und in die einzelnen Manuale und Pedale mit Angabe der Registerbezeichnungen und Fußtonhöhe so eingeordnet sein müssen, daß die jeweiligen Manuale eine Klangeinheit von bestimmtem Charakter bilden und daß ihre Verbindung ein rundes volles Werk ergibt. Von dieser sog. Orgeldisposition wird die Schaffung der Klangpyramide gefordert, d. h. sie

230 Chromatische Harfe, H. Brooklyn, 2. Hälfte des 19. Jahrhunderts, The Metropolitan Museum of Art, New York

231 Harfe, A. Červenka, Prag

muß über ein ausgewogenes volles Werk verfügen, ebenso über charakteristische Solostimmen, schließlich muß sie auch sämtliche Grundregister enthalten.

Neben den neuen Orgelbauschulen geht auch die Entwicklung anderer, synthetisierender Tasteninstrumente weiter und gipfelt heute im Bau der elektronischen Orgeln. Ihre Ähnlichkeit mit der klassischen Orgel beschränkt sich auf den für sie bereits unpassenden Namen sowie auf ihre orgelartigen Töne; Funktion und Technik sind völlig abweichend und sollen im Kapitel über elektrische Musikinstrumente behandelt werden.

Die *Harfe,* stete Begleiterin des Symphonieorchesters und sein einziges Zupfchordophon, hat nach vieltausendjähriger Entwicklung im 19. Jahrhundert eine grundsätzliche Wandlung erfahren. Da die alte diatonische Harfe keine Halbtöne kannte, hatte man verschiedene Mechanismen (Hakenharfe, Pedalharfe) eingeführt, die die Saiten verkürzten. Aus dem ausgehenden 18. Jahrhundert stammt der glückliche Einfall des Pariser Harfenmachers Jacques-Georges Cousineau, die Pedalfunktion zu verdoppeln. Ein solches Instrument wurde zwar gebaut, doch eine geeignete Konstruktion wurde erst 1820 von Sébastien Érard gefunden; diese Doppelpedalharfe ist bis auf geringe Verbesserungen bis heute unverändert geblieben. Die moderne Harfe besteht aus der mit einem geschnitzten Kopf gekrönten Stützsäule oder Vorderstange, dem S-förmig geschwungenen Hals und dem kegelförmigen Schallkörper mit drei Schallöchern. Von der Korpusmitte, aus der Anhängeleiste, ist der Bezug zum Hals gespannt. Schallkörper und Vorderstange laufen unten in den Pedalkasten aus, der zugleich als Untersatz des Instruments dient. Im Innern der Stützsäule sind Stahlzüge gespannt, der

232 Knopfgriffakkordeon, M. Hlaváček, Prag

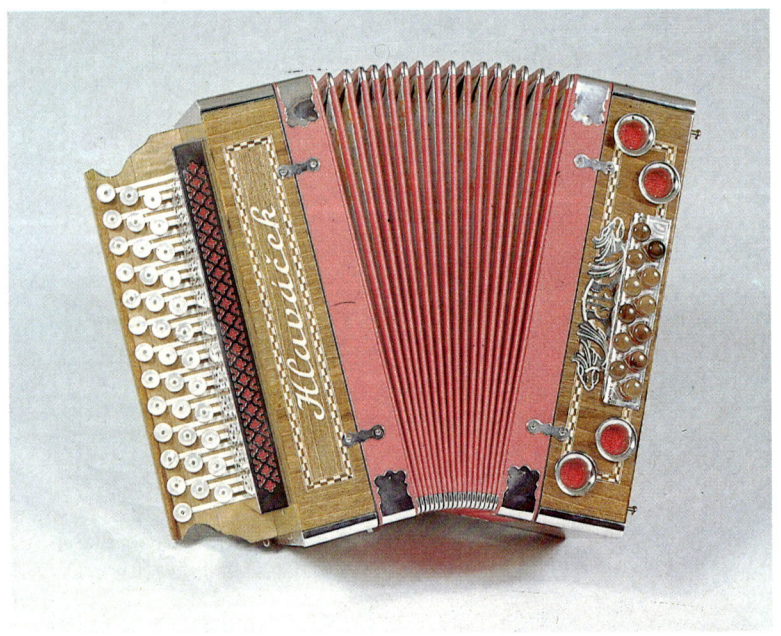

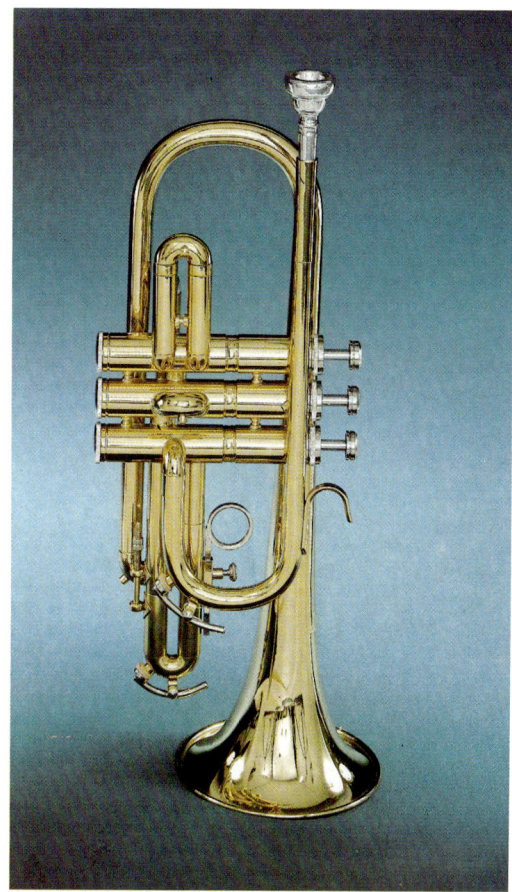

233 Jazztrompete, Amati, Kraslice (Tschechoslowakei)

234 Kornett, Amati, Kraslice (Tschechoslowakei)

Untersatz enthält sieben Pedale, von denen jedes die Tonhöhe aller gleichnamigen Saiten des ganzen Instruments ändert. In der Regel hat die Harfe 47 diatonisch in Ces-Dur gestimmte Saiten. Zwecks besserer Orientierung sind sämtliche Ces-Darmsaiten rot, die Fes-Saiten blau gefärbt.

Auch die *Doppelpedalharfe* ist nicht makellos. Ihr komplizierter Saitenverkürzungsmechanismus läßt relativ viele Drehungs- und Reibungsflächen entstehen, die Spieltechnik gestattet die Durchführung der verwickelten Pedalbewegungen nicht in jeder Lage, schließlich macht die Wiedergabe chromatischer Passagen immer wieder Schwierigkeiten. Seitdem die Komponisten häufige Tonartübergänge verlangten und in Melodie und Harmonie immer mehr mit Halbtönen arbeiteten, gewann auch die Idee der *chromatischen Harfe* aufs neue an Bedeutung. Versuche in dieser Richtung waren die 1845 gebaute Harfe des Franzosen Jean Henry Pape sowie das von diesem unabhängige Patent Gustave Lyons, 1894 in Paris. Auf der Lyonschen Harfe ließen sich sämtliche Dur- und Molltonleitern und auch Arpeggios mit bequemem Fingersatz spielen. Bald fanden sich auch Komponisten (Charles Lefèbvre,

235 Flügel Weinbach, Hradec Králové (Tschechoslowakei)

George Enescu u. a.), die für die chromatische Harfe zu setzen begannen. Doch haben verschiedene recht komplizierte Handhabungen beim Stimmen oder bei enharmonischen Glissandos, die dauernde Änderung der Anschlagstelle und auch das Kreuzen der Saiten der chromatischen Harfe den allgemeinen Eingang in die Orchesterpraxis verwehrt.

Eine Erfindung des Wiener Instrumentenbauers Karl Leopold Röllig ist die *Orphika,* ein sehr kleines tragbares Hammerklavier. Sie wurde beim Spiel entweder auf den Tisch gelegt oder an einem Gurt um den Hals des Spielers gehängt, war in der esten Hälfte des 19. Jahrhunderts große Mode, ist aber heute nur mehr eine Museumszierde.

Wie in England das Flageolett oder in Italien die Okarina, stieg in den deutschen Ländern des 19. Jahrhunderts die *Zither* zum Lieblingsinstrument der Amateure auf. Ihr flaches, länglichrechteckiges Korpus wird beim Spielen auf einen Tisch oder aufs Knie gelegt. Die dem Spieler zugewandte Breitseite ist mit einem Griffbrett, die Schmalseite mit Stimmstock und Wirbeln ausgestattet. Über dem Griffbrett sind die fünf Melodiesaiten gespannt, hinter dem Griffbrett laufen 24 und mehr freie Begleitsaiten. Der mit einem Schlagring bewehrte Daumen der rechten Hand des Spielers greift die Melodie, die Finger der Linken verkürzen die Melodiesaiten; mit drei Fingern der Rechten werden Akkordfolgen als Begleitung gezupft. Die moderne Spieltechnik der Zither jedoch basiert auf dem gleichberechtigten Gebrauch der Griffbrett- und der Freisaiten. Von Johann Petzmayer, dem Zithervirtuosen am Hofe Fürst Maximilians von Bayern, stammt die Streichzither, eine Abart der Zither, ohne Begleitsaiten, zumeist herzförmig, mit erhöhtem Griffbrett und Metallwirbeln, die in der Mitte längs der Hauptachse des Korpus angebracht sind, und zwei Schallöchern. Ihre vier Metallsaiten wurden wie Geigensaiten gestimmt und mit einem Geigenbogen gestrichen; man stellte sie auch in Alt- und Tenorlagen her.

Schon vor der Entstehung des *Klaviers* hatten sich die Instrumentenbauer um die Hervorbringung eines anhaltenden Tones bemüht, der den trockenen und nichtstationären Klang der Tastenchordophone verbessern sollte; ihr klassisches Vorbild war Hans Haidens Geigenwerk von 1575. Diese Bemühungen gipfelten im 19. Jahrhundert in der

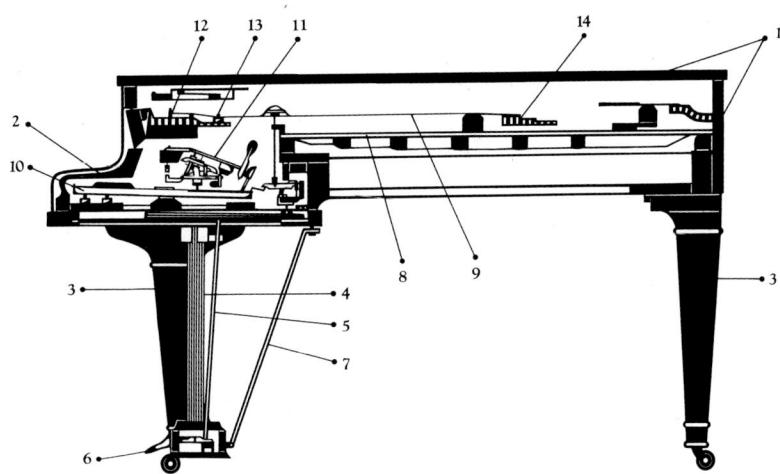

Flügel: 1. Gehäuse mit Deckel, 2. Klappe, 3. Füße, 4. Lyra, 5. Lyrastab, 6. Pedale, 7. Lyrastütze, 8. Resonanzboden, 9. Saiten, 10. Tasten, 11. Hammermechanik, 12. Stimmstöcke, 13. Agraffen, 14. Stimmwirbel

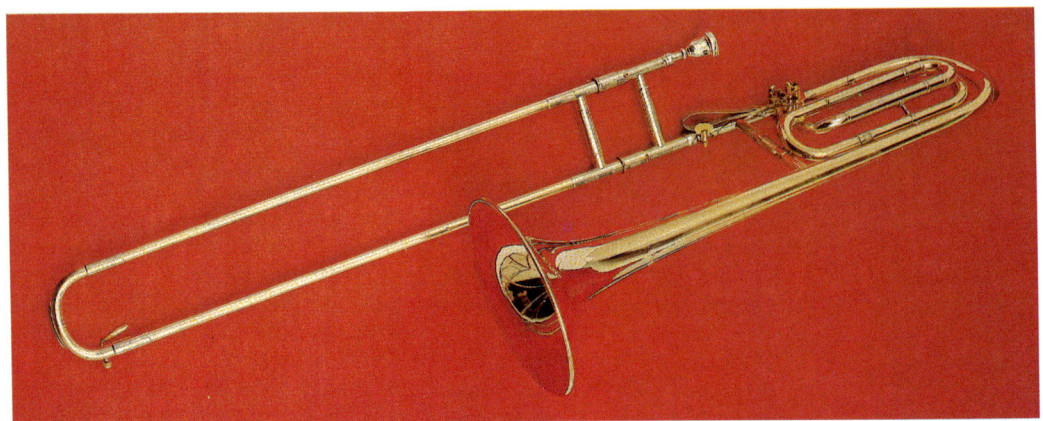

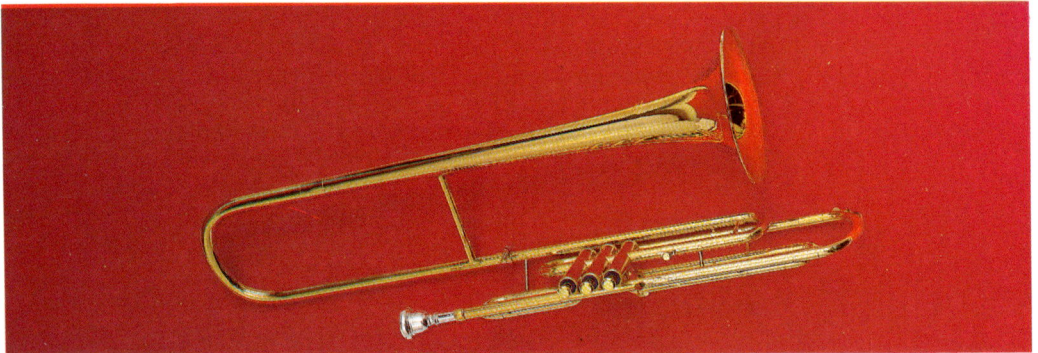

236 Tenorposaune, Amati, Kraslice (Tschechoslowakei)

237 Trombone, Amati, Kraslice (Tschechoslowakei)

Konstruktion der sog. *Streichklaviere,* zu denen das 1817 von Isaac Mott patentierte *Sostenente Piano* gehört. Das *Piano éolien* von Henry Herz ertönte mittels eines komprimierten Luftstroms, während Philippe de Girard bei seinem *Piano trémolophone* das Problem des anhaltenden Tones durch rasche Repetition des Hammers zu lösen suchte. Von 1873 an erzeugte die Turiner Firma Caldera & Bossi das *Melopiano,* einen Apparat, der sich bei jedem Klavier anwenden ließ und die Verlängerung der Klaviertöne durch schnell wiederholte Anschläge kleiner Hämmer mit Hilfe feiner Uhrfedern gestattete. Für die Wiener Ausstellung 1892 konstruierte Kühmayer ein Streichklavier, in dem ein Geigenbogen mit Elektromagneten an die entsprechende Saite gedrückt wurde.

Aber der Bau eines dauernd erfolgreichen Sostenente-Piano-Typus wollte nicht gelingen, und so blieb es beim altbewährten Klavier, dessen Mechanik ständig vervollkommnet wurde. 1823 führte Érard in Paris für Flügel seine Doppelrepetitionsmechanik (double échappement) vor, und zur gleichen Zeit konstruierte der Österreicher Streicher einen Hammermechanismus, der die Saiten von oben anschlägt. Die Mechanik des modernen Flügels ist unterhalb der auf einen Panzerrahmen gespannten Saiten untergebracht; der Rahmen muß ihrem ungeheuren Zug standhalten. Die Stahlsaiten sind in den oberen Oktaven dreifach, in den mittleren zweifach gezogen, nur die tiefsten sind einfach. Gestimmt werden die Saiten durch Drehen der im Stimmstock eingefügten Stimmwirbel, um die die Saiten gewunden sind. Von ihnen werden sie durch Löcher in Schraubenköpfen (Agraffen) über den Resonanzboden aus Fichtenholz zu den Anhängestiften gefürt. Das rechte Pedal hebt die Dämpfung ab. Das linke rückt beim Piano die Hämmerchen näher an die Saiten heran, beim Flügel verschiebt es die Klaviatur mit der Mechanik so, daß nicht mehr alle Saiten eines Tones vom Hammer angeschlagen werden; in beiden Fällen ensteht ein schwächerer Ton. Ein drittes Pedal läßt unabhängig vom weiteren Spiel einen bestimmten Ton länger nachklingen.

238 Sousaphon, Amati, Kraslice (Tschechoslowakei)

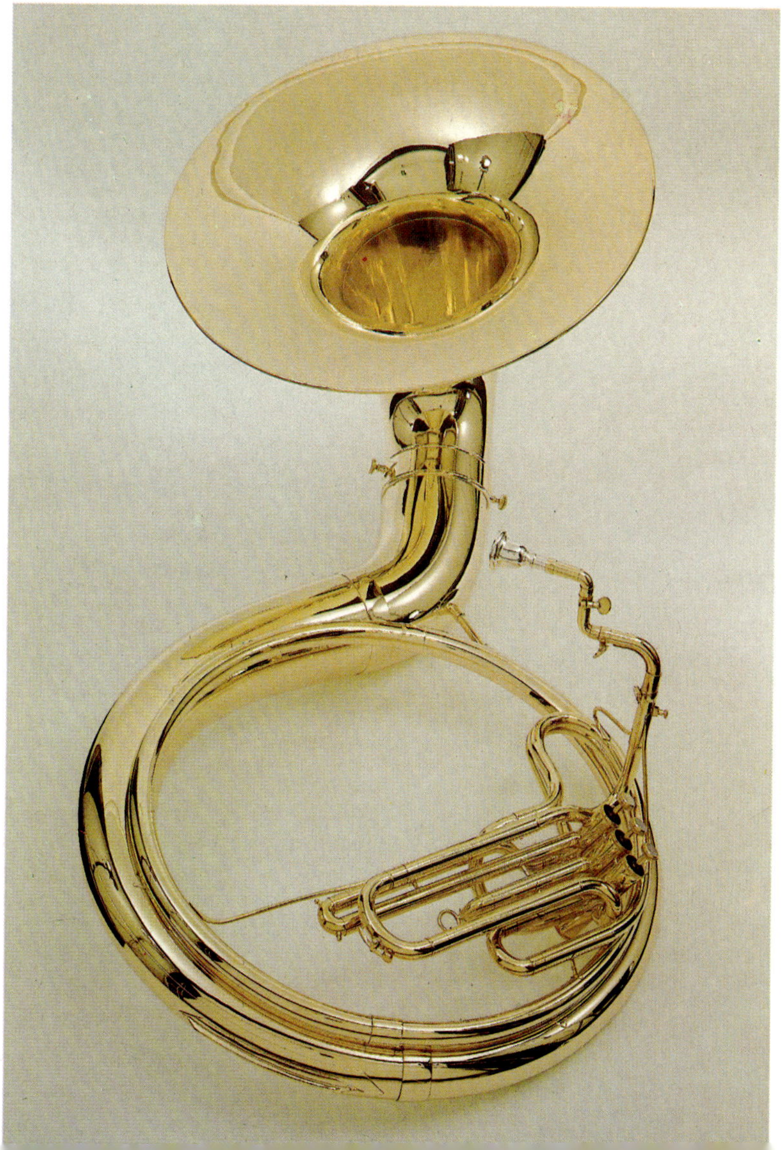

Bariton-Saxhorn

Die Rückkehr des Klaviers ins Orchester könnte ebenso wie die Kammerbesetzung mit Hervorhebung von Streichern und Bläsern auf eine neue Richtung in der Musik des 20. Jahrhunderts deuten, doch werden hier nur Tendenzen des 19. Jahrhunderts weiter verfolgt. Neues Interesse gilt der Wiedereinführung der heute fehlenden Mittellage der Streichinstrumente, die noch im 17. Jahrhundert mit der kleinen *Altviola* und der großen *Tenorviola* vertreten war. Im 18. Jahrhundert war der Tenorpart vom Violoncello übernommen und die Tenorviola so schnell verdrängt worden, daß nicht einmal die Wiener Klassiker sie noch kannten. Diese Viola sollten unterschiedlich gebaute und verschieden große Instrumente ersetzen, die die Geigenbauer oft nach den Entwürfen ausübender Künstler verfertigten. Im 19. Jahrhundert entstanden so der *Violon tenor* des Kontrabassisten der Pariser Oper Dubois, der *Contr'alto* des Geigenbauers Vuillaume, Henrys *Baryton*, Stelzners *Violotta* u. a. Keines dieser Streichinstrumente konnte sich durchsetzen, da sie wegen ihrer übermäßigen Dimensionen von Violisten nicht gespielt werden konnten und wegen des Mißverhältnisses zwischen den kleinen Dimensionen und der natürlichen Armbewegung von den Cellisten abgelehnt wurden. Nach dem Entwurf des deutschen Geigers Hermann Ritter verfertigte um die Jahrhundertwende der Würzburger Geigenbauer Karl Adam Hörlein die *Viola alta,* eine Bratsche mit fünfter Saite in e². Ritter trat mit dem umwälzenden Vorschlag vor die Öffentlichkeit, das Streichquartett ausschließlich mit Violininstrumenten zu besetzen. Statt der zweiten Geige nahm er die Viola alta, als drittes Instrument die Tenorviola und als viertes die *Viola bassa,* ein geigenförmiges Instrument, größer als das Cello und eine

239 Harmonium, Petrof, Hradec Králové (Tschechoslowakei)

Oktave tiefer stehend als die Viola alta. Ritters Forderung nach Proportionalität der Instrumente stimmte mit den Ergebnissen späterer akustischer Untersuchungen überein, die die ungenügende Korpusgröße der Streichinstrumente für die Resonanz der tiefen Töne aufdeckten. Ritter gebührt das Verdienst um die Reform der Streicher, die Richard Wagners Orchesterreform bezüglich der Blasinstrumente an Bedeutung gleichkommt. Den vorläufig größten praktischen Erfolg hat die Viola des englischen Violinvirtuosen Lionel Tertise erreicht, der 1937 in Zusammenarbeit mit dem Geigenbauer Arthur Richardson ihre Mensuren ausgearbeitet hat. Das Heidelberger Bach-Quartett versucht, die *Tenorvioline* in die Praxis einzuführen, ein Instrument, das in den

240 Baßtuba in B, Amati, Kraslice (Tschechoslowakei)

Contr'alto von J. B. Vuillaume

A. Stelzners Violotta

30er Jahren unseres Jahrhunderts der Frankfurter Geigenbauer Eugen Sprenger gebaut hat. Die Amerikanerin Carleen Hutchinson hat 1969 eine achtgliedrige Geigenfamilie gebaut, die von der Soprangeige bis zur Kontrabaßgeige reicht.

Das Hauptkriterium bei der Einteilung der Membranophone ist die Zahl ihrer Felle: ein oder zwei; bei den einmembranigen läßt sich nämlich eine Tonhöhenstimmung erreichen, da die Klangwellen des einzigen Vibrators von keinem anderen gestört werden. Demgegenüber kommt es bei Zweimembraneninstrumenten zu ständigen Kollisionen zwischen den auf der einen Membran entstandenen Wellen und denen der zweiten, so daß der resultierende Klang von unbestimmter Tonhöhe ist.

Bis zum heutigen Tag hat die *Pauke* im Orchester ihre führende Rolle unter den Membraphonen bewahrt. Wenn der Pauker früher sein Instrument umstimmen wollte, mußte er an sechs bis sieben Schrauben drehen; daran mußte der Komponist mit dem Einsatz der entsprechenden Pausen denken. Seit 1800 waren daher viele Versuche auf die technische Lösung der Frage einer schnellen und verläßlichen Umstimmung gerichtet. Die 1855 von dem Pariser Instrumentenmacher Gautrot gefundene endgültige Lösung ermöglichte die Umstimmung durch Herunterdrücken einer Pedaleinrichtung.

Diese Methode wurde 1881 von dem Dresdner Musiker Pittrich und dem Mechaniker Quiser verbessert. Ihre Pedalpauken ließen sich so schnell umstimmen, daß selbst eine einfache Melodie im Umfang einer Sext oder Oktave geschlagen werden konnte. Die im Orchester mindestens paarweise eingesetzte Pauke besteht aus dem eigentlichen Kessel aus dünnem Kupferblech und von gestreckter Halbkugelform. Über die obere Korpusöffnung ist gegerbtes Kalb- oder Ziegenfell bzw. eine Plastfolie gespannt und mit einem mit Stimmschrauben versehenen Metallreifen festgehalten. Das Instrument ist auf einem massiven Untersatz befestigt, an dem gegebenenfalls auch die Pedaleinrichtung angebracht ist. Der Ton entsteht durch Aufschlag des Schlegels auf das gespannte Fell, mit dem auch der als Resonanzkörper dienende Kupferkessel in Schwingungen gerät. Die im unteren Korpusteil befindliche kleine Öffnung verhindert den Rückstoß komprimierter Luft, die die regelmäßigen Schwingungen der Fellmembran beeinträchtigen könnte. Beim Pauken verwendet man verschiedenartige und unterschiedlich große Schlegel: heute werden nur solche mit flanell- oder filzbezogenem Kork- oder Holzkopf benutzt. Klangänderungen werden dadurch erreicht, daß man gegenüber der Aufschlagstelle ein Tuch auf das Fell legt (Timpani coperti); direkt über das Tuch wird heute nicht mehr geschlagen. Bei kurzem Paukenschlag wird mit Fingerspitzen oder Handfläche gedämpft. Möglichst schnell aufeinanderfolgende einfache, abwechselnde Schläge ergeben den Paukenwirbel.

Aus dem Bereich der Volksinstrumente sind vor allem durch lateinamerikanischen Einfluß kleinere Membranophone mit einem Fell in abgestuften Größen ins Jazz-Schlagzeug übernommen worden: es sind die stimmbaren Timbales, während die ähnlichen zweimembranigen Instrumente, die im wesentlichen mit der Wirbeltrommel identisch sind und *Tomtom* heißen, nicht gestimmt werden können, sondern nur je nach ihrer Größe einen allgemein dunkleren bzw. helleren Klang haben.

Die erste *Große Trommel* mit Metallzylinderzarge und Schrauben-

Wirbeltrommel

spannung wurde 1837 von dem Engländer John Ward hergestellt. Die heutige Große Trommel besteht aus einer Metallzarge, zwei auf schmale Holz- oder Metallreifen gespannten Fellen, zwei Druckreifen und acht bis zwölf einseitigen oder zweiseitigen Zugschrauben. Ihr Ton ist dunkel, hat aber keine bestimmte Höhe. Sie wird so aufgestellt, daß der Trommler sie mit der rechten Hand schlagen kann. Dazu benutzt er hirschlederbezogene Schlegel, im Symphonieorchester solche mit verschieden großen Köpfen. Der Trommelschlag wird in Uhrzeigerrichtung von unten nach oben geführt. Je stärker der Schlag sein soll, desto größer muß der Winkel zwischen Schlagrichtung und Felloberfläche sein. Beim kurzen Trommelschlag wird der Aufschlag sofort erstickt. In der Jazzmusik benutzt man Fußschlegel aus hartem Filz; das notwendige dauernde Dämpfen besorgt ein senkrecht über die eine Membran gezogener Flanellstreifen, während die zweite Membran besondere Plattendämpfer hat. In jüngster Zeit benutzt man Große Trommeln mit innen montierten Dämpfern.

Der Jazz hat nicht nur die Weiterentwicklung der Großen Trommel, sondern auch die ganze sog. Schlagzeuggruppe beeinflußt. Heute ist die Große Trommel nur mehr halb so groß wie früher, und die ehemals

241 Kleine Trommel, Amati, Kraslice (Tschechoslowakei)

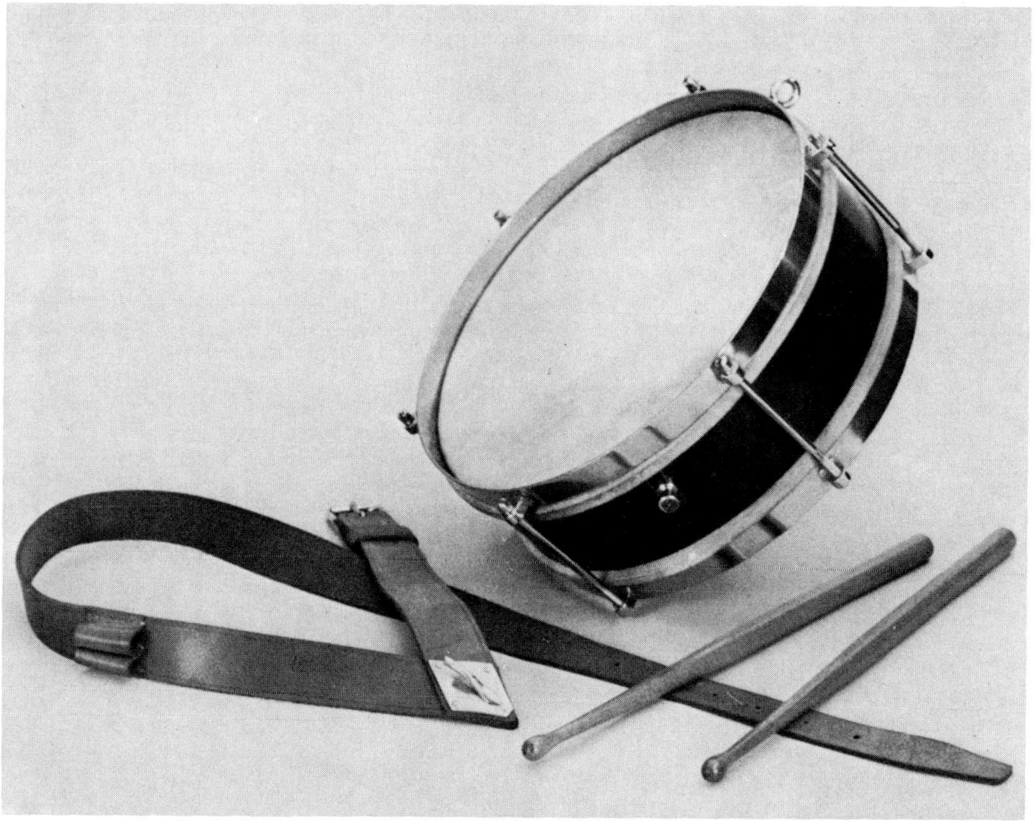

Congas

Pauken

an ihr befestigte *Kleine Trommel* steht neben ihr auf einem eigenen Gestell.

Die Kleine Trommel hat eine schmale Zylinderzarge aus Messingblech, die beiderseits mit gegerbtem Kalbs- oder Eselsfell bezogen ist. Unter oder über das untere oder seltener beide Felle sind zwei bis zwölf meist umsponnene Schnarrsaiten gespannt, die leicht anliegen und beim Trommeln einen hell und scharf klingenden Ton erzeugen. Moderne Instrumente sind mit einem Mechanismus ausgestattet, der die Saiten von der Membran abhebt und so dunklere Töne entstehen läßt. Die Kleine Trommel wird in der Regel mit zwei schlanken Schlegeln aus hartem Holz an derjenigen Stelle gerührt, an der sie den schärfsten Ton hergibt, d. i. etwa auf einem Durchmesserdrittel. Beide Schlegel müssen dicht nebeneinander in einem Winkel von etwa 75° niederfallen. Der Spieler hat die Kleine Trommel entweder vor sich auf einem Untersatz liegen, oder er trägt sie, beim Marsch umgehängt, an einem Riemen, und zwar so, daß die Felloberflächen schräg aufwärts gerichtet sind. In der modernen Musik, vor allem im Jazz, wird die Kleine Trommel auch mit Drahtruten, dem sogenannten Besen, geschlagen. Zur Erzielung von Sondereffekten benutzt man die *Wirbeltrommel,* deren Holzzylinderzarge doppelt so hoch ist wie die der Kleinen Trommel; bei historischen Instrumenten sind die Felle mit Stricken gespannt. Ihre Schlegel ähneln denen der Pauke. Eine Abart der Wirbeltrommel ist die *Provenzalische Trommel,* die in der Regel mit einem einzigen Schlegel mit großem Beinkopf geschlagen wird. Die weiteren angeführten Einmembraneninstrumente ließen sich theoretisch auf eine bestimmte Tonhöhe stimmen, doch wird in der Praxis davon abgesehen.

Richard Wagner schreibt in seinen Opern oft die düster klingende Wirbeltrommel vor. Jazzbands verwenden auch drei verschieden große

242 Pedalpauke, Musikinstrumente VEB Taiton Dresden

243 Jazz-Schlagzeug, Amati, Kraslice (Tschechoslowakei)

Wirbeltrommeln, die annähernd wie die Pauken gestimmt werden, weshalb sie auch Timbale, kleine Pauken, genannt werden.

Das im Symphonieorchester verwendete *Tamburin* hat einen Metallrahmen und wird durch Aufschlagen auf die Faust, den Ellbogen oder das Knie zum Tönen gebracht. Der große Wirbel entsteht durch Schwingbewegungen, beim feinen streicht der befeuchtete Daumen über das Fell. Bei rhythmisch schwierigen Passagen legt man das Tamburin mit dem Fell nach unten auf die Knie, hebt es leicht mit beiden Ellbogen und trommelt mit den Fingerspitzen auf den Rahmenrand. In dieser Lage kann durch schnell wechselnde Schläge auch der Wirbeleffekt erzielt werden. Moderne Komponisten schreiben in ihren Partituren noch andere Membraphone vor, insbesondere Trommeln außereuropäischer Herkunft wie die kubanischen *Bongos,* die *Congas* und die *Chinesische Trommel.*

Es hat der ununterbrochenen Bemühungen des menschlichen Geistes im Laufe vieler Jahrtausende bedurft, um einen so komplizierten Organismus entstehen zu lassen, wie es das Orchester ist, der Spender unvergleichlicher Gehörseindrücke, die uns das Zusammenspiel der verschiedensten Musikinstrumente vermittelt. Ihre Zusammensetzung und Verwendung im modernen Orchester trägt heute einen von der Komposition selbst bestimmten völlig individuellen Charakter. Die Weiterentwicklung und Vervollkommnung der Musikinstrumente geht auch in der Gegenwart weiter und entspricht den steigenden Anforderungen an ihren Bau, ihre Leistungsfähigkeit und an die Spieltechnik.

Bongos

197

II. NATIONAL- UND VOLKSMUSIKINSTRUMENTE

ASIEN

INDIEN UND PAKISTAN

Unter den drei Faktoren der indischen „Sangita", Gesang, Musik und Tanz, nimmt die Instrumentalmusik die führende Stelle ein. Ihre Geschichte ist zugleich die der indischen Musikkultur, deren Anfänge auf Grund archäologischer und historischer Quellen bis ins dritte Jahrtausend v. u. Z. zurückverfolgt werden können. Damals unterhielten die Ureinwohner I n d i e n s , die Dravida (Drawiden), lebhafte Handelsverbindungen mit Ägypten und Mesopotamien. Aussagen über Instrumentalmusik sind in den altindischen Werken Natjaschâstra und Sangîtaratnâkara zu finden. In der Abhandlung Râga-vibhoda wird neben der

244 Oboe Surnây, Bombay

245 Indische Musikinstrumente: Trommel Dhola, Becken Jhanja und Oboe Nâgaswaram

Lehre von gewissen, Râga genannten, melodischen Motiven auch mit Beifügung von fünfzig Melodien die Art und Weise des Saitenspiels besprochen. Ein getreues Abbild der indischen Instrumente ist den darstellenden Künstlern zu verdanken, die beeinflußt von der griechischen Bildhauerkunst, im 2. Jahrhundert v. u. Z. in den Tempelmauern zu Bharat ihre Steinreliefs schufen. Auch die zahlreichen Reliefs auf dem mächtigen Buddhatempel Borobudur, den indische Siedler im 8. Jahrhundert auf Java errichteten, stellen Musikszenen aus dem Leben der alten Inder dar. Zur Zeit der mohammedanischen Vorherrschaft machten sich in Indien persisch-arabische Einflüsse geltend; die Musikinstrumente des Islam kamen fast gleichzeitig auf den asiatischen und den europäischen Kontinent.

Im Vergleich zu anderen asiatischen Völkern haben die Inder relativ wenige Idiophone. Als rhytmische Begleitinstrumente wurden Bronzebecken benutzt, unter denen die *Jhanja* nach Form und Klang an die türkischen Tschinellen erinnern; sie sind flach, in der Mitte gebuckelt und mit einer durch den Mittelpunkt gezogenen Schnur verbunden. Starkwandige, schalenförmige Becken heißen *Tala* oder *Mandira*. *Kurtar* oder *Chittika* nennt man eine Rasselklapper aus zwei mit Metallschellen versehenen Hölzern, die auf einer Seite flach, auf der anderen abgerundet sind; sie werden in einer Hand gehalten und mit den flachen Seiten dadurch gegeneinander geschlagen, daß sich die in Ösen steckenden Finger rhytmisch auf und ab bewegen.

Indische Klarinette Tubri

246 Indische Trommeln und Laute, Miniatur aus dem ausgehenden 18. Jahrhundert

247 Indisches Streichinstrument Tayuc

Indische Nasenflöte Bazareo

Die Blasinstrumente haben sich im Laufe der vieltausendjährigen Entwicklung der indischen Musik kaum geändert. Zwar können viele von ihnen auch in der Musikkultur anderer Völker gefunden werden, doch haben sie in Indien einen unverwechselbaren Nationalcharakter angenommen. Das gilt vor allem für die *Murali* bzw. *Pillagovi* genannte Bambus-Querflöte mit 6 oder 7 Grifflöchern. Archäologische Funde bezeugen ihre Verbreitung schon vor der Ankunft der Arier (1500 v. u. Z.). Die Töne dieser Zauberflöte erklingen in den Liebesgedichten Rabindranath Tagores sowie in den reizenden Legenden um den Gott Indra. Hochzeiten und Prozessionen waren von den durchdringenden Tönen der Doppeloboe *Surnây* oder *Surnâ* begleitet, der in den südlichen Gebieten die konische Schalmei mit Metallschallstück *Nâgaswaram* (Nâgaśuram) entsprach. Ihr Doppelrohrblatt ist mit einer Bekrönung, der sog. Pirouette, als Lippenstütze versehen; sie hat 12 Löcher, von denen nur die sieben oberen Grifflöcher sind, während die übrigen mit Wachs verstopft wurden und der Regelung der Tonhöhe dienten. Über ganz Indien ist das Instrument der Schlangenbeschwörer verbreitet, das *Tubri, Jinagowi, Tiktiri* oder *Jingiwi* genannt wird und aus zwei Rohrpfeifen mit aufschlagender Zunge besteht, die in einem zumeist aus einem Kürbis gefertigten gemeinsamen Windsammler stecken. Indien ist die Wiege der Sackpfeifen *Schruti Upanga* und *Bhazana Schruti; Nagabaddha* ist eine südindische Sackpfeife mit Rohr und Eselsbalg, der mit einem kurzen Mundstück aufgeblasen wird. Bei dem in Nordindien und Kaschmir verbreiteten *Moschuk* kommt zu der einen Bordunpfeife des südlichen Typus noch eine Spielpfeife hinzu. Das etwa 2 m lange Messingrohr *Ranaschringa* besteht aus zwei gebogenen Teilen,

201

die entweder einen großen Halbmond oder einen S-förmigen Doppelbogen bilden. Dieses „Kriegshorn" wird bei Tempelfeiern und verschiedenen Festlichkeiten geblasen.

Unter den Saiteninstrumenten führt die als eines der ältesten indischen Musikinstrumente angesehene *Wina;* ihre Bezeichnung ist von dem altägyptischen Wort Bin = Harfe abgeleitet. Es gibt mehrere Varianten, die sich nur durch geringfügige Baumerkmale unterscheiden; sämtliche Instrumente zeichnen sich durch den langen, breiten, die Mittelachse bildenden Hals sowie die große Anzahl von Bünden und Resonatoren aus. Die Wina ist in der Regel schön geschnitzt und mit Gold, Silber und Elfenbein verziert. Von ihren sieben Saiten sind vier Griffsaiten, drei laufen daneben auf der linken Seite des Halses. Beim Spiel wird die Wina entweder so über die linke Schulter gehalten, daß der obere Resonator auf ihr ruht und der untere sich auf die rechte Schulter stützt, oder sie liegt auf dem Schoß des mit gekreuzten Beinen auf dem Boden sitzenden Spielers. Die Saiten werden niemals von einem Plektrum angerissen, sondern stets mit den sehr langen Fingernägeln des Spielers. Die Wina-Variante *Taus* oder *Esrâr* mit pfauförmigem Korpus ist mit Resonanzsaiten und beweglichen Bünden ausgestattet.

In Indien werden viele Chordophone mit einem einfachen Bogen ohne Frosch gestrichen. Der Schallkörper der 8förmigen *Sarangi* ist aus einem einzigen Stück Holz gefertigt und mit einer Hautdecke be-

248 Vicitra-Wina, Bombay

249 Surbahar, Kalkutta

zogen. Der Hals ist kurz und dick, um neben den drei Griffsaiten noch die 15 chromatisch gestimmten Resonanzsaiten aufnehmen zu können. Der in Nordindien und Pakistan übliche Sarangi-Typus ist reicher verziert, die Schnecke oft in Form eines Schwanenhalses geschnitzt. In Bengalen, Pakistan und Afghanistan ist die *Sarinda* verbreitet; sie hat schmalere Zargen als die Sarangi, das Korpus trägt oben keine Hautdecke, sondern bleibt offen.

Wohl keine hochentwickelte Kultur hat in ihrer Musik ein derart vollkommenes System der Rhythmen entwickelt, wie es die indische hat. Mit ihrer verfeinerten Schlagtechnik bildeten die Trommeln ein geeignetes rhytmisches Gegenstück zu dem moralisierenden Charakter der indischen Musik. Die Trommeltechnik war immer sehr anspruchsvoll und ist es noch heute, die indischen Trommler haben darin eine fast unglaubliche Vollkommenheit erreicht. Auf den Tempelreliefs zu Borobudur sind mehrere Typen von Röhrentrommeln aus vorislamischer Zeit abgebildet. Der Islam machte die Inder mit den Kesseltrommeln bekannt; an Rahmentrommeln sind zwei Formen vertreten, die vorislamische und die arabisch-persische. Das mittelalterliche Indien ist die Geburtsstätte der aus verschieden gestimmten Trommeln bestehenden Trommelspiele; die größten Meister dieser Spiele sind in Burma zu Hause.

Die zweimembranige Trommel mit kegelförmigem Holzkorpus, *Mri-*

250—253 Indische Trommeln

Indische Flöte Bansari

danga oder *Mardala* genannt, soll der Legende nach von Brahma selbst erfunden worden sein. In den nördlichen Gebieten Indiens sind die sog. *Tablâ,* ein Trommelpaar von verschiedener Stimmung und Größe, verbreitet; die größere, nach oben zu sich verengende wird mit der Rechten geschlagen, während die Linke die fäßchenförmige kleinere Trommel rührt. Die Öffnung des Tablâkorpus ist mit drei Fellschichten bespannt, wobei die unterste die ganze Öffnung bedeckt, die nächste angeklebte Schicht ein kreisförmiges Loch in der Mitte hat, das in größerer Form auf dem obersten Fell wiederkehrt. Zwischen den Trommelfellen liegt die dünne glatte Schicht, die aus einer Masse von Manganpulver, gedünstetem Reis und Tamarindensaft besteht und dem Instrument einen zarten, gedämpften Klang verleiht. Straßenmusikanten benutzen die Trommel *Dhola,* deren Membranen mit Hanfringen befestigt und mittels Riemen angespannt werden; sie wird mit der Hand oder einem Schlegel geschlagen. Bei festlichen Anlässen, bei Prozessionen und in Tempeln darf die *Nâgarâ* nicht fehlen, eine Trommel mit Kupfer- oder Eisenkessel, deren Fell mit einem Metallreifen befestigt ist und in der Regel folgendermaßen gespannt wird: es wird angefeuchtet; sein Reifen wird mit Hilfe eines Stricknetzes, das den ganzen Kessel umgibt, auf dessen Rand gedrückt; indem das Fell trocknet, spannt es sich. Die Palastmusik verwendet große Kesselpauken mit einem Gewicht von mehr als zwei Zentnern und einem Durchmesser von 180 cm, die auf Elefantenrücken angebracht und mit herabwallenden bunten Stoffen behängt sind.

Die Musikkultur **Pakistans** hat sich jahrtausendelang in enger Verbindung mit der indischen entwickelt, so daß auch ihre Instrumente

254 Pakistanische Bansor-Flöten

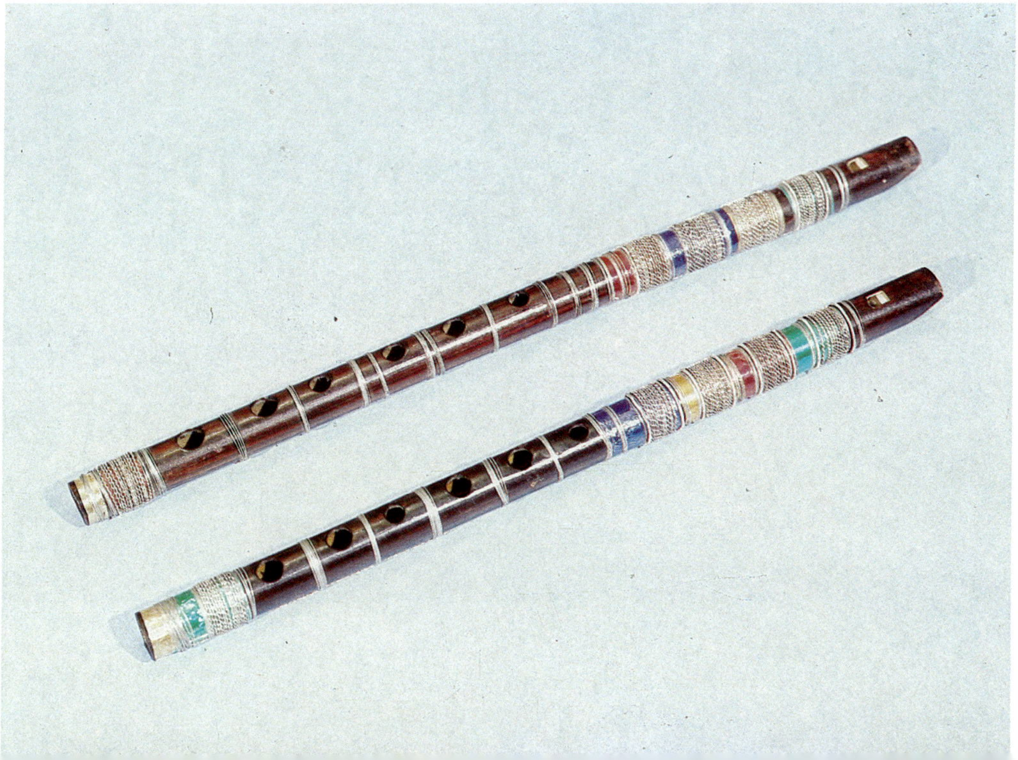

255 Indischer Sänger mit Sarangi

Indisches Horn Sringa

256 Indische Trommel und einsaitige Pena, Assam, Indien

257 Indische Trommeln Baya und Tablâ

Indische Sarinda

sehr ähnlich, ja oft identisch sind. Die *Sitâr* ist eine Kombination von indischer Wina und persischer Tanbûr und angeblich eine Erfindung des berühmten Musikers Amir Chusrau, der im 13. Jahrhundert am Hofe Sultan Alauddin Childschis lebte; das Schallstück ist aus Holz oder aus einem in Kernrichtung zugeschnittenen Kürbis verfertigt, der eine dünne Holzdecke trägt. Ursprünglich hatte die Sitâr drei Saiten (si = drei, târ = Saite, also Dreisaiter), heute sind es in der Regel sieben, die mit einem auf dem Zeigefinger aufgesetzten Plektrum gezupft werden. Eine Verbindung von Sitâr- und Sarangielementen stellt die leise und lieblich klingende *Esradsch* (Esrâr) vor; dieses leichte Streichinstrument mit 16 beweglichen Bünden auf dem Griffbrett entstand zur Begleitung von Frauenstimmen unter der Herrschaft des Islam.

MONGOLEI UND MITTELASIATISCHE SOWJETREPUBLIKEN

Der starke Einfluß der chinesischen und indischen Musik in der M o n g o l e i äußert sich sowohl in den auf den Wandmalereien des Tempels zu Erdeni-dsu dargestellten Instrumenten oder der Trommel in der Hand des indischen Magiers Mahasiddha als auch in den heute gebräuchlichen Musikinstrumenten. Nachdem Temüdschin-Tschinggis-Chan im 13. Jahrhundert das mongolische Reich gegründet hatte, machten sich die Mongolen bei ihren Eroberungszügen mit der Kultur verschiedener Völker bekannt. Die „Geheime Chronik der Mongolen" aus dem 13. Jahrhundert und Berichte europäischer Gesandter am mongolischen Hof erwähnen bereits eine eigene mongolische Volkskunst, in der das noch heute meistverbreitete Volksinstrument *Morin-chur* eine Rolle spielt. Das Korpus dieses trapezförmigen Streichinstruments mit niedrigen Holzzargen und einem Ober- und Unterteil aus Pergament erinnert an das arabische *Rabâb;* die beiden Roßhaarsaiten sind in Quinten gestimmt. Zu den mongolischen Volksmusikinstrumenten gehören ferner die dreisaitige Gitarre *Schansu* und das Hackbrett *Iotschin,* das wie das europäische Hackbrett mit zwei Hämmerchen geschlagen wird. Die 14saitige *Jatga,* die mit den Fingern gezupft wird, ähnelt der chinesischen Zither *Ku-chin.* Begleit- und Soloinstrumente sind die Flöte *Limba* und das Gongspiel *Dudaram.* Der lamaistische Kult verwendet die Bügelmaultrommel *Temür-chur* sowie die aus Tibet stammende Rasseltrommel *Damaru.*

Das Instrument der Hirten in Kasachstan, des Landes zwischen dem Unterlauf der Wolga und China, ist die Langflöte *Sybysgi* mit vier bis sechs Grifflöchern. Volkssänger begleiten ihre Lieder auf der zweisaitigen *Dombra,* die mit einem Korpus aus einem einzigen Stück Holz und einem langen Hals ausgestattet ist. Ebenfalls aus einem Stück Holz ist das schöpfkellenförmige Saiteninstrument *Kobys* geschnitzt. Die Kesseltrommel *Daulpas* wurde einst am Sattel festgebunden und im Heer sowie bei der Jagd verwendet.

In Kirgisien spielen die Männer zweierlei Flöten: die hölzerne *Tschoór* und die Messingflöte *Sarbasnaj;* Domäne der Frauen ist die Maultrommel *Temir-Komus.* Wie in alter Zeit ertönt auch heute noch in den Aulen unter den Gipfeln Tschienschans der dreisaitige *Komus,*

258 Laute, Flöte, Trommeln und Glocken, von Dakhinen gespielt, Teilansicht einer bemalten Altartruhe, Kloster Tschoidschin lamyu suru, Ulanbatar, 18. Jahrhundert

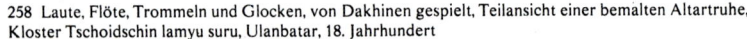

Afghanischer Rábob

259 Turkmenische Musikinstrumente

Mittelasiatische Maultrommel

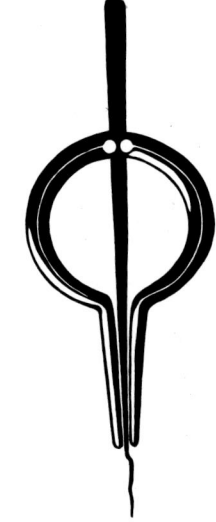

der so gestimmt ist, daß die mittlere Saite höher klingt als die übrigen. Dem kasachischen Kobys ähnelt der *Kyjak* mit flachem, langgezogenem Korpus.

Abbildungen von Musikern und Instrumenten auf Silberschüsseln aus dem 3. Jahrhundert v. u. Z. und Terrakottafigürchen von Musikanten aus dem Städtchen Ajrtam zeugen ebenso wie die musiktheoretischen Abhandlungen der weltbekannten mittelasiatischen Gelehrten Alfarabi, Ibn Sina, Dschami u. a. von dem reichen Erbe des usbekischen und tadschikischen Volkes. In ihrem reichhaltigen Instrumentarium steht der Zweisaiter *Dutar* an erster Stelle: sein birnenförmiges Korpus besteht aus Spänen von Maulbeerholz, die miteinander verleimt sind. Große Vokal- und Instrumentalwerke, *Makoma* genannt, werden auf dem dreisaitigen Zupfinstrument *Tanbûr* begleitet, das in Bauart, Stimmung und Spieltechnik dem tadschikischen Tanbur entspricht. Beide *Rubab* (Rubeba)-Typen, die in Usbekistan gespielt werden, nämlich der afghanische und der kaschgarische, unterscheiden sich von den tadschikischen nicht. Das gilt auch von dem weniger verbreiteten *Dumbrak,* der mit dem gleichnamigen Instrument der Tadschiken identisch ist. Eine Art Hackbrett ist der *Tschang,* mit flachem trapezförmigem Korpus und dreichörig angeordneten, diatonisch gestimmten Saiten. Weitere Streichinstrumente sind *Gidschak* und *Kobus.* Ersteres ist genauso gebaut wie der tadschikische und der turkmenische Gidschak, d. h. er hat ein kugelförmiges Korpus mit Membrandecke, Metallfuß und drei bis vier Saiten. Der Kobus entspricht dem kasachischen *Kobys* und kommt nur in einigen Bezirken Usbekistans vor.

Nach der Querflöte *Naj,* die schon mit ihrer Bezeichnung arabische Herkunft verrät, ist das meistverbreiteste Instrument die Oboe *Surnây;* sie wird ausschließlich als Soloinstrument gespielt, während die ver-

Usbekische Trompete Karnaj

wandte *Surna* in den Nachbarländern stets paarweise auftritt. Einst kündeten die Klänge des bis zu drei Meter langen Messinghorns *Karnaj* außerordentliche Ereignisse an; auch heute noch ertönt das Karnaj horn bei Paraden, Umzügen und Volksbelustigungen.

Nicht nur in ganz Usbekistan und Tadschikistan, sondern auch in anderen zentralasiatischen Republiken ist das Tamburin *Dojra* verbreitet; die Klangwirkung der rasselnden Metallringe im Holzrahmen der Dojra kann der Solospieler noch erhöhen, wenn er Metallspitzen in Form von Fingerhüten auf die Finger steckt. Eine ähnliche Rolle wie die Dojra spielt das kleine Paukenpaar persischer Herkunft, *Nagora*

260 Mongolische Geige Morin-chur

Kirgisischer Komus

261 Kasachischer Kobys

262 Usbekischer Kaschgar

Dagestanischer
Agatsch-Komus

genannt, mit deren Schlägen einst der feierliche Einzug von Emiren und Khanen begrüßt wurde.

Die Bevölkerung Dagestans, der südlichsten autonomen Republik der Russischen Föderation, ist aus vielen Nationalitäten zusammengesetzt. Bei den Kalmücken und Darginern ist das dreisaitige Zupfinstrument *Agatsch-Komus* (awarisch Tamur) mit schaufelförmigem, in eine Art Dreizack mündendem Schallkörper verbreitet. Im Südteil Dagestans spielt man die Laute *Tar,* die bei den Lesghiern *Tara,* bei den Kalmücken und Aktinern *Tschonguri* heißt. Verwandt mit dem georgischen *Tschianuri* ist das unter Awaren und Laken verbreitete Saiteninstrument *Tschagana,* eine Geigenart mit Stachel und schaffellbezogenem flachem Korpus.

Bei allen Völkern Dagestans ist das Rohrblattinstrument *Jasti-Balaban* beliebt; es ähnelt dem aserbaidshanischen *Balaban* und dient sowohl als Solo- als auch als Begleitinstrument zu Gesang und Tanz. Gleich weitverbreitet ist die *Surna,* die sich nur durch ihre Dimensionen und Grifflochanordnung von den gleichnamigen Instrumenten anderer zentralasiatischer Länder unterscheidet. Die Harmonika (Akkordeon) taucht in Zentralasien als Volksinstrument erstmals im 19. Jahrhundert in Dagestan auf. Der *Komus,* eine Abart der sog. asiatischen oder „östlichen" Harmonika, unterscheidet sich von der Harmonika von Wjat nur dadurch, daß auf Druck und Zug die gleiche Tonhöhe erklingt. Gegenwärtig ist der *Komus* bereits so verbreitet, daß er als Nationalinstrument Dagestans angesehen werden darf. *Gawal* ist eine Zweimembranentrommel, *Töp* ein Schellentamburin. Den georgischen Tonpauken *Diplipito* entsprechen die dagestanischen *Tiplipitom* mit angehängtem Glöckchen.

Die Aschugen, die Volkssänger Aserbaidshans, singen und erzählen zur Begleitung des Saiteninstrumentes *Sas;* das stark ausgebauchte birnenförmige Korpus ist mit einem langen Hals versehen, die flache

263 Tadshikischer Volksinstrumentenbau

Decke besitzt kleine Schallöcher, solche befinden sich manchmal auch in den Zargen. Die Saitenzahl bewegt sich zwischen vier und sieben, sie sind in drei Gruppen, die Melodie-, Stimm- und Begleitgruppe, eingeteilt. Bei der meistgebräuchlichen Quart-Quintenstimmung stehen die Melodiesaiten um eine Quinte höher als die Stimmsaiten. Mit der Entwicklung des klassischen Musikstils ist die des Zupfinstruments *Tar* verbunden, das sich in Bauart und Form von dem *Sas* unterscheidet; sein Schallkörper ist 8förmig, die Decke mit der Herzbeutelhaut eines Stiers bezogen. Die üblichen elf Saiten sind durch weiße, gelbe und schwarze Färbung in drei Gruppen geteilt; sie werden paarweise unisono gestimmt. *Tar,* die Geige *Kemandsche* und das Tamburin *Djaf* bilden eine Instrumentalgruppe, die sich für klassisches Repertoire und Volksmusik eignet.

In A r m e n i e n, das sich im südlichen Kaukasien ausdehnt, haben schon die Musikanten längst vergangener Jahrhunderte ihre Lieder auf dem Zupfchordophon *Pandira* begleitet. Ein beliebtes Instrument der Volkssänger, der sog. Gusanen, ist eine Geige mit schmalem, langem Korpus, deren Form an die italienische Sordune erinnert und *Kjamani* genannt wird. Die übrigen armenischen Instrumente sind persisch-ara-

Georgische (grusinische) Harfe Tschangi

212

bischer Herkunft, die Laute *Ud,* die Zither *Kanon,* das Hackbrett *Santûr,* die Tontrommel *Nâgarâ* und das Tamburin *Daff* (Deff).

Das wichtigste Musikinstrument der Georgier (Grusinier), die in West- und Mittelkaukasien leben, ist das Zupfchordophon *Panduri;* die Tatsache, daß auch andere Saiteninstrumente nach ihm benannt werden, beweist seine Beliebtheit. Das Panduri-Korpus ähnelt dem des dagestanischen *Agatsch-Komus;* entweder sind die drei Darmsaiten in Sekunden oder Terzen oder die zwei Obersaiten unisono und die dritte in der Oktave gestimmt. Das Instrument *Tschonguri* unterscheidet sich von dem *Panduri* durch ein weniger gestrecktes, mehr bauchiges Korpus, dessen vier Saiten im Quartsextakkord mit verdoppelter Quinte gestimmt sind. Das Tschonguri ist ebenso wie die mit Roßhaarsaiten bezogene Harfe *Tschangi* vor allem ein Fraueninstrument.

CHINA, JAPAN, KOREA

Die gesamte altchinesische Philosophie, die von der Tonkunst durchdrungen ist, begreift diese als eine Kunst, die sich aus Tönen, Worten und Bewegung zusammensetzt. Die Materie bedeutete für die *chinesische* Musik mehr als das bloße Mittel zur Tonerzeugung. Je länger ein Ton andauerte und je besser er isoliert war, desto tiefer konnte der Hörer in das eigentliche Wesen der Materie eindringen. Aus diesem Grunde spielten die Musikinstrumente eine wichtige Rolle im Geistesleben der Chinesen, und unter diesen wurde den Idiophonen — im Unterschied zu den europäischen Zivilisationen — eine weitaus größere Bedeutung beigemessen.

Diese hervorragende Stellung der Idiophone im altchinesischen Instrumentarium wird durch Funde von steinernen Musikgeräten (Litho-

Georgische (grusinische) Tschonguri

264 Dagestanische Musikanten

phonen) belegt, die trotz ihres vieltausendjährigen Alters einen hohen Grad an Vollkommenheit zeigen. Zu ihnen gehört der klingende Stein *Schih-ching,* als dessen Entstehungszeit das 3. oder 4. Jahrtausend v. u. Z. angenommen wird. Die unregelmäßig abgerundete Gestalt dieses uralten Tonwerkzeugs wandelte sich später zu einer Art L-Form, und so ist es auch auf der aus der Zeit der Kriegerischen Staaten (403—221 v. u. Z.) stammenden Messingschale und auf dem Steinrelief aus der Zeit der Schang-Dynastie (1766—1123) abgebildet. Es scheint nicht ausgeschlossen, daß in alten Zeiten Idiophone auch als Münzen Verwendung fanden, wie es in einigen Gegenden Südostasiens noch heute der Fall ist. Eine Reihe von nebeneinander aufgehängten und abgestimmten Lithophonen bildet den *Pien-ching,* der auf den Wandmalereien in den berühmten Höhlentempeln der Tausend Buddhas in Tunhuang (Chou-Dynastie) dargestellt ist. In den Sammlungen des Pekinger Himmelstempels, die heute auch altchinesische Musikinstrumente enthalten, befindet sich ein Pien-ching aus dem 18. Jahrhundert mit 16 abgestimmten grünen Nephritplatten. Der Selbstklinger *Fang-hsiang* trat als Lithophon und zuweilen auch als Metallophon auf und bestand aus acht in einem Holzrahmen hängenden Stäben; eine Abbildung davon befindet sich auf den aus der Sui-Dynastie (581—617 n. u. Z.) stammenden Wandmalereien ebenfalls in Tun-huang. Damals war er ein beliebtes Volksinstrument; heute werden Lithophone nur in Klöstern verwendet.

265 Trommel und Gitarre, Höhlenwandmalerei in den Tempeln der Tausend Buddhas, Tun-huang (Provinz Kan-su), Sui-Dynastie

Chinesische Mundharmonika
Scheng und
Pfeifenquerschnitt

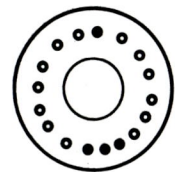

266 Chinesische Glocke

267 Chinesische Musikinstrumente, von links oben: Klapper Pai-pan, Längsflöte Pai-hsiao, Oboe Juan, Harfe Kungho, Mundharmonika Scheng, Becken Hsing-erh, Klapper Pai-pan, Kleine Trommel Bangu, Flöte Ti-tzu, Trommeln Tschang-ku und Pofu. Höhlenwandmalerei in den Templen der Tausend Buddhas, Tung-huang (Provinz Kan-su), Tschang-Dynastie (8. Jahrhundert).

In das altchinesische Instrumentarium gehörten auch verschiedene Arten von Glocken, Gongs und Becken. Mongolischer Herkunft ist das aus 10 bis 24 Bronzeschalen bestehende Gongspiel *Yün-luo* (lo = Gong).

Andere Idiophone wurden aus Holz hergestellt. Ein eigenartig gebautes Schlaginstrument ist der vor dem Konfuziustempel stehende holztrogförmige *Chu,* mit dessen an einem Zapfen befestigtem Hammer der Spieler vor jeder Strophe der Konfuziushymne dreimal auf den Boden des Trogs schlägt. Ein rechteckiger Block aus Hartholz, der mit einem zylindrischen Stab geschlagen wird, heißt *Pang-dse.* Zur Bezeichnung des starken Taktteils ist in der Volksmusik und der Oper der aus drei oder mehr zusammengebundenen flachen Plättchen bestehende *Pai-pan* verbreitet. Eine Art Holzglocke ohne Klöppel, *Mu-yü,* „hölzerner Fisch" genannt, leitet ihren Namen von dem wunderlichen flossenähnlichen Schnitzwerk ab. Ein weiteres altchinesisches Kultinstrument ist die Holzschrape *Yü* (= Tiger), die einen auf einem Sockel kauernden Tiger darstellt.

Unter den Blasinstrumenten hat die Panflöte *Pai-hsiao* in China eine alte Tradition; ihre 12 bis 24 gedeckten Bambuspfeifen befinden sich in einem flachen, oft bunt bemalten Holzbehälter. Im 2. und 1. Jahrhundert v. u. Z. war die Querflöte *Ti-tzu* dank ihrer Beliebtheit bei den

268 Chinesisches Gongspiel Yün-luo

Chinesisches Litophon
Pien-ching

217

Chinesische Syrinx Pai-hsiao

Mandarinen sehr verbreitet und inspirierte außer den Malern von Tunhuang auch die Bildhauer, die in den Felsenskulpturen der Provinz Szuchuan chinesische Flötenspieler abgebildet haben. Die heute gebräuchliche Querflöte ist etwa 61 bis 63 cm lang und hat neun Löcher; das erste ist mit einem dünnen Rohrblatt bedeckt, die nächsten sechs sind Grifflöcher, während die beiden letzten Luftlöcher sind und dem Durchziehen einer Tragschnur dienen. Das Rohr ist zur Verstärkung an mehreren Stellen mit schwarzlackierten Garnrollen umwickelt.

Das chinesische „Buch der Lieder" berichtet von dem Blasinstrument *Scheng,* das in der europäischen Fachliteratur den Beinamen Mundorgel trägt, obgleich es wenig mit der Orgel zu tun hat. Auch die

269 Japanisches Gongspiel Biantchin

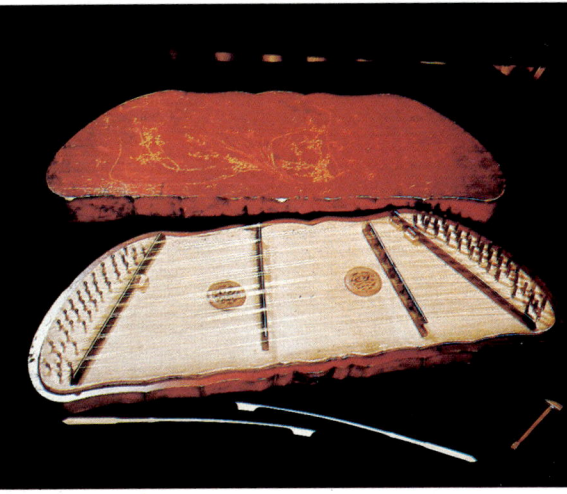

270 Mundharmonika Lu-Scheng und Hackbrett Jangtjin, China
(Miao-Volk)

271 Chinesisches Hackbrett Yang-chin

verschieden langen Bambusrohre des Scheng haben eine andere Aufgabe als unsere Orgelpfeifen. Eine passendere Bezeichnung wäre vielleicht „Mundharmonika", denn dessen Entstehung in Europa ist wie die des Harmoniums von jenem Blasinstrument angeregt worden. Es besteht in der Regel aus 17 Bambusröhrchen, von denen 13 an ihrem stark abgeschrägten Unterende durchschlagende Zungen haben; die Rohrlängen sind so gewählt, daß sie den Ton der freischwingenden Zungen entsprechend verstärken.

Die ältesten chinesischen Saiteninstrumente sind die beiden bei allen Völkern Ost- und Südostasiens in verschiedenen Varianten verbreiteten Zitherarten, *Sê* und *Ku-chin*, die in jeder Hinsicht vieles gemeinsam haben. Literarisch ist Sê aus der Zeit der Chou-Dynastie belegt (12.—13. Jahrhundert v. u. Z.). Heute werden das 25saitige Instrument *Ta-sê* und das 16saitige *Hsiao-sê* verwendet. Ein beliebtes Motiv darstellender Künstler ist der die Zither Ku-chin spielende oder das Zitherspiel lehrende Dichter: das Instrument ist in Erzählungen aus dem 6. Jahrhundert v. u. Z. belegt. Sämtliche Abmessungen stehen in symbolischer Beziehung zum Kosmos: Die Länge von drei Fuß, sechs Zoll und sechs Strich entspricht den 365 Tagen des Jahres, die Breite von 6 Zoll bedeutet die 6 Punkte Norden, Süden, Osten, Westen, Zenith und Nadir; sie mißt in der Mitte vier Zoll, was auf die vier Jahreszeiten hinweist, sie ist am Kopf breiter als am Untersatz, um daran zu erinnern, daß das Erhabene dem Niedrigen übergeordnet ist; ihre Decke ist konvex wie der Himmel und ihr Boden flach wie die Erde. Die Stimmung der Ku-chin hängt von der Tonart des aufzuführenden Tonsatzes ab.

Vom 3. Jahrhundert an ermöglichten die reger werdenden Beziehungen Chinas zu seinen westlichen Nachbarn die Einfuhr von Musikinstrumenten aus Indien und Zentralasien. Von dort kam wahrscheinlich die Laute *Pi-pa* ins Land und entwickelte sich dann, ebenso wie in den Nachbarländern Korea, Vietnam, Kambodscha und Japan, auch in

219

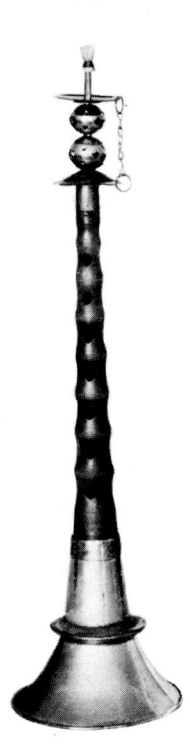

272 Chinesische Oboe Sona

273 Chinesische Mundharmonika Scheng

274 Chinesische Flöten Ti-tzu und Tschettö

275 Chinesische Zither Ku-chin

China zum meistverbreiteten Soloinstrument. Sie hat ein flaches Holzkorpus mit gewölbtem Boden, der sich zum Hals hin verengt, und dieser endet im Wirbelkasten; die vier Saiten werden jeweils in der Tonart
des gespielten Stückes gestimmt. Einer altchinesischen Legende zufolge fand ein Mann aus dem Land Chin zur Zeit der Königin Wu
(684—705 u. Z.) in einer alten Gruft ein Gerät, rund wie der volle
Mond, und nannte es *Yüeh-chin,* Mondgerät; sein kreisrundes Korpus
ist mit niedriger Zarge, kurzem Hals und sichelförmig gebogenem
Kopf versehen. Die neun Bünde, drei auf dem Griffbrett und sechs auf
der Resonanzdecke, bestimmen die feststehende Tonreihe. Das einzige
chinesische Streichinstrument heißt *Erh-hu.* Sein kleines, sechs- oder
achteckiges. ganz selten zylindrisches Korpus wird aus Hartholz hergestellt, die Decke mit Schlangenhaut bezogen; ein Bambusstab bildet
den Hals, die zwei Saiten sind in Quinten gestimmt. Der Spieler sitzt,
stützt das Instrument auf das Knie, zieht den Bogen zwischen den Saiten durch und berührt mit den Fingern der Linken beide Saiten auf
einmal—niederdrücken kann er sie nicht, da das Instrument kein Griffbrett hat.

In der bunten Reihe der chinesischen Membranophone ist die Trommel *Ku* im Schrifttum der Schang-Yin-Dynastie (18.—12. Jahrhundert
v. u. Z.) belegt. Die Trommel *Po-ku* wird an einem Tragriemen um den
Hals gehängt und mit beiden Händen geschlagen. Wie die Fresken von
Tung-huang bezeugen, wurden im Heer Trommeln nicht nur zur Ab-
schreckung des Feindes, sondern vor allem zur Schlachtenlenkung benutzt. Eine wichtige Rolle fiel diesen Instrumenten auch im Theater zu;

221

276 Chinesische Gitarre

die chinesische „Trommelsprache" läßt sich wohl nur mit der afrikanischen vergleichen. Die Schlaginstrumentengruppe des chinesischen Theaters besteht aus der Trommel *Pi-ku* sowie den Tschinellen *Hsing-erh* und kann von der großen Trommel *Ta-tang-ku,* der kleinen Trommel *Hsiao-tang-ku,* Glocken und anderen Klanggeräten ergänzt werden. Typisch für die chinesischen Trommeln ist die Fellbefestigung mittels kupferner Nägel, was ein Stimmen des Instruments unmöglich macht, während z. B. die indischen Trommeln vorwiegend mit Lederriemen gespannt werden. Der Grund für diese chinesische Methode ist ebenso wie für viele andere scheinbar unbegreifliche Erscheinungen in der orientalischen Musik im Glauben zu suchen, daß die Nägel die Zaubermacht der Trommeln erhöhen. Bei Volks- und Berufsmusikanten ist die Trommel *Tang-ku* mit tonnenförmiger Holzzarge beliebt; sie wird mit zwei Schlegeln gerührt. Ähnlich ist die Trommel *Yao-ku* mit etwas höherer Zarge und zwei zum Umhängen bestimmten Metallringen ausgestattet. Auf der niedrigen, aber massiven Trommel *Tien-ku* wird das Fell von oben festgenagelt. Breite Verwendung findet die kleine Trommel *Pan-ku,* deren starkes Holzkorpus in Form eines umgekehrten Kelchs ein kleines Tonloch am Boden hat; sie wird auf einen

Dreifuß gestellt und vom Dirigenten der Instrumentalgruppe mit zwei Schlegeln gespielt.

In den Jahrhunderten der Manschu-Dynastie (1664—1911) wurde die chinesische Musik mit Elementen bereichert, die nicht immer mit der alten Tradition im Einklang standen. Die Herrscher jener Epoche anerkannten und unterstützen vor allem die älteste Musik und lehnten viele Instrumente der Dynastie Tang (618—906 u. Z.) ab. Im 19. Jahrhundert rief die Übernahme und Verwendung europäischer Musikinstrumente heftige Meinungsverschiedenheiten hervor, da die einen alles, was aus Europa kam, verwarfen, die anderen wieder die einheimischen Instrumente als überholt ansahen. Heute gibt es viele Instrumentalgruppen in China, in denen traditionelle sowie europäische Instrumente gespielt werden.

Auch die Musikpflege der Japaner kann auf eine sehr lange Vergangenheit zurückblicken. Grabfiguren aus gebranntem Ton aus dem 2. und 3. Jahrhundert und literarische Denkmäler bezeugen das uralte Bestehen magischer und schamanischer Tongeräte, u. a. der 6saitigen Zither *Yamato-goto (Wagon)* mit langem konvexem Schallkörper.

277 Chinesische Laute Pi-pa

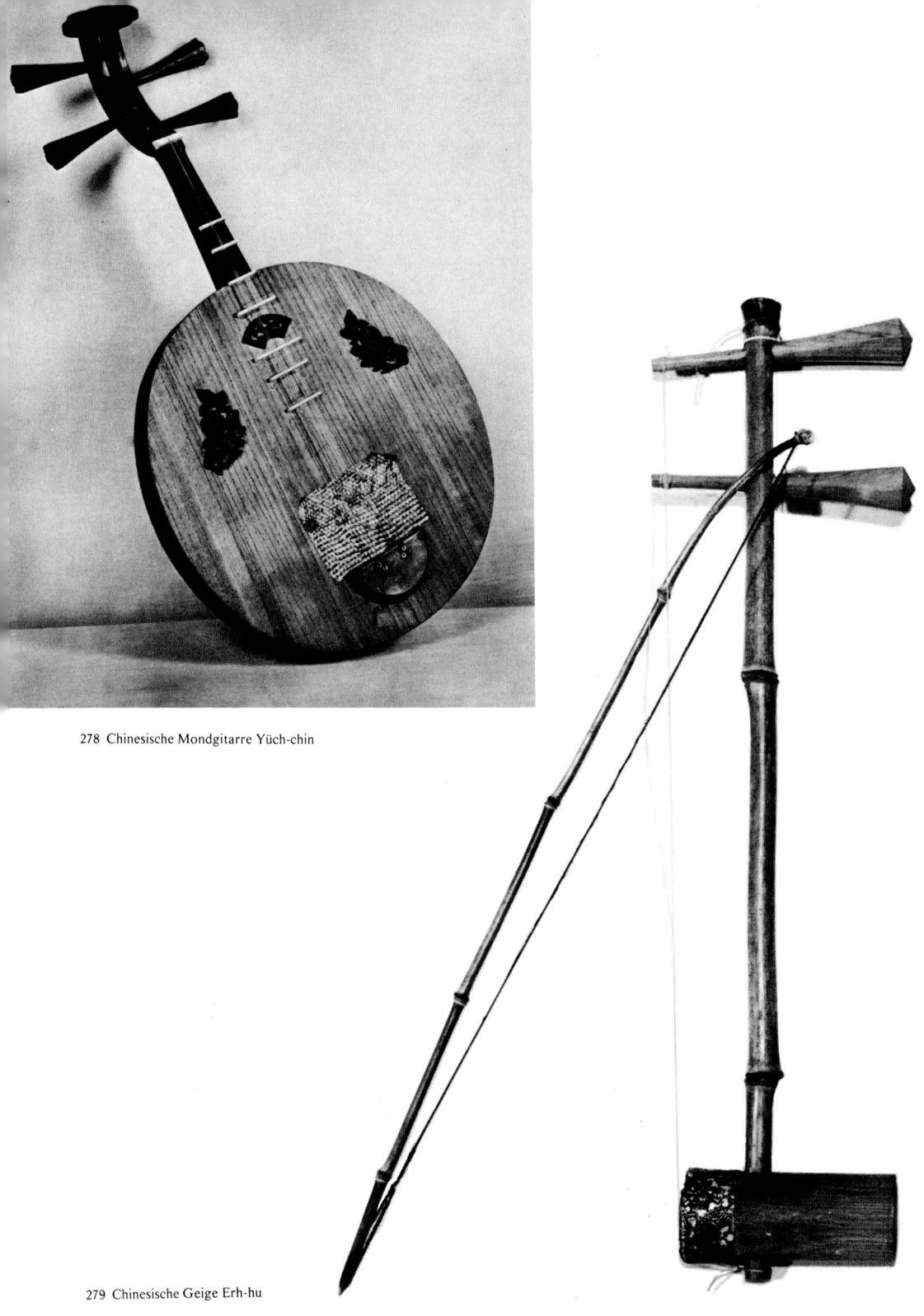

278 Chinesische Mondgitarre Yüch-chin

279 Chinesische Geige Erh-hu

280 Chinesische Trommel Ku

281 Chinesische Trommeln Yao-ku

282 Chinesische Volksmusikantengruppe: Trommel Tschang-ku, Gong Lo, Becken Hsing-erh, Oboe Sona und Mundharmonika Scheng

Japanische Trommel Dadaiko

Nach der Annahme des Buddhismus im 6. Jahrhundert stieg die Bedeutung des *Gigaku*, der Maskentanzspiele und der gleichnamigen Begleittrommeln. Nach chinesischem Muster fiel die Musik auch in Japan unter die Aufsicht des Kaiserhofs, wodurch die Bezeichnung der noch heute hochprivilegierten klassisch-höfischen Musik „Gagaku" (= vornehme, elegante Musik) zu erklären ist. Jedes Mitglied eines gegenwärtigen Gagaku-Orchesters beherrscht das Spiel auf einem Saiten-, einem Blas- und einem europäischen Instrument. Eine ähnliche Rolle wie die Streichinstrumente unseres Symphonieorchesters spielen beim Gagaku die Blasinstrumente; Hauptträger der Melodie ist eine kurze Doppelrohrblattschalmei chinesischer Herkunft, das *Hitschiriki*. Sein etwa 18 cm langes Rohr wird aus eigens aufbereitetem Bambus hergestellt und mit Kirschbaumrinde verstärkt. Die sieben Tonlöcher auf der Vorderseite und die zwei auf der Rückseite gestatten mit Hilfe eines besonderen Fingersatzes, dem Hitschiriki Töne zu entlocken, die sich um weniger als ein Vierteltonintervall unterscheiden. Sein kreischender Ton wird im Tagebuch der Sei Shonagon aus dem 11. Jahrhundert mit dem lauten Zirpen der Zikaden im Herbst verglichen. Zu den melodischen Gagaku-Instrumenten gehören ferner die drei Arten der Bambusquerflöte *Fue;* sie unterscheiden sich durch die Farbe eines Brokatstücks, das längs des Rohrs aufgeklebt ist. Die kürzeste ist die *Koma-bue* mit 6 Tonlöchern, die *Kagura-bue* von mittlerer Länge hat deren sieben, die längste Flöte ist die *Ryjuteki* oder *Yoko-bue*. Die Mundorgel (Mundharmonika) *Schô* entspricht dem chinesischen

283 Tibetische Trommel, Rassel und Querflöte

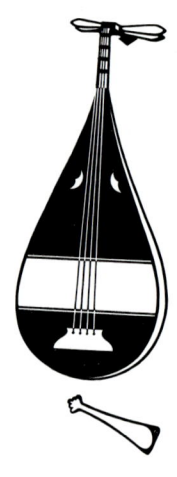

Japanische Laute Gakubiwa

Scheng; die Zungen werden sorgfältig mit kleinsten Wachstropfen gestimmt und mit einem besonderen Material bestrichen, das verhindert, daß sich Feuchtigkeit niederschlägt; deshalb wird das Instrument auch in den Zwischenpausen der Vorführung über einem in einer Tonschale glimmenden Holzkohlenfeuer erwärmt.

Das in drei Größen auftretende Gongspiel *Schôkô* hängt in einem auf einem Ständer befindlichen runden Rahmen; durch Trommel- und Gongschläge werden die einzelnen Musikphrasen in kurze Einheiten zerlegt. Die kleine Trommel *Kakko* mit Strickspannung beider Membranen dient dem dirigierenden Musiker zur Angabe des Tempowechsels. Die größere Trommel *Daikô*, die auf einem Gestell vor dem Trommler ruht, wird nur auf der einen Seite mit zwei Schlegeln geschlagen. Bei den Bugaku-Tänzen wird die Riesentrommel *Dadaiko* benutzt; sie steht auf einem eigenen Gerüst mit Geländer und bunt bemalten Vorhängen.

Das heutige Gagaku-Orchester kennt bloß drei Saiteninstrumente: die beiden Zithern *Wagon* und *Gaku-so* und die Laute *Gakubiwa*. Die Zithern sind Varianten der chinesischen Ku-chin und Ku-tscheng. Auch die *Biwa*-Laute, die im 8. Jahrhundert in Japan erscheint, verleugnet ihren chinesischen Ursprung nicht; die Decke ihres birnenförmigen

284 Tibetische Trompeten Rag-dung

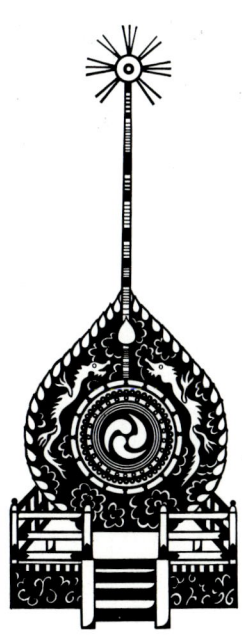

285 Großer japanischer Gong des kaiserlichen Gagaku-Orchesters

Japanischer Gong Schôkô

Korpus ist oberhalb des Steges mit einem etwa 15 cm breiten Leder-band umgürtet, in der Korpusmitte befinden sich zwei mondsichelför-mige Resonanzlöcher. Ihre vier etwa in A, E, A, c gestimmten Saiten werden mittels eines Plektrums zum Klingen gebracht.

Die instrumental ausgerichtete Gagaku-Musik fand ihre Fortsetzung in der Koto-Musik, die zusammen mit der Musik Samisen und dem Sakuhatschi die Grundlagen der Tonkunst Edo bildet. Das Instrument des Koto ist eine dreizehnsaitige Zither *Koto;* da sie keine Griffzeichen hat, beschränkt sich das Spiel auf ein Zupfen der auf zwei gemeinsa-men Bünden liegenden leeren Saiten. Jede Saite ist mit einem bewegli-chen Steg versehen und wird mit Plektren in Form aufgesteckter ver-längerter Fingernägel angerissen.

Das wichtigste Instrument der großen dramatischen Formen der To-kugawa-Periode (1600–1860) war die aus China stammende Gitarre *Samisen.* Heute wird das Instrument in verschiedenen Größen herge-stellt, um es dem Stimmumfang des Sängers leicht anzupassen. Der Schallkörper besteht aus einem viereckigen Holzrahmen, der beider-seits mit Katzenfell bezogen ist. Seine drei Saiten werden verschieden-artig gestimmt und mit einem starken weißen Holzplektrum, dem Bachi, gerissen. Unter den gitarrenähnlichen Zupfchordophonen ist die

229

viersaitige „Mondgitarre" *Go-gen* chinesischen Ursprungs weniger ver- breitet.

Die *Sakuhatschi*-Musik basiert auf der Längsflöte gleichen Namens, die, wie die meisten japanischen Instrumente, ebenfalls aus China stammt. Außer den Tönen d, f, g, a, d¹, die die fünf Grifflöcher herge- ben, kann man ihr mit der sog. Meri-kari-Technik noch weit mehr Töne entlocken; diese stellt eine Kombination von teilweisem Decken der Tonlöcher mit den Fingern und unterschiedlichem Lippendruck dar.

Auch die Theatermusik Kabuki hat ihre typischen Instrumente, zu- meist mannigfaltige Arten von Glocken, Gongs, Schellen, Xylophonen und Trommeln, deren Verbindungen bunte Klanggemische ergeben.

Von der uralten Musiktradition K o r e a s sprechen einerseits archäo- logische Funde von *Gefäßflöten* (Okarinen) aus gebranntem Ton, an- dererseits die auf Wandmalereien in Grabkammern aus dem beginnen- den 1. Jahrtausend u. Z. dargestellten Musikanten mit Längsflöten.

286 Japanische Flöte Sakuhatschi

287 Japanische Trommel San-no-tzusumi

288 Japanische Zither Koto

Koreanische Zither Kajagum

289 Japanische Gitarre Samisen

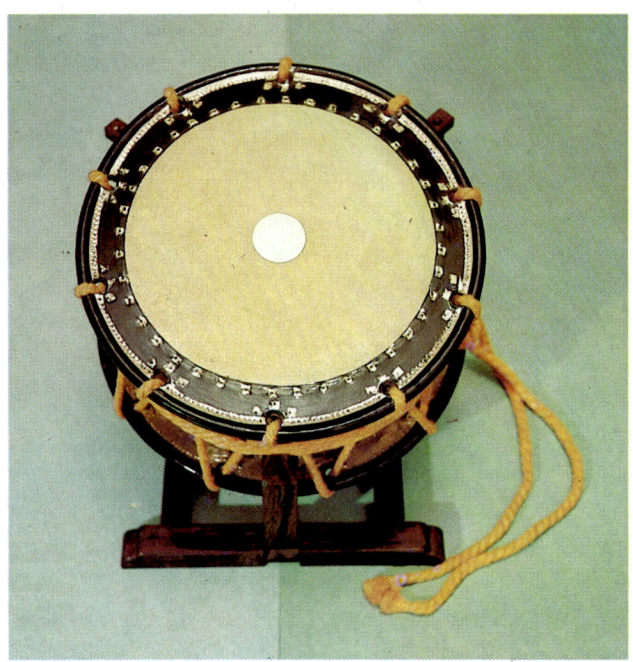

290 Japanische Trommel Simedaiko

291 Japanische Trommel San-no-tzusumi

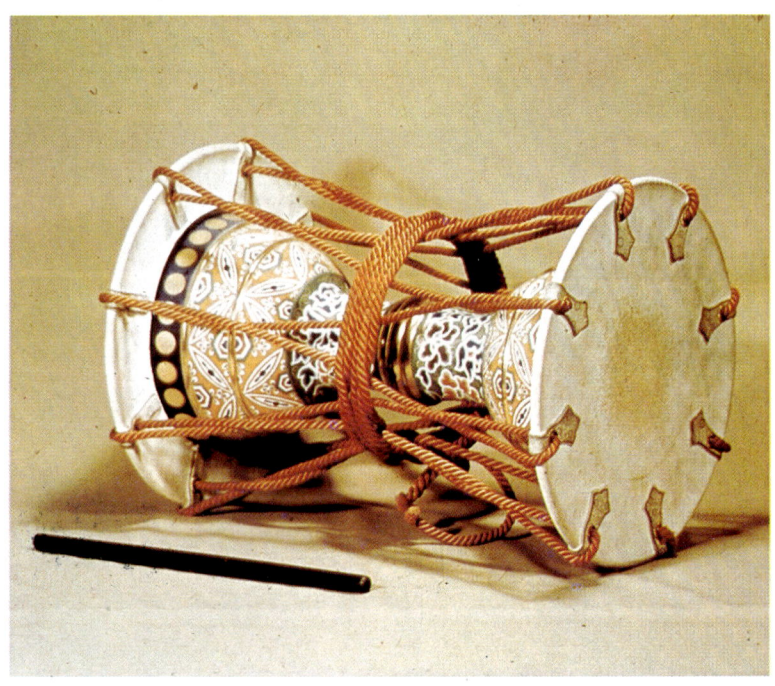

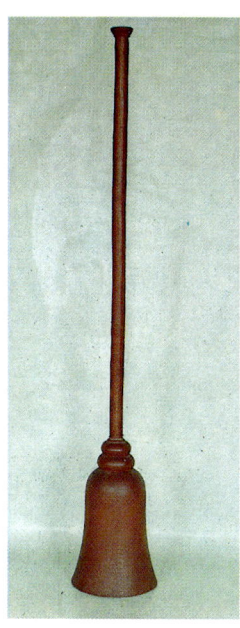

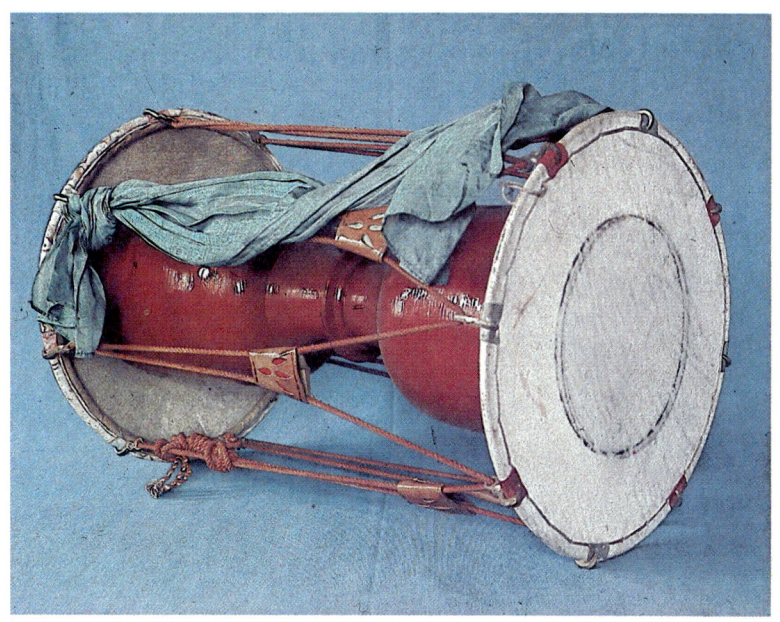

292 Koreanische Holztrompete
Mok Kaval

293 Koreanische Trommel Django

Einst wirkten zahlreiche koreanische Musiker im japanischen Hof-
orchester Gagaku und nahmen so auf die dortige Tonkunst einen gewissen Einfluß, womit die Ähnlichkeit der koreanischen mit den japanischen und chinesischen Instrumenten zu erklären ist. Die koreanische
Schrape *O* ist mit der chinesischen *Yü* identisch, dem chinesischen
Gongspiel *Yün-luo* entspricht in Bauart und Anzahl der Einzelinstru-
mente die koreanische *Una,* die chinesische Mundorgel *Scheng* deckt
sich mit der koreanischen *Sian* usw.

Auf Wandmalereien der Kogurjo-Zeit (1. Jahrhundert v. u. Z.—7.
Jahrhundert u. Z.) sind Flötenspieler dargestellt, die die fast 1 m
lange Längsflöte *Tchung-so* blasen. Unter den Blasinstrumenten nimmt
die schrill tönende Bambuspfeife *Pchiri* mit acht Grifflöchern eine
wichtige Stelle ein. Von den zahlreichen Chordophonen ist in Korea
noch heute die 13saitige Zither *Kajagum* beliebt; sie ähnelt in ihrer
Form der 10saitigen Streichzither *Djunadjan.* Das Hackbrett *Jangum*
war einst so klein, daß es beim Spiel auf die linke Hand gelegt wurde;
mit der Zeit vergrößerten sich seine Dimensionen, und heute hat es
einen trapezförmigen flachen Schallkörper mit zahlreichen Metallsaiten.

Als ihr Nationalinstrument sehen die Koreaner die Trommel *Django*
an; sie hat die Gestalt einer Sanduhr und ist bereits in der Kogurjo-Pe-
riode belegt, in der sie ins Instrumentarium jenes mächtigen, über 200
Mitglieder zählenden Orchesters gehörte, das die Koreaner für das
erste große polyphonische Orchester in der Geschichte der Tonkunst
halten und das später auch in anderen fernöstlichen Ländern nachge-
ahmt wurde. Heute wird die Trommel Django mit buntlackiertem
Schallkörper und Membranen hergestellt, die mittels Metallreifen und

233

starken Stricken festgemacht werden. Der Trommler schlägt das linke Fell mit der Hand und das rechte mit einem Bambusstock. Die Tonhöhe beider Trommelfelle, deren Tonintervall eine Quinte beträgt, läßt sich mit einer Spannvorrichtung regeln.

SÜDOSTASIEN

Die Musik, die in Kambodscha, Laos, Thailand, Birma und Vietnam gepflegt wird, unterscheidet sich von der übrigen fernöstlichen Tonkunst durch ihre Tonsysteme. Ihre Instrumente sind vorwiegend verschiedenartige Metallophone, Xylophone, Trommeln und Blasinstrumente. In die klassischen Instrumentalgruppen dieser Länder haben Streichinstrumente bis heute keinen Eingang gefunden; sie scheinen erst nach dem 12. Jahrhundert, als sich die berühmte Khmertradition in Kambodscha gefestigt hatte, nach Südostasien gekommen zu sein. Seit dem 16. Jahrhundert gibt es zwei große klassische Orchester in Kambodscha, von denen das Peyphatorchester nach der führenden Flöte *Pey* benannt wurde; sie gilt als das klanglieblichste Instrument Südostasiens. Die übrigen Peyphatinstrumente sind Xylophone, Gongspiele und Trommeln. Weit über die Landesgrenzen hinausreichende Bedeutung hat das Gongspiel *Khong* gewonnen, das schon im Tempel Angkor Wat (erbaut in den Jahren 1113—1150) plastisch dargestellt ist. Es besteht aus 16 auf einem Holzgestell im Halbkreis liegenden Bron-

294 Japanisches kaiserliches Gagaku-Orchester, von links: Flöten Fue, Oboe Hitschiriki, Mundharmoniken Schô und Trommel Sa-no-tzusumi

295 Trommel und Gongspiel, Basrelief im Tempel Angkor Wat (Kambodscha), 9. Jahrhundert

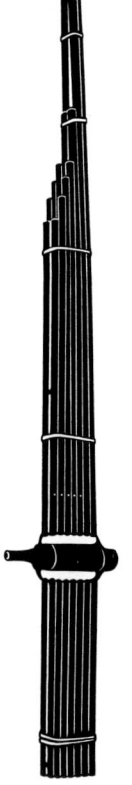

zegongs, die ein vor ihnen sitzender Spieler mit zwei an den Enden mit Elefantenhaut umwickelten Schlegeln bedient. Das mitunter irrigerweise als typisch kambodschanisch betrachtete Xylophon *Ronéat* stammt aus Indien und kam im 19. Jahrhundert aus Siam hierher; es kommt in Form von Kähnchen auf einem Gestell vor. Ein weiterer Bestandteil des Peyphatorchesters ist das tonnenförmige Trommelpaar *Skor-Thom*, das mit Büffelhaut bezogen und mit seiner Achse gegen den Trommler geneigt aufgestellt wird.

Unter den Saiteninstrumenten steht an erster Stelle die Gitarre *Chapey*, die mit dem vietnamesischen Dan Day identisch ist. Der trapezoide Schallkörper ist unten offen, um das Mißverhältnis zwischen Saitenlänge und Schallkörperabmessungen auszugleichen. In der Provinz Kompong-Cham erreicht der Hals dieses Instruments eine solche Länge, daß der Spieler kaum bis zu den Griffen am sichelförmigen Kopf reicht; die doppelt angeordneten Saiten haben Quintstimmung.

Die Musik in Laos ist kambodschanischen und vietnamesischen Vorbildern verpflichtet und kennt außer der Begleitung auf der Mundharmonika *Khen* keine autochthone Musik. Das Khen ist ein einfacheres Gegenstück des chinesischen Scheng und ebenfalls aus Bambusrohren verfertigt, die in einer Länge von einem bis drei Meter aneinandergereiht sind. Neben dem Khen gibt es noch ein wichtiges Lao-Blasinstrument, die Bambuslängsflöte *Kluy*, identisch mit der vietnamesischen Flöte Klui und der kambodschanischen Khloy. Die Besetzung der laotischen Instrumentalgruppe stimmt — mit geringen Abweichungen — mit der der kambodschanischen und thailändischen überein.

Die Grundlage der Instrumentalmusik in Thailand bildet das Orchester Piphat, zusammengesetzt aus der Oboe *Pi Nai* und Schlaginstrumenten; diese teilen sich in melodische (Xylophone, Gongspiele)

235

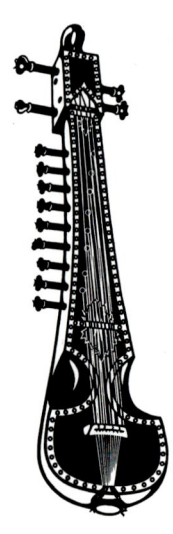

Birmesische Geige Turr

und rhythmische (Trommeln und Metallophone mit unbestimmter Tonhöhe). Das Rohr des *Pi Nai* hat 6 Grifflöcher und ist an beiden Enden leicht erweitert; sein Klang ist von starker Wirkung, besonders wenn er die vom Xylophon *Gong Wong Wai* gespielte Melodie begleitet. Ein anderes Xylophon, das mit Schnitzwerk, Perlmutt und Elfenbein reichverzierte *Ronad Ek,* ist ein Gegenstück des kambodschanischen *Ronéat.* Auch die übrigen thailändischen Instrumente haben Entsprechungen in Kambodscha oder China.

Auf dem Gebiet des heutigen Birma, einer Föderation von vier Staaten, bestanden bereits vor dem Beginn unserer Zeitrechnung mehrere unter indischem Einfluß stehende Reiche. Doch ist die Musik des Landes davon unberührt geblieben und auch vom chinesischen Nachbarn nicht wesentlich beeinflußt worden, obwohl in Birma neben der siebenstufigen Skala auch die fünfstufige, die sog. chinesische, verwendet wird. Die Musikinstrumente zeigen vietnamesischen Einfluß. Die Oboe *Hné* erinnert an das vietnamesische *Cái-ken,* die Bambuskastagnetten *Waleko* heißen in Vietnam Cái-siñ. König der birmanischen Instrumente ist das Trommelspiel *Patwaing;* es gleicht einer reichgeschmückten, über einen Meter hohen, goldglänzenden und mit bunten Steinen besetzten Riesenkrone. Der Spieler sitzt inmitten eines aus geschnitzten Holzleisten gebildeten Kreises und gibt mit Schlägen auf die der Größe nach aufgehängten Trommeln, deren Zahl selbst 21 erreichen kann, den Rhythmus an. Neben dem Patwaing pflegt das gleichfalls kreisförmig angeordnete Gongspiel *Tjiwuaing* zu stehen; der Spieler sitzt auf einem niedrigen Schemel und schlägt die im Umfang von etwa zwei Oktaven gestimmten 12 bis 18 kleinen Gongs. An Saiteninstrumenten ist neben dem Streichinstrument *Rábob* die Bogenhar-

296 Thailändische Oboe Pi Nai

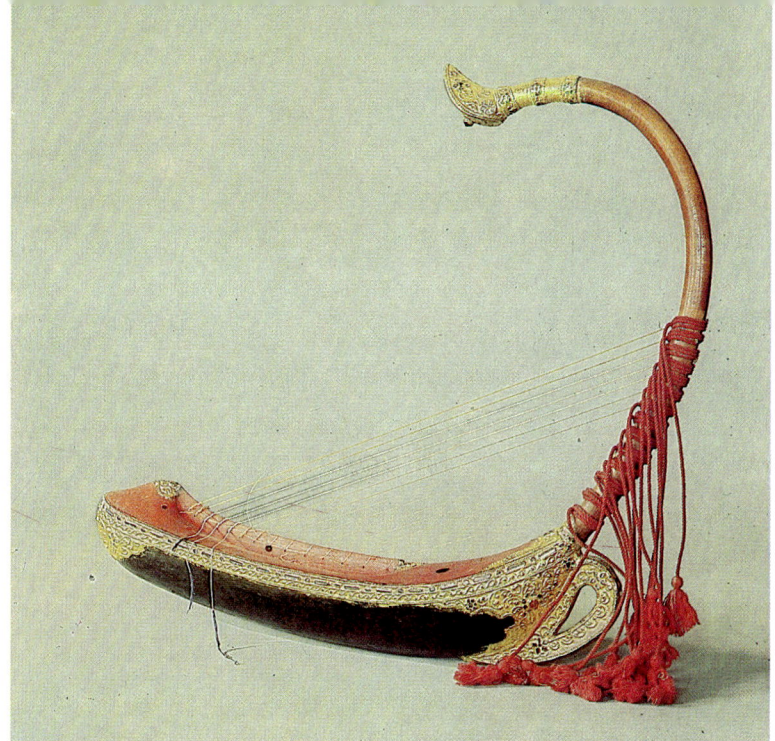

297 Birmesische Bogenharfe Saung

fe *Saung* typisch für Birma; ihre 13 Seidensaiten werden mit Baumwollschnüren gespannt.

Den Reichtum Vietnams an Musikinstrumenten bezeugen alte schriftliche und künstlerische Dokumente. Im 16. und 17. Jahrhundert gab es zahlreiche geistliche und weltliche Instrumentalgruppen, darunter auch solche, die ausschließlich aus Blasinstrumenten und Trommeln bestanden. Der Sonderstellung des Trommelspiels in Birma entspricht im vietnamesischen Instrumentarium das einsaitige *Dan Bau.* Es überrascht mit seinem einfachen und sinnreichen Bau: Über einen schmalen, bis einen Meter langen Holzkasten ist eine Saite gezogen, sie endet an einem elastischen Bambushebel mit Holztrichter; mit diesem Hebel spannt bzw. entspannt der Spieler die Saite und entlockt ihr dadurch verschieden hohe Töne.

Die vietnamesische Gitarre *Dan Day* mit langem Hals und hohen Beinbünden ist mit der kambodschanischen Gitarre Chapey identisch. Die verschiedenen Formen und Größen der Streichinstrumente sind ebenso wie die Blasinstrumente chinesischer Herkunft und haben sehr oft auch die chinesischen Namen behalten.

Der Rhythmus der Instrumentalgruppen wird von Trommeln und Xylophonen gestützt; zu den meistverbreiteten gehören die Klapper *Phach* und die Trommel *Trong Ban.* In Nordvietnam ist das Bambusrohrspiel *Dan To Rung* verbreitet, dessen Rohre in kleinen Abständen zusammengebunden und waagerecht im Halbkreis aufgehängt sind. Die Gongs *Than La, Tin Can* und *Chieng* erinnern an die indonesischen Gamelan-Gongs; die Legierung und zum Teil noch einzelne Arbeitsgänge wurden von den Metallgießern in Hanoi geheimgehalten, die

Vietnamesische Trommel
Sa ram

237

fast den ganzen fernen Osten mit Gongs versorgen. In Vietnam kennt man die Verbindung zu Gongspielen nicht, auch die Spieltechnik unterscheidet sich von der indonesischen. Während der klassische Gamelan aus mehreren Gongs und Gongspielen besteht, die in der Regel ein einziger Musiker beherrscht, hält in Vietnam jeder Spieler nur einen Gong in der Hand und schlägt ihn dann, wenn er in der Melodie an der Reihe ist. Das Orchester besteht aus 14 bis 17 Musikern und das Repertoire wird von einem Geschlecht auf das andere vererbt.

INDONESISCHER ARCHIPEL UND OZEANIEN

Nicht nur seine traditionelle und zeitgenössische Volkskunst, sondern auch die eigenständigen und künstlerischen Formen seiner klassischen

Vietnamesisches Monochord
Dan Bau

298 Kambodschanische Musikinstrumente, von links: Trommeln, Oboe Pey, Gitarre Chapey, Geige Tro-Khmer

299 Laotische Musikinstrumente, von links: Gongspiel Khong Vong. Xylophon Rang nat und Trommelpaar Skor-Thom; im Hintergrund Streichinstrumente So u und So i

300 Laotische Musikinstrumente: Längsflöte, kleine Becken und Bechertrommeln

301 Birmesisches Trommelspiel Patwaing

Musik haben Indonesien berühmt gemacht. Letztere bilden mit der Theater- und Dichtkunst der sog. indo-javanischen Kultur in der Regel ein geschlossenes Ganzes. Diese Kultur erreichte an der Wende des 1. Jahrtausends n. u. Z. auf Java ihre höchste Blüte, und ihre Einflußsphäre umfaßte das südliche Sumatra, einen Teil Kalimantans, Bali, Madura, Lombok und andere Inseln. Im Anfangsstadium der Entwicklung der indo-javanischen Kultur überwogen in ihr starke Einflüsse Indiens, Siams, Kambodschas und Chinas; sobald aber diese fremdländischen Elemente auf indonesischem Boden Wurzel gefaßt hatten, regten sie die Entstehung einer qualitativ neuen Kunst an. Die folgenden Jahrhunderte bewiesen dann ihre Vitalität und selbständigen Entwicklungsmöglichkeiten.

Der Europäer spürt die Wirkung jenes Zaubers jeder fernöstlichen Musik am stärksten in Indonesien. Es ist die Musik des berühmten Gamelan, eines Orchesters, das aus 14—17 Musikern und einem Sänger besteht und in dem jeder Instrumentengruppe bestimmte Aufgaben zufallen. Träger des Grundthemas sind klingende Metallophone, die sog. *Sarons,* die vor über tausend Jahren aus Xylophonen hervorgegangen sind. Sechs leicht gebogene Bronzestäbe, seltener -plättchen, in der Tonreihe Slendro, und sieben in Pelog gestimmt, liegen auf einem Holzresonator, der oft die Gestalt eines kauernden Drachen oder anderen Tieres hat. Das Instrument wird sorgfältig gestimmt: soll ein

Indonesisches Metallophon
Saron

Ton höher werden, wird das Ende des Stabs abgefeilt, während ein Anfeilen der Mitte den Ton tiefer macht. Die höchsten Töne erzeugt das *Saron Panerus* oder *Peking,* die tiefsten das *Saron Barung.*

Die Variationen des Hauptthemas sind Sache des Gongspiels *Bonnang.* Es besteht aus kleinen schalenförmigen Gongs, die auf kreuzweise geflochtenen Stricken in einem niedrigen, horizontalen Holzrahmen liegen; 14 von ihnen sind in der Tonart Pelog, 10 in Slendro gestimmt. Gegen die Grundmelodie musizieren in selbständigen Gegenstimmen die Längsflöte *Suling* und die mit einem Fuß versehene Geige persisch-arabischen Ursprungs *Rábob;* beide Instrumente verleihen der Gamelanmusik heterophonen Charakter. Der Verstärkung der Haupttöne dienen die Bronzeplatten *Slentem Gantung* oder *Gender Panembung;* sie werden im Umfang einer Oktave gestimmt und über Röhrenresonatoren aufgehängt. Gongschläge auf den großen *Gong Gedeh* beenden die Hauptperioden eines gespielten Tonsatzes, während die einzelnen musikalischen Phrasen vom Metallophon *Gong Kemondong* abgeschlossen werden, dessen zwei längliche Platten auf gekreuzten Saiten über einem Holzresonanzkasten hängen. Derselbe Musiker schlägt nebenbei die stumpf klingenden Bronzebecken *Gong Ketuk.*

Die verschiedenen Gongarten gehören zu den wichtigsten Instrumenten Südostasiens. Ihr Klang wird von den Metallophonen *Gender Barung* und *Gender Panerus* verfeinert, freihängenden Platten, zu denen jeweils Bambusrohre als Resonatoren unisono gestimmt sind. In den höheren Lagen klingt Gender Panerus wie helle Glöckchen und

302 Gongspiel, Indonesien (Kalimantan)

303 Trommeln, Salomoninseln

schafft mit seinem leuchtenden Bronzeton einen harmonischen Kontrast zu dem stumpfen Klang des Xylophons *Gembang Kayu*. Dieses besteht aus 16—20 leicht gebogenen Holzstäben, die, ähnlich wie beim japanischen Mokkin, auf einem rechteckigen Holzresonator in Trog- oder Wiegenform ruhen. Bereits auf den aus dem 14. Jahrhundert stammenden javanischen Tempelreliefs in Panataron ist diese Entwicklungsstufe der Xylophone zu bewundern.

Das Gamelanorchester wird vervollständigt von der mit der chinesischen Se verwandten Brettzither *Tjelempung* mit 26 Drahtsaiten und der Hängetrommel *Bedug*. Die Einmaligkeit der Heterophonie des Gamelan beruht nicht auf dem Streben nach akkordischem oder polyphonischem Spiel, sondern ergibt sich aus dem eigenartigen Zusammenspiel von Solopart und Begleitstimmen. Die Kunst des Gamelan fasziniert noch heute weite Hörerkreise und erfreut sich auch außerhalb Indonesiens wachsender Beliebtheit. Vorläufig bilden die Tonreihen Pelog und Slendro in der traditionellen indonesischen Stimmung noch ein beträchtliches Hindernis für das europäische Verständnis; trotzdem sehen zahlreiche westeuropäische Komponisten in der Gamelanmusik eine Schatzkammer melodischer Vorstellungen, die wohl imstande ist, die zeitgenössischen Mittel der Symphonik zu vermehren.

In jüngster Zeit hat sich über ganz Indonesien das alte Volksinstrument *Angklung* verbreitet; es besteht aus mehreren in Akkorden abgestimmten und an den Oberenden schräg geschnittenen Bambusrohren, die in einem geschlossenen Holzgitter beweglich eingehängt sind. Beim Schütteln schlagen sie gegen die Gitterstäbe und geben hohe, leicht

Javanische Geige Rábob

304 Didjeridu, Australien

305 Angklung, Indonesien (Java)

stumpfe Töne von sich, die an Kuhglocken erinnern. Eine Angklung-Gruppe kann einen Tonumfang von zwei Oktaven erreichen und verschiedene Melodien wiedergeben.

Der geographische Begriff Ozeanien umfaßt nicht nur die Archipele und Inseln im mittleren und westlichen Pazifik (Melanesien, Mikronesien und Polynesien), sondern auch das Gebiet der Ureinwohner Australiens und Neuseelands. Diese geographischen Begriffe decken sich jedoch nicht mit den Grenzen der Musikkulturen, von denen viele noch auf gründlichere Untersuchungen warten.

Den primitivsten musikalischen Ausdrucksformen und Instrumenten begegnet man in denjenigen Kulturen, in denen Töne und Klänge als Geisterstimmen betrachtet werden. Ein autochthones Instrument der Eingeborenen Australiens ist der hohle Baumstamm *Ubar,* der mit den zerfaserten Enden kurzer Palmzweige geschlagen wird. Auf Tahiti und den Inseln unter dem Winde ist die einfellige Trommel *Pahu,* ein ausgehöhltes Stück Baumstamm, verbreitet; auf Maori bedeutet Pahu eine

Reibtrommel, die, aufgehängt an einem starken Gerüst, als Signalinstrument dient. In Neuirland heißt diese Reibtrommel — sie wird durch Reiben mit der Handfläche zum Tönen gebracht — *Nunut*. Ausgehöhlte Holzstücke, die mit einem Stock geschlagen werden, sind auf Tahiti als *Tohere* bekannt. Auf den Hawaii-Inseln ist das *Ipu* verbreitet, ein großer Kürbis verbunden mit einem kleinen; sie werden gegen den Boden und gleichzeitig als Trommel mit den Fingern geschlagen. Neben primitiven Selbstklingern wie dem *Pulai* auf Hawaii, *Tetere* bei den Maori oder den singenden Spänen *Niau Kani* auf Neuseeland beherrschen vor allem Kürbis- und Holzrasseln, Knallknoten und andere Lärmgeräte die Klangwelt jenes Teiles der Erde.

An Blasinstrumenten ist für das australische Gebiet das *Didjeridu* am meisten typisch; es wird aus einem ausgehöhlten Zweig oder Bambusrohr in einer Länge von 120 bis 140 cm hergestellt und gibt dunkel grunzende Töne von sich. Diese Holztrompete ist nach der alten Tradition bemalt und steht als Instrument zwischen Megaphon und echter Trompete. Der Spieler bläst sie in regelmäßigen Abständen und brummt dabei die Silben „didjeridu, didjeridu...". Neben der Panflöte sind fast über ganz Ozeanien die aus Kürbis hergestellten Gefäßflöten, ferner Schlitz- und Nasenflöten verbreitet. Die Bambusmaultrommel heißt *Niau Kani* auf Hawaii und *Roria* auf Neuseeland. Chordophone sind praktisch auf den zum Umgang mit den Geistern bestimmten hawaiischen Musikbogen *Ukeke* beschränkt; bloß in Melanesien wurden Rohrzithern gefunden. Die auch in Europa unter dem Namen *Ukulele* bekannte kleine Gitarre ist von portugiesischen Arbeitern nach Hawaii gebracht worden.

306 Schlitztrommel (Neu-Guinea)

AMERIKA
MITTEL- UND SÜDAMERIKA

Im Jahre 1964 haben Archäologen bei Paracas in Peru eine Siedlung entdeckt, die vor mehr als neuntausend Jahren von Menschen bewohnt war. Steinerne Gefäße und Spiegel, Halsketten und Korallengehänge zeugen von einer verhältnismäßig hohen Entwicklungsstufe der Bewohner. Unter den Funden befindet sich auch eine Holzflöte, die dank der konservierenden Eigenschaften des trockenen Sandes, in dem sie lag, in gutem Zustand verblieben ist. Auf dem Gebiet Perus stand die Musik in der Zeit vom 2. Jahrtausend bis zum 8. Jahrhundert v. u. Z. in hoher Blüte; den damaligen Panflöten mit zahlreichen Pfeifen und den Flöten mit Grifflöchern konnten komplizierte Melodien entlockt werden.

Musikinstrumente der vorchristlichen Ära wurden auch in Mexiko gefunden: Schrapen, Rasseln, Schellen, Glocken, Rohr- und Gefäßflöten, Muscheltrompeten. Viele ausgegrabene Tonfigürchen von Musikanten, Tänzern und Schamanen in Masken oder mit Rasselringen um die Knöchel ermöglichen eine Vorstellung von den Festen der Ureinwohner Mexikos, der Azteken, Choroteken und Zapoteken, bei denen

307 Maya-Rassel, Freskendetail, zwischen 662—830, Bonampak (Mexiko)

246

308 Kubanische Rassel Tschatscha

die Musik nicht fehlte. Die Wandmalereien in Bonampak zeigen Prozessionen, in denen verschiedene Musikinstrumente, vor allem Trommeln, mitgeführt werden; dies bezeugt die Mitwirkung von Musik bei Zeremonien. Die Indianer hatten sogar ihren Gott der Musik, der bei den Azteken Macuilxochitl (Fünfblüte) oder Xochipilli (Blütenprinz) hieß.

Ein nur bei feierlichen Anlässen verwendetes Kultinstrument war die Schlitztrommel *Teponaxtli* mit kunstvoll geschnitztem Tierkorpus, das einen Alligator, Puma oder Ozelot darstellte. Diese Trommel war am Boden mit einer Öffnung und oben mit einem Schlitz in H-Form versehen, dadurch entstanden zwei Zungen, die überdies unterschiedlich dick geschliffen wurden und daher verschiedene Töne unter den Schlägen von Holzstücken von sich gaben; das Instrument wurde entweder aufgehängt oder auf ein Gestell gelegt. Die einfellige Trommel *Huehuetl*

247

309 Pfeifender Topf Silbador, Präcortezianische Periode, Kolumbien

aus dem hohlen Stamm eines Baumes war mit Jaguar- oder Hirschfell bezogen, das entweder mit Stricken oder mit Nägeln festgemacht wurde. Auf den erwähnten Wandmalereien sowie im Becker-Kodex ist eine Schrape aus dem Panzer der Riesenschildkröte Ayotl abgebildet.

Die Spanier waren nach ihrer Eroberung Südamerikas der einheimischen Musik und deren Instrumenten nicht günstig gesinnt. Zu Beginn des 17. Jahrhunderts befahl der Erzbischof von Lima die Verbrennung sämtlicher indianischer Musikinstrumente, und der Jesuit Arriaga durfte sich rühmen, bei einer Strafexpedition 603 große und 3418 kleine Musikinstrumente vernichtet zu haben.

Bei der Formung der zeitgenössischen lateinamerikanischen Volksmusik — einer der jüngsten auf der Welt —, spielte die Tatsache, daß gewisse Elemente der indianischen Tonkunst der spanischen Volksmusik sehr nahe standen, eine wichtige Rolle; Analogien zeigen sich auch zwischen den Musikinstrumenten, vor allem dem Schlagzeug (Kastagnetten und Maracas, Tamburin und Pandareta u. a.). Nicht minder wichtig waren die afrikanischen Traditionen für die Entwicklung der lateinamerikanischen Musik. Die Fähigkeit, die Musikfolklore des Gastvolkes außerordentlich schnell zu übernehmen, gestattete den Millionen Negersklaven in den Plantagen die Aneignung der fremden Musikkultur; andererseits bereicherten sie diese stets um spezifische Elemente ihrer eigenen Kunsttradition.

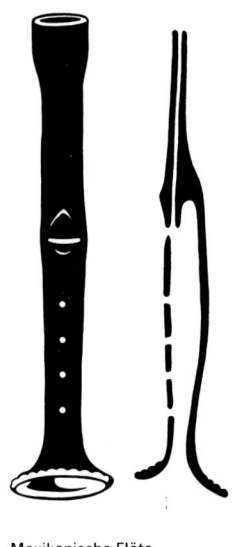

Mexikanische Flöte

Die Volksmusik in Mexiko kennt noch heute viele indianische Tonwerkzeuge wie die Schrape *Raspador,* die Rassel *Sonajas,* die Querflöte *Chililihtli* aus gebranntem Ton und die büchsenförmige Oboe *Chirimia,* die nicht geblasen, sondern gesaugt wird. Das Herzstück der Volksmusik ist nicht nur in Mexiko, sondern in ganz Lateinamerika die spanische Gitarre. In den Ländern dieses Kontinents werden verschiedenartige Gitarren verwendet. Die einfache Volksgitarre heißt *Charango,* auf Kuba spielt man besonders die dreisaitige *Tres; Cuatro* ist eine viersaitige, *Tiple* eine hochgestimmte und *Violao* ist die Gitarre Brasiliens. Ebenso wie dieses Instrument ist auch die Harfe in Lateinamerika eingeführt und bald heimisch geworden. Heute werden letztere von ländlichen Indianern hergestellt, die ihre Spieltechnik oft meisterhaft beherrschen. Anders als die europäischen Harfen haben die lateinamerikanischen einen auffallend breiten Resonanzkörper mit runden Tonlöchern und werden nicht im Sitzen, sondern im Stehen gespielt.

Auf Kuba, der größten mittelamerikanischen Insel, ist die indianische Originalmusik von der Negermusik, in der aus Afrika eingeführte Instrumente dominieren, früh verdrängt worden. Die ungewöhnliche Feinfühligkeit der Kubaner für alles Rhythmische verwandelt fast jeden Gegenstand, jede Pfanne oder Tasse, Metallöffel und Konservenbüchse, Hacke oder Pflugschar in ein Tonwerkzeug. In ganz Mittel- und Südamerika ist das Spiel auf zwei etwa 18 cm langen Klangstäben, den sog. *Claves,* verbreitet. Dabei hält die linke Hand des Spielers einen

310 Mexikanische Flöte und Trommel   311 Peruanische Panflöte

der Stäbe in der Weise, daß ihre Handfläche mit den gekrümmten Fingern zu einer Art Resonator wird, während er den anderen mit der rechten Hand auf jenen an verschiedenen Stellen senkrecht niederfallen läßt; die Höhe der entstehenden metallenen Töne hängt von den jeweiligen Anschlagstellen ab.

Ein wichtiger Platz im afrokubanischen Instrumentarium wird von den Rasseln eingenommen. *Guiro* ist eine getrocknete Kürbisfrucht, bezogen mit einem dünnen Garnnetz und mit Nüssen oder Glaskügelchen gefüllt. Auch die *Maracas,* die in Europa u. a. Rumbakugeln heißen, sind Kürbisse mit Stiel, in denen sich Fruchtkörner oder Steinchen befinden. In modernen Tanzorchestern werden Kunststoffmaracas mit Schrotfüllung verwendet.

Die kubanische Volksmusik kennt außer der primitiven Gefäßflöte *Botija* kein Blasinstrument; diese ist ein Tongefäß mit schlankem Hals und einer kleinen Seitenöffnung als Mundstück. Die Höhe der Flötentöne kann der Spieler durch Bewegungen der rechten Hand am Gefäßhals in einem gewissen Grad verändern.

Nahezu unzählbar sind auf Kuba die Reihen erstrangiger Trommeln; es gibt sogar ausschließlich Trommlerensembles. Volkstänze werden auf der *Joca* begleitet, einer einmembranigen Trommel kongolesischer Herkunft. In Orchestern ist die tonnenförmige einfellige *Conga* verbreitet; sie ist aus Brettern gefügt, die nach Art der Weinfässer von Metallreifen zusammengehalten werden. Die *Bongos* sind zwei kegelförmige Trommeln von unterschiedlicher Größe, verbunden durch Stöcke und beim Spiel zwischen den Knien des Trommlers gehalten. Auf den letztgenannten Instrumenten kann mittels einer besonderen Finger- und Handflächentechnik große Virtuosität einschließlich Glissando- und ähnlichen Effekten erreicht werden.

Obgleich aus Afrika stammend, ist der Name *Marimba* öfter in Zusammenhang mit Mittelamerika und ganz besonders mit G u a t e m a l a

312 Horn und Trommel, Argentinien

313 Trommel, Chile

Mexikanische Harfe

zu hören, wo dieses Tonwerkzeug schon seit Jahrhunderten als Nationalinstrument gilt. Die größten Marimbatypen bestehen aus 137 chromatisch abgestimmten Holzplatten. Unter jeder Platte ist ein akustisch abgestimmter Resonator angebracht, dessen kleine Öffnung mit einer dünnen Membran bedeckt ist und der Tonverlängerung dient. Die Platten werden mit Stäbchen geschlagen, die sich untereinander durch Gewicht und Härte der an ihren Enden angebrachten Kautschukkugeln unterscheiden; diese Unterschiede sind für das Hervorbringen verschiedener Klangeffekte von wesentlicher Bedeutung.

Seit der Entstehungszeit der in Peru gefundenen Flöte sind zwar schon mehr als neuntausend Jahre vergangen, doch ist sie bis heute das typische Instrument der peruanischen Indianer geblieben. Diese Langflöte aus Schilfrohr, *Quena* genannt, ist mit der bolivianischen *Kena* identisch, die sich unter dem Einfluß der spanischen Musik der Intonation der diatonischen Tonleiter angepaßt hat. Die *Aylliquepa*, eine primitive Holz- oder Tontrompete, ist ein Nachkomme der aus der Frühzeit der peruanischen Zivilisation stammenden kurzen Tontrompeten. In der gegenwärtigen Volksmusik Perus herrschen zwei Trommelarten

251

314 Trommeln, Panflöten und Hörner, Bolivien

315 Trommeln und Flöte, Panama

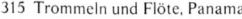

Luftkanal des Silbador

vor: die tonnenförmige zweifellige *Tynia* und die einfellige *Huancar.*

Typische Blasinstrumente der Indianer B o l i v i e n s sind die verschieden großen Syringen; der riesige *Bajon* erreicht eine Länge von zwei Metern. In den Händen von Mestizen ist die Gitarre *Charango* zu sehen, die aus dem Panzer des Gürteltieres hergestellt wird.

Das Instrumentarium des ausgedehntesten Staates Südamerikas, B r a s i l i e n s, zeichnet sich durch die Vorherrschaft der *„ritmadores"*, der Rhythmusmacher oder rhythmischen Geräte aus. Dieses Element der brasilianischen Volksmusik wird mit dem schlagenden Herz verglichen, ohne das es kein Leben gibt, wie es auch ohne Rhythmus keine brasilianische Musik gäbe.

Die Terminologie der brasilianischen Musikinstrumente ist nicht einheitlich: Gleiche Instrumententypen haben in verschiedenen Gegenden verschiedene Bezeichnungen, und andererseits bezeichnet derselbe Name nicht selten zwei ganz verschiedene Typen. Wenn man dann noch die Bezeichnungen der zahllosen Varianten sowie Improvisationsformen in allen Instrumentalgruppen berücksichtigen will, steht man vor einem terminologischen Chaos. Die zapfenförmige Zinnblechrassel *Chocalho* heißt in Pernambúco *Xere,* in Bahia *Adja.* Eine Maracasvariante mit aufgefädelten Samenkörpern statt der Kieselsteine heißt *Afoxe* oder *Caboca.* Den Namen der Rassel *Ganza* trägt in Bahia die Schrape *Reco-reco,* ein einfaches Bambusrohr mit schrägen Einschnitten, die mit einem kammartigen Brettchen gestrichen werden.

Bei einigen von den Kulturzentren weit entfernt lebenden Indianerstämmen sind primitive Originalinstrumente, wie die Nichtmetalltrompete *Ika* des Stammes Bororo oder die Nasenflöten im Amazonasgebiet, erhalten geblieben. Fast bei allen Indianerstämmen ist die „Klingende Angel" bzw. „Gewitter", *Yelo,* verbreitet; dieses Schwirrholz ist bis Kolumbien und Venezuela vorgedrungen, wo es *Palo Roncador* heißt. Es handelt sich um ein primitives Aerophon, ein kurzes, dünnes Holzbrett, das an einer Schnur befestigt über dem Kopf des Spielers geschwungen wird, wobei sich das Brett auch um die eigene Achse

316 Mexikanische Volksinstrumente, von links: Rasseln und Trommeln, Marimba, Kontrabaß und Gitarre

Schwirrholz der
Bororo-Indianer, Brasilien

317 Einhandflöte mit Trommel und Klapper, Nordamerika

dreht und mit dieser Doppelbewegung Töne erzeugt, die dem Brausen oder Heulen des Windes ähneln. Je kleiner das Holzbrett, und je schneller es schwirrt, desto höher sind die Töne.

Das Instrumentarium der Neger unterscheidet sich in Brasilien nicht wesentlich von dem ihrer Stammesgenossen auf Kuba und Haiti, unterschiedlich sind nur die Bezeichnungen. So heißen die kuhglockenförmigen Doppelglocken aus Eisenblech *Agogo,* die großen Trommeln in Pernambúco *Ingome;* die Membrantrommeln *Bata* und *Carimba* gibt es in vielen Varianten, eine Rahmentrommel heißt *Pandeiro.*

Das echte Nationalinstrument Brasiliens ist die aus Portugal stammende Gitarre *Violao* mit 5 oder 6 zweichörigen Saiten, deren Stimmung sich je nach Gegend und Musikart ändert.

Auch in Chile, dessen Instrumentarium sich unter dem Einfluß der spanischen Musik herausbildete, ist die Gitarre das meistverbreitete Instrument. Die indianische Minderheit der hunderttausend Araukaner besitzt in dem doppelten Musikbogen *Künkülkawe,* der mit einer Art Geigenbogen gestrichen wird, ein Instrument von einzigartiger Bauweise.

Ihre Vorrangstellung behauptet die Gitarre auch in Argentinien; auf ihr begleiten die einheimischen Musikanten in ihren bunten Nationalkostümen in wildem, abgehacktem Tempo die argentinischen Steptänze. Die Indianer von Patagonien verfertigten aus Pferderippen und

Musikbogen der patagonischen Indianer

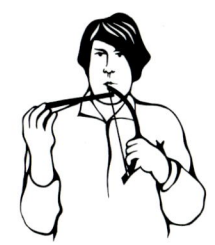

Roßhaar den Musikbogen *Kohlo,* dem sie mit einer Kondorfeder kaum hörbare Töne entlocken.

Da der Prozeß der Wechselwirkung zwischen den Musikkulturen Lateinamerikas noch andauert, ist es schwer, die Terminologie der Musikinstrumente zu ordnen. Südamerikanischen Instrumenten wird auch in Europa starkes Interesse entgegengebracht; amerikanische wie europäische Komponisten bereichern ihre Partituren häufig mit typisch lateinamerikanischen Stimmen, um besondere Klangkolorite zu erzielen.

NORDAMERIKA

Die heutigen Musikinstrumente der nordamerikanischen Indianer gestatten keine genaue Vorstellung mehr von dem einstigen Instrumentarium der Ureinwohner dieses Gebietes, doch darf man annehmen, daß sich weder ihre Musik noch ihre Instrumente von denen der Indianer Mittel- und Südamerikas wesentlich unterschieden haben. Zur Tanzmusik gehörten *Rasseln* aus Lederbeuteln, die mit Körnern oder Kieseln gefüllt waren. Seltene Funde sind *Pfeifen,* wie sie in den alten Maya-Kodices abgebildet sind. Sie haben keine Grifflöcher, und die Luft wird durch einen besonderen Luftkanal an den Rand der Öffnung geführt.

318 Trommel und Blasinstrumente, Baniva-Indianer (Venezuela)

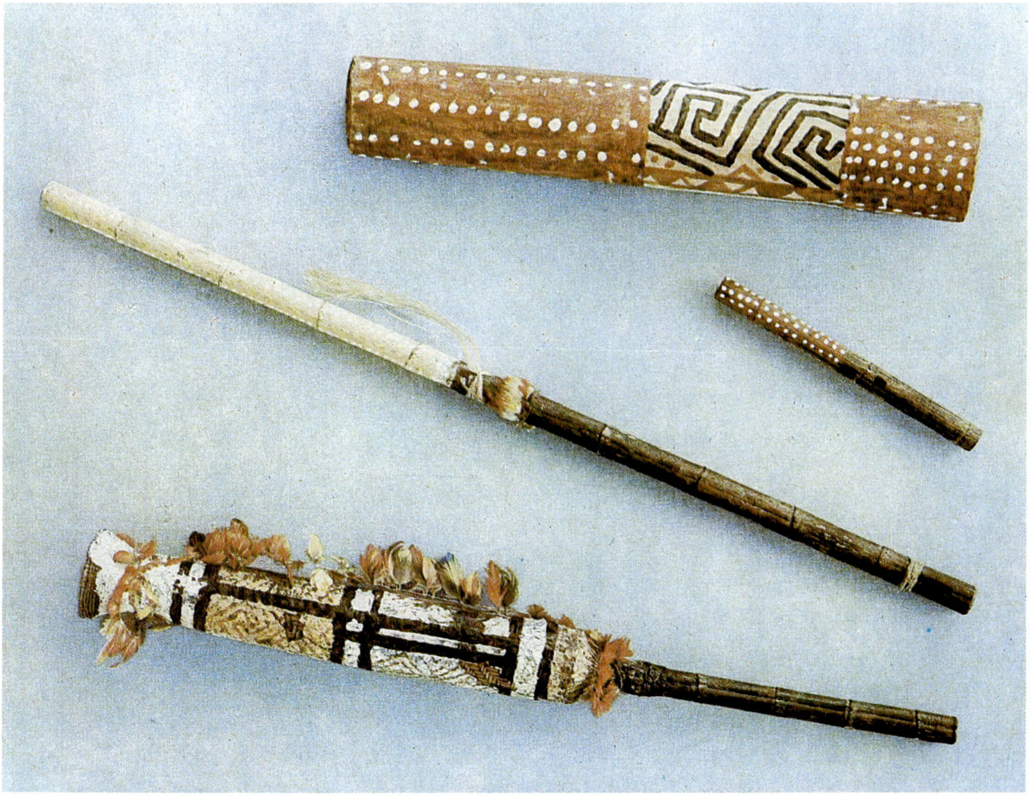

319 Blechglocken, Elfenbeinküste

Der indianische Gesang wurde zumeist von einer tamburinähnlichen *einmembranigen Trommel* begleitet; der Spieler hielt sie in der Linken und schlug sie mit dem Schlegel in der Rechten. Eine weitere Trommelart bestand aus einem auf einer Seite fellbezogenen ausgehöhlten Baumstamm.

Aus anderen Kontinenten sind gewisse europäische Saiteninstrumente nach Nordamerika gekommen: *Banjo, Gitarre* und der *Dulcimer* der Appalachen, der der französischen Zither Bûche ähnelt. Diese amerikanische Zithervariante hat drei Metallsaiten, eine Melodie- und zwei Bordunsaiten. Ferner kommen verschiedene Bumbaßtypen sowie primitive ein- und mehrsaitige Baßinstrumente vor, Dokumente der musikalischen Erfindungsgabe der weißen und schwarzen Völker, die zwar von ihren eigenen Nationalkulturen ausgegangen sind, es aber verstanden haben, diese im brodelnden Kessel des amerikanischen Lebens umzuschmelzen und die nordamerikanische Folklore mit neuen, eigenständigen Musikformen zu bereichern.

320 Sansas, Kamerun und Südafrika

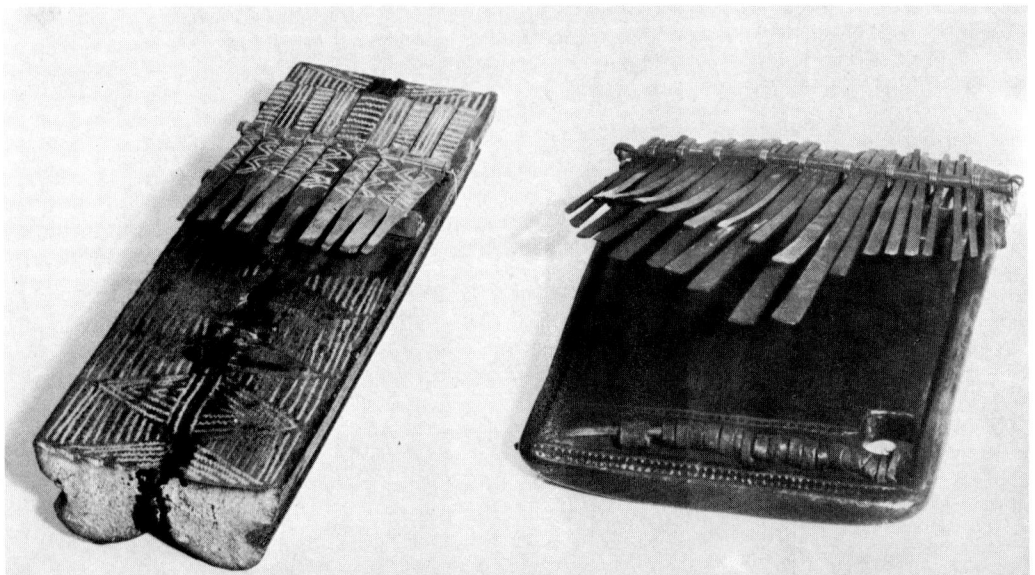

Kürbisrassel aus Niger

SCHWARZAFRIKA

Im bunten Kaleidoskop der Musikinstrumente Schwarzafrikas sind alle Entwicklungsstufen vertreten, von den primitivsten Lärmgeräten, wie z. B. Rasseln, Klappern, Stampfgruben, Halmpfeifen u. ä., bis zu den kompliziertesten Tonwerkzeugen, Xylophonen und Harfen. Nicht jeder Stamm kann sich freilich eines so reichhaltigen Instrumentariums rühmen; so kennen z. B. die Kindigen Ostafrikas kein anderes Instrument als die Kürbisrassel, dafür aber verstehen sie sich auf das Pfeifen und Händeklatschen. Das Schwirrholz, ein primitives Instrument, das ebenso wie bei den Indianern bei allen Negerstämmen verbreitet ist, heißt bei den Hottentotten *Burubusch,* bei den Chwana *Seburburu,* bei den Ibo Nigerias *Adya-oro.*

Gewisse afrikanische Instrumente gestatten harmonischen Solovortrag, auch wenn die Harmonie in der Musik dieses Kontinents ein bloßes Mittel der Themenausschmückung oder Variation ist. Das vollkommenste dieser Instrumente ist die *Sansa* (so genannt im Bantusprachengebiet) oder *Mbira,* bei den Aschanti *Ompochawa* geheißen, im Sambesibecken als *Usimbi,* in Nordrhodesien als *Kankobele,* im Kongo als *Dimba, Ekende, Ibeka* oder *Pokido,* in Moçambique als *Ambira* bekannt. Die Sansa besteht aus einer Reihe elastischer, abgestimmter Holz- oder Stahllamellen, die am unteren Ende an einen Holzresonator angebracht und auf einem Steg so festgebunden sind, daß ihr eines

321 Marimbas (Balafo), Zaire

Apunga-Horn aus
Guinea-Bissau

Ende frei schwingen und vom Spieler mit beiden Daumen gezupft werden kann. Die lyrischen Sansa-Tonstücke, die in der Regel auch einen Vokalpart enthalten, gehören zu den raffiniertesten Werken der Negermusik.

Das *Xylophon* (mit Resonatoren als *Marimba*), das bei den Negerstämmen mehrere hundert Namen trägt (in Uganda *Akadinde* oder *Entaala*, in Äthiopien *Ambira*, in Mali und Guinea *Bala*, im Sudan *Balafo*, im Kongo *Kalanba, Ilimba, Baza, Dimba* usw.), ist malayischer Herkunft und aus einer Reihe von abgestimmten Holzklötzchen zusammengesetzt, die jeweils in zwei Schwingungs-Knotenpunkten gestützt sind; die Klötzchen werden mit Stäbchen geschlagen. Bei den Xylophonen einiger Bantustämme, die praktisch ganz Afrika südlich des Äquators bewohnen, ist unter jedem Klötzchen ein Resonator angebracht, das ist ein sorgfältig gewählter Kürbis, der so ausgeschnitten ist, daß sein Luftinhalt die Schwingungen des Holzklötzchens möglichst verstärkt. Im Kürbis wird eine Öffnung ausgeschnitten und mit

322 Lyra, Kenia

258

Musikbogen aus Namibia

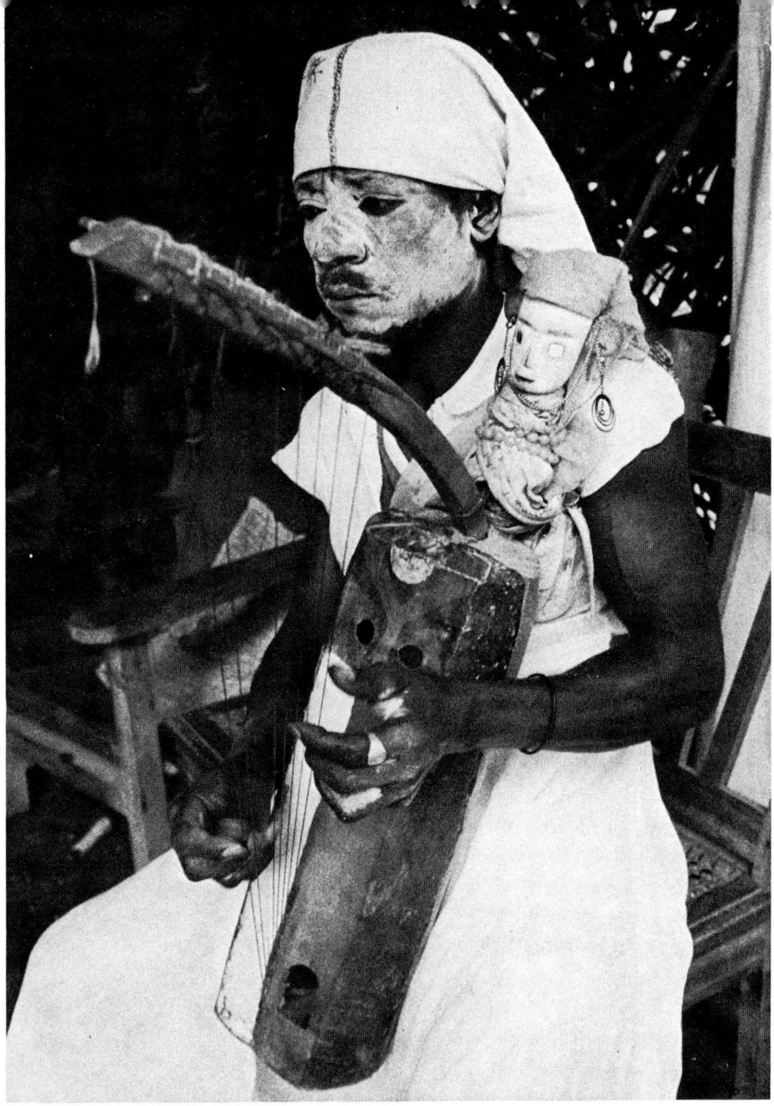

Schrape aus Ostafrika

323 Winkelharfe

der Schutzhaut von Spinneneiern bezogen, um durch deren Mitschwingen eine grellere Klangfarbe zu erzielen.

Unter den in Schwarzafrika wenig zahlreichen Blasinstrumenten ist auf ehemals portugiesischem Kolonialgebiet hier und da die Bambusquerflöte anzutreffen. Äthiopische Hirten am Tana-See spielen eine gestreckte Bambuslängsflöte mit 6 Grifflöchern. Die in manchen Städten Äthiopiens verbreitete lange, gerade Metalltrompete ist mit der persisch-arabischen Musik ins Land gekommen. Ein autochthones Aerophon ist das kongolesische Tierhorn *Apunga* mit seitlich angebrachtem Mundloch.

Unter den melodischen Elementen der afrikanischen Musik lassen sich oft gewisse Zusammenhänge mit der amerikanischen Indianermusik entdecken. Sie äußern sich z. B. in der Nachahmung von Vogelgesang, Tierschreien, dem Pfeifen und Sausen des Windes oder in Verbin-

324 Trommeln, Senegal

dung mit dem unmittelbaren menschlichen Gefühlsausdruck in Seufzern, Weinen, Lachen u. ä. Diese Zusammenhänge können zuweilen auch am Bau der Instrumente verfolgt werden; am eindrucksvollsten ist das beim Musikbogen möglich, der in Nordafrika *Amsad, To* u. a., auf Madagaskar *Scheschilawa,* im südlichen Äquatorialafrika *Hunga, Mtangala, Ndimbga, Gubo, Hade* u. ä. heißt. Die Töne, die beim Zupfen der angespannten Sehne des Jagdbogens der südafrikanischen Buschmänner entstehen, werden in der Mundhöhle verstärkt. Diese Tatsache bestätigt die These, daß sich die Musikinstrumente aus Gebrauchsgegenständen entwickelt haben und daß der Mensch schon in der ersten Frühzeit Partialtöne kannte und sie zu benutzen wußte. Der Musikbogen der Hottentotten, *Gora* genannt, der sich weder zur Jagd noch zu Kriegszwecken eignet, besteht aus einem Bogen, dessen Saite an einem Ende mit einem löffelförmigen Stück Federkiel versehen ist; die Spitze dieses Kiels wird ebenso wie das andere Saitenende am Pfeilbogen festgebunden. Der Spieler steckt das Kielende in den Mund, berührt es aber nicht mit den Zähnen, und versetzt mit starken

Atemzügen den Kiel und mit ihm die Saite in Schwingungen, worauf diese gewisse Obertöne von sich gibt.

Im Sudan, in Uganda und in einigen Teilen Ostafrikas ist die mit der altgriechischen Lyra verwandte Zupfleier *Kissumba,* in Nigerien *Gezarke* genannt, verbreitet. Von ihrem halbrunden Schallkörper aus Kürbisschale oder fellbezogenem Holz gehen zwei an den Enden mit einer Querstange verbundene Bambusrohre aus. Das Lauteninstrument *Wambi* (im Kongo *Ndöna,* in Ostafrika *Angra Okwena,* in Nigeria *Ubo*) hat einen kastenförmigen Holzresonator mit 6 elastischen Lamellen, die die Lianensaiten in ständiger Spannung halten.

Wohl kein anderes Instrument hat in der Geschichte der Menschheit eine so wichtige Rolle gespielt wie die Trommel; ihre Verwendung läßt sich bis in die Steinzeit zurückverfolgen. Heute kennt die Welt mehrere hundert Trommelbezeichnungen und fast ebenso viele Typen und Varianten dieses Instruments. In der Musik Schwarzafrikas lassen sich auf Idiophonen und Membrantrommeln Melodien und ganze Skalen verschiedenster Klangschattierungen wiedergeben, die die persönliche

Harfenlaute aus Angola

325 Längsflöte, Äthiopien

Stimmung des Spielers ausdrücken können. Man kann nämlich die Tonhöhe gewisser Negertrommeln je nach Art und Ort des geführten Trommelschlags im Umfang einer Oktave abändern. Eine derartige Trommlergruppe verfügt über eine Tonreihe, die einer mehr als zwei Oktaven umfassenden diatonischen Tonleiter nahe kommt. Das will heißen, daß die afrikanischen Trommeln wahrhaftig „singen". Sie können aber auch „sprechen", so daß der Begriff Musikinstrument für die afrikanischen Trommeln bedeutungsmäßig zu eng erscheint. Die Kunst der Trommelsprache beruht darauf, daß mehrere Sprachen der afrikanischen Stämme und Völker tonal semantisch sind, d. h. daß der Ton die Bedeutung trägt. Es fehlen in ihnen fast alle Hilfsmittel wie Suffixe, Präfixe u. ä., und nur der Ton verhindert die Verwechslung von Wörtern mit gleicher einsilbiger Wurzel, aber unterschiedlicher Bedeutung.

Tonal semantische Sprachen kennen mehrere Töne, bei denen der hohe, mittlere und tiefe Ton prinzipiell zu unterscheiden ist. Daher die Interdependenz von Musik und Sprache. Mit der Trommelsprache verständigen sich die Völker Ghanas, Togos, Nigerias, Kameruns u. a. auf weite Entfernungen hinweg. Die sprechenden Trommeln teilt man nach ihrer Bauart in Schlitztrommeln, Membran- und Reib- oder Friktionstrommeln ein. Ihre Herstellung ist afrikanisches Geheimnis und wird von Geschlecht zu Geschlecht weiter vererbt. Unterschieden werden männliche Trommeln, mit tieferen Tönen, und weibliche, um eine Quart oder Quint höher gestimmte. In der Trommelsprache gibt es bestimmte stehende Ausdrücke für Alltagsereignisse wie Geburt, Hochzeit und Tod. Häuptlinge und Personen von Rang haben ihren eigenen Trommelnamen, der erblich ist. *Ombutu* und *Ongalabi* sind zwei der vielen sprechenden Trommeln in Uganda, mit denen Einladungen übermittelt, Erntearbeiten ausgerufen oder Häuptlinge und Gäste begrüßt werden. Bei den nigerischen Joruba sind die althergebrachten Zeremonien des mythischen Ahnenkults erhalten geblieben; es gibt an die 400 Ahnen, und jeder besitzt sein eigenes Trommelmotiv. Eine wichtige Rolle spielen die sprechenden Trommeln in Volkstanzgruppen. Zum Tanz der königlichen Familienmitglieder wird in Uganda die Trommel *Miagaro* gerührt, den Tanz der Stammesältesten in Ghana begleiten die *Bombaa* und *Mpintsim;* in Westafrika wird auf der *Ompe, Boadze, Osevenji* und *Moses* getrommelt. In jeder Gruppe gibt es eine tonangebende Trommel, die „Eigentümer" oder „Hausherr" heißt. Sie

326 Kesseltrommel, Kongo Pauke

Trommel aus Dahomey

327 Große Lyra Bagana, Kleine Lyra Kerar und Trommel Nagarit, äthiopische Leinwandmalerei

spricht zu Tänzern und Sängern und erklärt, wie getantz und gesungen werden soll. An den Schulen Ghanas, Nigerias, Guineas und Tansanias wird die traditionelle Kunst der Trommelsprache unterrichtet.

Die Reibtrommel steht mit magischen Fruchtbarkeitskulten in Verbindung. Sie ist mit einem durch eine Membranöffnung gehenden Strick bzw. Stock versehen, der sich manchmal in der Mitte der Membran befindet und von innen festgemacht ist. Durch Reiben des Stricks oder Stocks mit den mit Harz eingeriebenen Handflächen wird die Membran in Schwingungen versetzt.

Unter den südlich der Sahara lebenden Völkern bilden die Äthiopier eine gewisse Ausnahme, da sich ihr Instrumentarium seit jeher unter arabisch-islamischen und jüdisch-christlichen Einflüssen entwickelt hat. Die äthiopische Musik, die der Legende nach ihre Entstehung von den Königen David und Salomo herleitet, benutzt zur Begleitung des liturgischen Gesanges verschiedene Instrumente, unter denen das Sistrum, äthiopisch *Tsnasin*, eine Reminiszenz an seinen altägyptischen Vorgänger ist. Die mächtige *Bagana* erinnert an altägyptische und antike Lyren und kann einen Meter Länge erreichen; in Äthiopien wird sie als Nachahmung der Harfe Davids angesehen. Von großer Bedeutung für das geistliche und profane Leben sind die Kesselpauke *Nagarit* sowie die große, faßförmige Zweimembranentrommel *Kabaro*, die mit kostbaren Stoffen behängt wird.

ARABISCHE VÖLKER

Die Musik der arabischen Völker kann bis zu der Zeit zurückverfolgt werden, da die Königin des arabischen Staates Sheba (Schaba) den biblischen König Salomo aufsuchte. Vom Wesen der arabischen Musik und ihrer Instrumente kann jenes Märchen aus Tausendundeiner Nacht eine Vorstellung vermitteln, in dem die Prinzessin ihrer Sklavin befiehlt, Musikinstrumente zu bringen, und „diese im Augenblick mit einer damaszenischen Laute, persischen Harfe, tatarischen Pfeife und einem ägyptischen Hackbrett zurückkehrte". Die tiefsten Spuren in der arabischen Musik hat die persische Kultur hinterlassen, die nicht nur die Entwicklung der arabischen Musiktheorie, sondern auch den Instrumentenbau beeinflußt hat.

328 Arabische Klarinette Arghûl el kebir, Ägypten

Ägyptische Geige

329 Arabische Oboe Zamr, Syrien

Die Araber besitzen nicht viele Idiophone, und diese beschränken sich vorwiegend auf Metallophone. Zu ihnen gehören die drei kleinen Becken *Snug;* der Spieler hält zwei in der rechten Hand und schlägt sie mit der linken. Tellerförmige Kastagnetten aus Metall heißen *Qaragib.*

Die Flöte *Nay* ist ein den arabischen und türkischen Berufsmusikanten gemeinsames Instrument. Sie ist außerordentlich schwer spielbar, da ihr Rohr an beiden Enden offen ist und weder Schnabel noch Einschnitt hat; die Flöte Nay wird in sieben Stimmungen hergestellt. Eines der Hauptinstrumente Nordwestafrikas ist die Schilfrohrflöte *Qasab* (Kaschaba); bei den Beduinen, den Trägern der ursprünglichen arabischen Tradition, hat diese Flöte drei Grifflöcher. In den Städten Nordmarokkos wird die kleine Schnabelflöte *Nira* gespielt, die der algerischen *Gawaq* ähnelt.

Bei der arabischen Oboe *Zamr* mit konischem Holzrohr, glockenförmigem Schallstück und 7–8 Grifflöchern wird das Doppelrohrblatt ganz in den Mund genommen; die so entstehende Luftkammer erleichtert dem Spieler das Erzeugen der Töne. Zamr bezeichnet in Tunis und Algerien eine Doppelklarinette, die dem ägyptischen *Zumra* entspricht und zwei gleich lange Röhren sowie 6 Grifflöcher hat; der Spieler bedeckt je zwei einander gegenüber liegende Grifflöcher gleichzeitig

Rebab, Algerien

mit den Fingern. Ein ähnliches Instrument mit zerfasertem Schilfrohr-blatt ist in Marokko unter der Bezeichnung *Sghanin* verbreitet. Altä-gyptischen Ursprungs ist die Doppelklarinette der Fellachen *Arghûl*, die in drei Größen von 40 bis 140 cm Länge vorkommt. Ihre beiden Rohrpfeifen sind fest miteinander verbunden, zum Anblasen dienen zwei kurze Kopfstücke mit einfacher, direkt aus der Pfeife herausge-schnittener Zunge; nur die kürzere Rohrpfeife ist mit Grifflöchern ver-sehen, die längere dient der Bordunbegleitung. Die arabische Sackpfei-fe ist nichts anderes als ein mit Balg ausgestatteter Arghûl; dieser ist bei der saudiarabischen Sackpfeife *Zukra* mit Fell bezogen, während die tunesische Sackpfeife *Mazûd* einen glatten Balg hat.

Bei feierlichen Umzügen und während des Festmonats Ramadan er-

330 Doppeloboe Mezued, Tunis

331 Arabische Sackpfeife Mazūd, Tunis

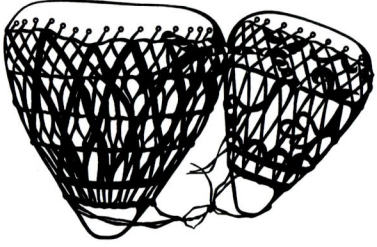

Kleine ägyptische Trommel
Naqqâra-Tbilat

332 Arabische Zither Kânûn, Ägypten

Tunesische Trommel

tönt in rhythmischer Wiederholung eines einzigen Tones die gerade Messingtrompete *Nafîr* (Nefîr). *Schach Nefîr* ist das gekrümmte persische Horn; die lange Metalltrompete *Karnâ* wird im Irak bei feierlichen Anlässen zur Begleitung von Fanfaren geblasen.

Jeder arabische Musiker und Musiktheoretiker ist mit der Laute *Ud* vertraut, die in den westlich von Ägypten gelegenen Ländern auch Kwitarah heißt; der Name ist von altgriech. Kithara abgeleitet. In der Entwicklung der arabischen Laute spielte Hassan Ibn Náfi Zirjab eine wichtige Rolle; er veränderte ihre Form, fügte ihr die fünfte, tiefste Saite bei und führte die Stimmung d, e, a, d¹, a¹ ein. Unter türkischem Einfluß, der sich seit dem 16. Jahrhundert mit der arabischen Musiktradition vermischt, erhielt die Laute Ud eine sechste Saite. Das heutige Instrument ist mandelförmig und mit kunstvoll geschnitzter kreisrunder Rose, deutlich abgesetztem Hals und Perlmutteinlagen versehen; auf den mit einem Plektrum angerissenen Saiten lassen sich nur Melodien, keine Akkorde spielen.

Neben der Laute Ud kannte der islamische Osten eine kurze, aus

333 Arabische Oboe Rajta und Tamburin Bendir, Algerien

334 Türkische Flöte Dillidüdük

Türkische Trommel Deblek

einem Stück Holz gefertigte und fellbezogene Laute mit eichelförmig gekrümmtem Kopf; dieses Instrument hatte sich aus Persien einerseits weiter nach Osten bis Sulawesi und im Süden nach Madagaskar, andererseits westwärts nach Europa verbreitet, wo es über das maurische Spanien als *Koboz* nach Mitteleuropa gelangte. Auf heimischem Boden verwandelte sich seine ursprüngliche Zupf- in eine Streichtechnik, und unter dem neuen Namen *Rábob* wurden zwei Typen entwickelt, die nordwestafrikanische mit schmalem, ausgebauchtem und in den Zargen eingebogenem Korpus, das mit einer Pergamentdecke bedeckt ist, und der ägyptische mit trapezoidem Korpus; beide sind zweisaitig und tief gestimmt. Hierher gehört auch das dreisaitige marokkanische Instrument mit Schildkrottkorpus *Genbri*. Das trapezoide Zitherinstrument *Qânûn* (Kânûn, aus dem Griech. Kanon = Regel) kam, wie andere arabische Instrumente, über Spanien nach Europa, wo es unter der Bezeichnung Kanon eine wichtige Rolle in der mittelalterlichen Musik spielte. Das heutige Qânûn hat einen flachen länglichen Resonanzkasten, seine Decke ist zu einem Teil aus dünnem Holz, das vom Saitenhalter bis fast zum Steg reicht und in der Regel von drei geschnitzten Rosen durchbrochen ist, zum anderen aus Haut gefertigt, die die ganze rechte Seite einnimmt und den Steg trägt. Die 26 dreibündigen Metallsaiten laufen vom Saitenhalter am linken rechtwinkligen Ende über den rechts angebrachten Steg bis zu dem am Rand der Schrägseite des Instruments befindlichen Wirbelstock. Zum Spielen dienen Plektren, die beiden Zeigefingern aufgesteckt werden. Ein ähnliches Instrument ist das iranische *Santûr* (aus griech. Psalterion) mit symmetrisch trapezförmigem Korpus und 18 vierchörigen Messingsaiten, die mit zwei leichten Stäbchen geschlagen werden. Das Santûr ist im Mittelalter über Spanien nach Mittel- und Südosteuropa gekommen, wo es unter den Namen Hackbrett, Cimbalom, Zymbal u. ä. erhalten geblieben ist.

Die arabisch-islamische Musik kennt drei Trommelarten: die Rahmen-, die Becher- und die Kesseltrommel. Die kleine Schellentrommel *Târ* wird vom Spieler so in der Linken gehalten, daß die Membran von der Rechten bequem geschlagen werden kann, und zwar abwechselnd auf Rand und Mitte der Membran; die linke Hand schlägt dazu einen

335 Tunesische Geige Rebab

336 Hackbrett Santûr, Iran

Nebenrhythmus. Die *Darabukke* hat die Form einer Tonvase, deren Hals beim Schlagen des Hammelfells unter den linken Arm genommen wird; geschlagen wird auf zweierlei Weise: mit der Linken leicht und gedämpft, mit der Rechten stark. Die Darabukke ist ein beliebtes Instrument der Straßenmusikanten, wird aber auch in der klassischen Musik verwendet. *Naqqâra Tbilat* ist eine kleine, paarweise gebrauchte Kesselpauke, die mit leichten Stäben geschlagen wird.

337 Oboe Zurna, Iran

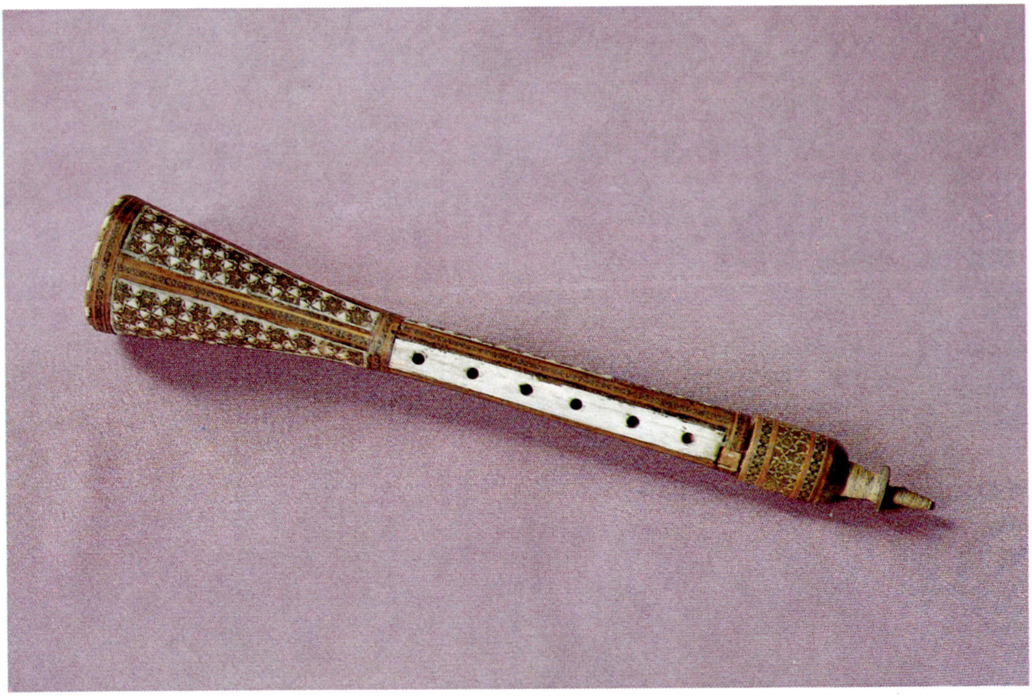

338 Trommlerin der Tuareg, Algerien

Typischer Abkömmling der persisch-arabischen Musikkultur ist die Musik der Türkei, die seit dem 16. Jahrhundert zum traditionellen Träger der arabischen Musik geworden ist und diese in mancher Hinsicht bereichert hat. Die Urheimat der türkischen Musik ist Zentralasien, wo gewisse Mongolenstämme bei ihren Schamanenkulten die gleiche Trommel *Bar* benutzen wie die Türken von Erzerum oder Kleinasien. In Trapezunt wird noch heute auf der sog. *Lyra* gespielt, einem Typ der türkischen Geige Kemandsche. Die übrigen Instrumente sind aus den arabischen Ländern bekannt: die zylindrische Oboe *Duduk*, die kegelförmige *Surna*, die Sackpfeife *Tulûmi*, die Laute *Ud*, die Zither *Qânûn*, das Tamburin *Deff*, die Pauke Dumbelek u. a.

339 Geige Ej-cek, Iran

340 Oboe Mismar, Ägypten

EUROPA

SKANDINAVIEN

Während die instrumentale Volksmusik bei den außereuropäischen Völkern die Grundlage der nationalen Musikkultur bildet, spielt die Volksmusik bei den europäischen Nationen nur eine zweitrangige Rolle. Die unter dem Einfluß der Kunstmusik geschaffenen sekundären Folkloreformen gehen zwar auf autochthone Volksmusik zurück, sind aber auf mannigfaltige Weise verändert und zurechtgemacht. Sie zeigen somit ein entstelltes Bild der Volksinstrumentalmusik, das der künstlerischen Originalform und der spontanen Ausdruckskraft des In-

341 Norwegische Geige Hardangerfele

342 Finnische Zither Kantele

halts entfremdet ist. Daher kann man in Europa heute nur noch sehr selten ursprünglicher und eigenständiger Volksmusik begegnen.

Saiteninstrumente stehen im Vordergrund des etwas nüchternen musikalischen Ausdrucks der Skandinavier. Die *Kantele,* ein Relikt des mittelalterlichen Psalteriums, begleitet seit alters her die Runenlieder der Finnen. Der Resonanzkasten dieses flügelförmigen Instruments ist mit Saiten bezogen, deren Anzahl bis 30 geht. Aus dem keltischen Kulturgebiet ist über Schweden die viersaitige *Jouhikko* mit gewölbtem Boden und flacher Decke nach Finnland gekommen; statt des

Polnische Trompete

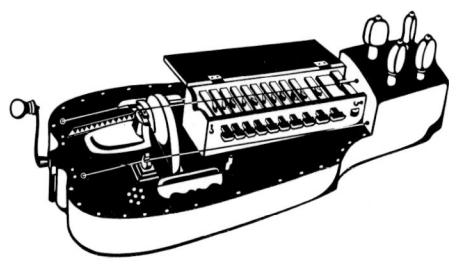

Böhmische Drehleier und
Detail der Tangentenmechanik

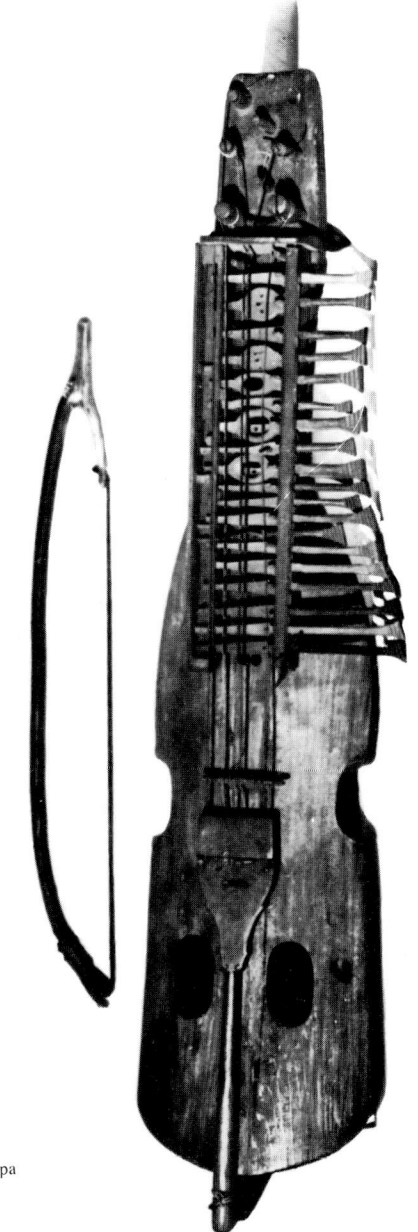

343 Schwedische Nyckelharpa

277

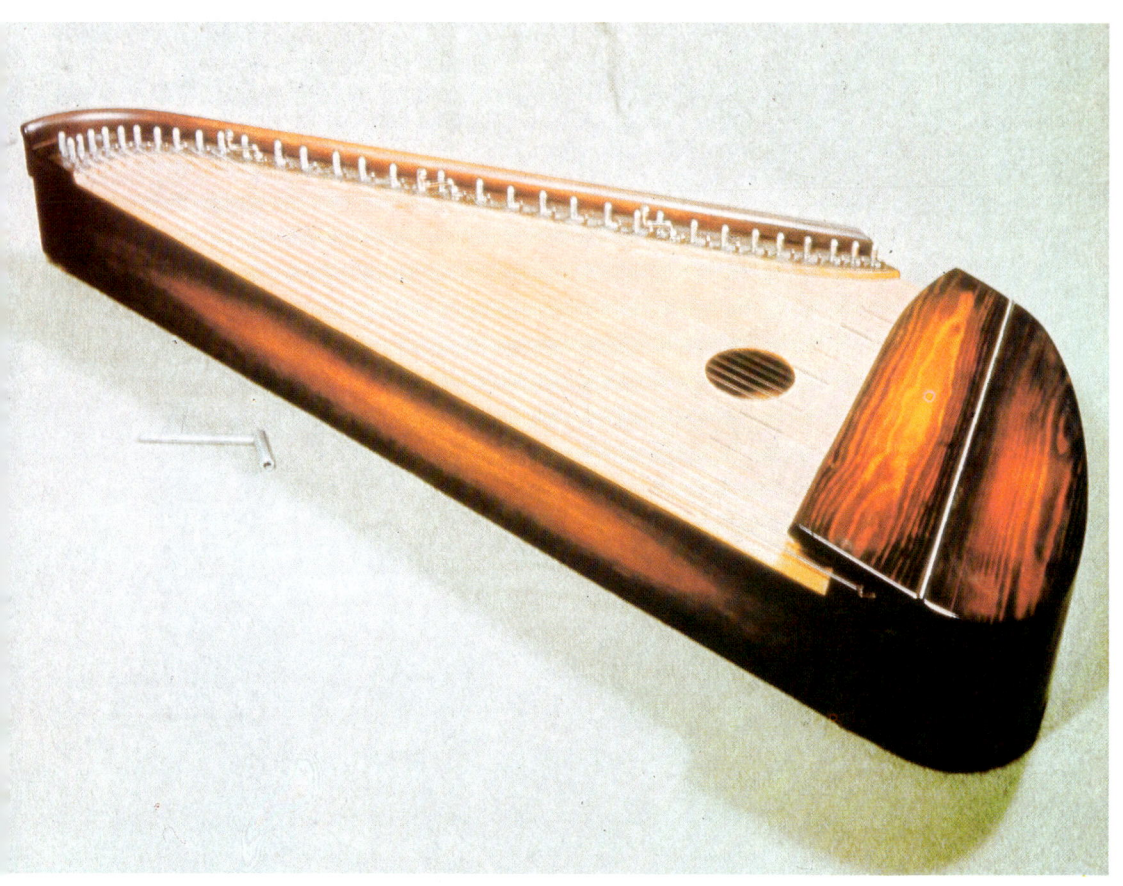

344 Finnische Zither Kantele

Griffbretts ist linkerseits eine Öffnung gebohrt, durch die der Spieler zwecks Saitenverkürzung die Fingerspitzen steckt. Beim Spielen ruht das Instrument auf dem linken Bein, während das untere Ende auf das rechte Knie des Musikanten gestützt wird. Hirteninstrumente sind die Zungenpfeifen *Liru* und *Luddu* sowie die Holzpfeifen *Tjurju* und *Torwi*.

Mit dem Jouhikko verwandt ist die schwedische *Strakharpa,* der Form nach erinnert sie an die mittelalterliche Chrotta, die isländische *Fidla* und die estländische *Tallharpa.* Ein Vermächtnis vergangener Zeiten ist die *Nyckelharpa,* die einst unter der Bezeichnung *Schlüsselfiedel* auch in Deutschland verbreitet war. Sie geht auf die mittelalterliche Drehleier zurück, von der die Nyckelharpa nur die Tangentenmechanik behalten hat, denn die Saiten werden mit einem Bogen gestrichen. Identisch mit der norwegischen Zither *Langleik,* der dänischen *Humle* und der holländischen *Hommel* ist die schwedische *Hummel* mit helmförmigem Schallkörper und am linken Eckenrand durchgehenden Metallbünden; die Bordunsaiten sind in Tonika und Dominante gestimmt. In den 30er Jahren des vorigen Jahrhunderts entstand die Bogenzither *Psalmodikon,* die in Kirchen gespielt und beim Gesangsunterricht in den Schulen als Begleitinstrument benutzt wurde.

345 Norwegische Zither Langleik

Fahrende Sänger in Norwegen spielten einst auf der *Hardangerfe-le,* einer noch heute so populären Fiedel, daß sie die meisten norwegischen Volksinstrumente verdrängen konnte. Die Fele ist eine hübsch verzierte kleine Violine mit stärker gewölbter Decke, 4 Spiel- und 4 Resonanzsaiten. Ein altes norwegisches Saiteninstrument vom Scheitholttyp ist der *Langleik;* sein Schallkörper ist lang und flach, mitunter auch ausgebaucht, seine vier bis vierzehn diatonisch gestimmten Stahlsaiten werden mit einem Plektrum gerissen. An alten Blasinstrumenten sind das aus Birkenholz oder -rinde hergestellte lange Hirtenhorn *Lur* sowie das kleinere *Prillar,* ein Ochsen- oder Bockshorn, bis heute erhalten geblieben.

Schwedische Strakharpe

346 Litauisches Holzglockenspiel Skrabalas

347 Russische Gusli

EUROPÄISCHER TEIL DER SOWJETUNION

Die wechselseitigen Beziehungen zwischen den Musikkulturen der Sowjetunion haben die Entwicklung der Volkskunst günstig beeinflußt. Aus dem einst bunten Volksinstrumentarium hat in Rußland die *Loschki* überlebt, eine einfache Rassel aus Holz- oder Kupferlöffeln mit schellenbesetztem, verlängertem Handgriff; mit den Fingern der rechten Hand werden die gewölbten Flächen gegeneinander geschlagen. Geübte Spieler benutzen vier bis fünf Löffelpaare. Im Gebiet von Tula kommt an manchen Orten noch die Ratsche *Treschtschotka* vor, die bei Hochzeiten in der Hand der Frauen ertönt.

Das in der ganzen Sowjetunion meistverbreitete Instrument ist die *Garmon* (Ziehharmonika), die in den 40er Jahren des vorigen Jahrhunderts nach Rußland gekommen ist. Das Bestreben der Hersteller, die Garmo der russischen Volksmusik anzupassen, ließ viele verschieden gebaute Typen entstehen. Zur Gruppe der einreihigen diatonischen gehört die nach ihrem Herstellungsort benannte *Saratowskaja*. Im Unterschied zu der *Liwjenka* erzeugt die Saratowskaja beim Auseinander- bzw. Zusammenziehen verschiedene Töne. Größere Verbreitung haben die zweireihigen Modelle: Die *Tscherepowka* kommt in mehreren Grö-

281

348 Estländische Zither Kannel

349 Russisches Hirtenhorn Roschok, 18. Jahrhundert

ßen vor. Um die Jahrhundertwende wurde der vollkommenste Typus der chromatischen Ziehharmonika nach dem legendären russischen Sänger *Bajan* benannt. Der *Bajan* hat in der Regel 52 Knöpfe, die sich im Tonumfang B — c⁴ in drei Reihen auf der rechten Seite befinden; die Baßklaviatur hat 100 Knöpfe in fünf Reihen. Die beiden ersten Reihen enthalten die Grund- und Terzbässe von G bis fis, die dritte bis fünfte die Dur- und Molldreiklänge sowie die Dominantseptakkorde jedes beliebigen Tones der chromatischen Reihe. Nach dem zweiten Weltkrieg fand auch das *Akkordeon* Verbreitung, das sich durch die Klaviatur für die rechte Hand vom Bajan unterscheidet.

350 Russische Flöte Sopel mit Kasten

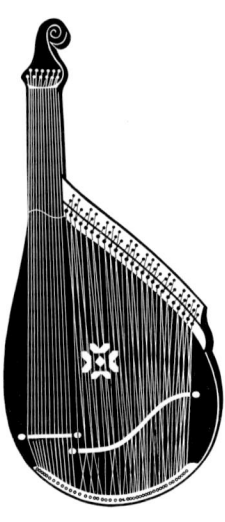

An Blasinstrumenten ist in Mittelrußland die Panflöte *Kuwikli* überliefert: ihre fünf verschieden langen Rohrpfeifen sind nicht miteinander verbunden, so daß beim Spiel jede einzeln in der Hand gehalten werden muß. Der Bläser kann ihren geringen Tonumfang mit der eigenen Stimme erweitern. Zu den ältesten Flöteninstrumenten der Ostslawen gehört der *Sopel,* ukrainisch *Sopilka,* belorussisch *Dudka.* Ein nicht weniger archaischer Typus ist die Doppelflöte *Swirel,* die in Belorußland *Podwojnaja Swirel* (Doppelpfeife) heißt; ihre Rohrpfeifen sind nicht verbunden und werden beim Spielen im spitzen Winkel voneinander gehalten. Die ukrainische Doppelflöte *Dwodenziwka* besteht aus einem Stück Holz, ihre beiden Rohrpfeifen haben ein gemeinsames Schnabelmundstück. In der Westukraine ist die grifflochlose *Tjelenka* sowie die Blockflöte *Flojara* mit 6 Grifflöchern verbreitet. In Nord- und Belorußland spielt man die *Schaljeika,* deren aufschlagende Zunge entweder im Mundstück steckt oder direkt aus der Rohrpfeife geschnitzt ist. Eine *Doppelschaljeika* mit gemeinsamen Schallstück kommt in Südrußland vor. Die Sackpfeife ist nur in der Ukraine verbreitet, und dort in zwei

Ukrainische Bandura

351 Ukrainische Bandura

352 Polnische Geige Zlobzoki

353 Polnische Sackpfeife Koza

354 Russische Pfeifen aus gebranntem Ton, die sog. Svistilkas

Varianten, mit einer bzw. zwei parallelen Rohrpfeifen, von denen dann eine der Bordun ist. *Roschok* ist ein Mundstückinstrument mit Grifflöchern, das in den 80er Jahren des vorigen Jahrhunderts unter Nikolai Kondratiew berühmt wurde; die Roschokspieler seiner Gruppe spielten nur nach dem Gehör, und die Aufgabe des Dirigenten beschränkte sich auf die richtige Stimmenverteilung.

Schriftliche und ikonographische Belege bezeugen, daß die *Gusli* un-

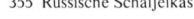

355 Russische Schaljeikas

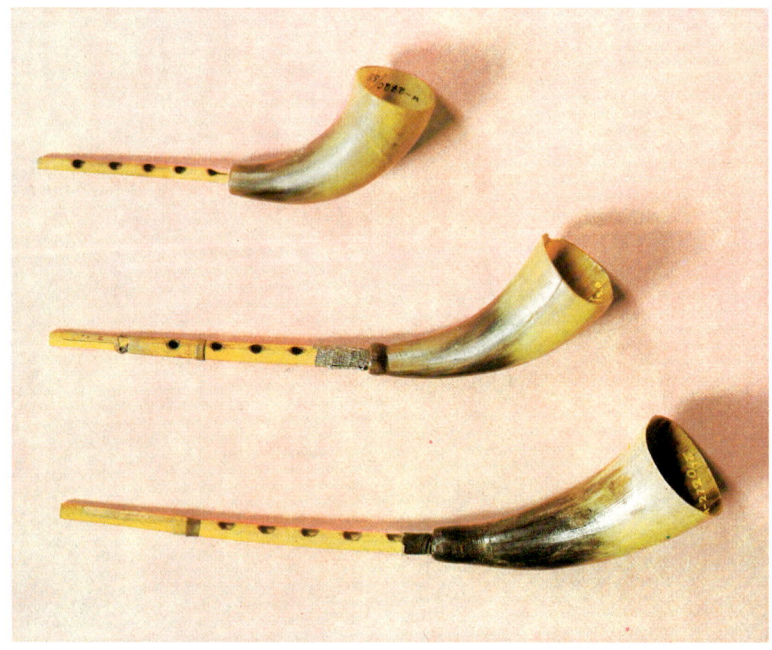

ter den russischen Saiteninstrumenten die größte Beliebtheit genossen. Sie haben sich durch Hinzufügen weiterer Saiten und Vergrößerung des Resonanzkörpers aus dem mittelalterlichen Psalterium entwickelt. Die *Flügelgusli* sind tatsächlich flügelförmig und mit 12 bis 14 diatonisch gestimmten Saiten bespannt. Eine kompliziertere Bauart mit fast 60 chromatisch gestimmten Saiten haben die *Rechteckgusli.* Im Jahre 1914 wurden Gusli mit einer Klaviatur gebaut, die nicht dem Spielen, sondern dem Auslösen der Dämpfer diente. Eine Hand des Spielers dämpft auf der Klaviatur die Akkorde, während die andere mit einem harten Lederplektrum über die Saiten streicht. Weitere Zupfchordophone des Großrussischen Gebietes sind *Dombra, Bandura* und *Balalaika;* sie werden in verschiedenen Größen von Diskant- bis zu Kontrabaßinstrumenten hergestellt. Die *Bandura* ist das meistverbreitete ukrainische Volksinstrument. Die Nachfolgerin der Dombra wurde die *Balalaika,* für die der dreieckige Schallkörper charakteristisch ist; ihre zwei Saiten sind in der Quart gestimmt, bei der gebräuchlicheren dreisaitigen haben die zweite und dritte meist die gleiche Tonhöhe. Im Smolensker Gebiet ist die Drehleier als *Lira,* in der Ukraine als *Relja* (Rele) überliefert; sie hat eine Melodie- und zwei Bordunsaiten. Ihre Bauweise ist nach dem 1. Weltkrieg mehrmals verbessert worden, besonders die neunsaitige Relja (Rele) stellt mit ihrer Stimmung in kleinen Terzen und ihrem harmonikaähnlichen Mechanismus eine gelungene Konstruktion dar; ein endloses Kunststoffband, dessen Druck auf die Saiten geregelt werden kann, ersetzt das frühere Rad.

Die alte Musikkultur der Bewohner Litauens, Lettlands und Estlands hat ihre Wurzeln in vorchristlichen Zeiten und erlebte im beginnenden

356 Russische Harmonika Saratowskaja

357 Slowakische Flaute

15. Jahrhundert ihre Blütezeit, als der Staat Litauen von der Ostsee bis ans Schwarze Meer reichte.

Unter den wenigen Idiophonen Litauens und Lettlands ist das diatonisch oder chromatisch gestimmte Holzglockenspiel, lit. *Skrabalas,* lett. *Koka Swans* besonders typisch; die Glocken sind an einem Rahmen befestigt und werden mit Holzstäben geschlagen. In Estland ist nur die Schrape *Kraatspill* erhalten geblieben, ein Schrapstock, mit dem man den Boden schlägt und kratzt, wenn die allgemeine Stimmung bei einer Tanzunterhaltung ihren Höhepunkt erreicht.

Mit der russischen Kuwikli ist die litauische Flöte *Skudutschiaj* verwandt; sie wird in fünf- oder siebenköpfigen Gruppen verwendet, in denen jeder Musiker zwei bis drei verschieden lange Pfeifen in der Hand hält und sie abwechselnd bläst, wenn er mit der Melodie an der Reihe ist. Mit dem lettischen *Ascharags* und dem estnischen *Sarwu* ist das litauische *Oschgaris* identisch, ein Horn mit drei bis fünf Grifflöchern. Die einst bei allen skandinavischen Völkern verbreitete Holz-

358 Russische Harmonika Noworschewskaja

359 Böhmische Sackpfeife, 19. Jahrhundert

trompete *Trimitas* ist heute nur in Litauen erhalten geblieben. In Estland ist die Sackpfeife *Torupill* sehr beliebt; ihr Balg ist aus Kuhmagen, sie hat eine Melodie- und zwei Bordunpfeifen.

In allen baltischen Staaten der UdSSR gilt ein psalterartiges Zupfchordophon als Hauptinstrument, das bei den Litauern *Kankles*, den Letten *Kokle* und den Estländern *Kannel* heißt: über einem flachen, rechteckigen Resonanzkasten sind neun und mehr Saiten gezogen, die an der Schmalseite am Saitenhalter, an der Breitseite am Wirbelstock befestigt sind. Der Spieler legt das Instrument auf die Knie und zupft die Saiten mit den Fingern der rechten Hand oder einem Plektrum, während die linke die Saiten dämpft.

MITTELEUROPA

Im Unterschied zu den nördlichen und einigen östlichen Gebieten Europas sind Idiophone wie Rasseln, Ratschen, Klappern, Glocken u. ä. in Mitteleuropa stark verbreitet. Die Streichinstrumente zeichnen sich durch große typologische Mannigfaltigkeit aus, an Blasinstrumenten überwiegen Flöten- und Kesselmundstückinstrumente. Zungeninstrumente sind weniger vertreten, dafür gibt es viele Sackpfeifen; unter den

360 Mährisches Pedalzimbal

traditionellen Volksinstrumenten nehmen, wie überall, Mund- und Ziehharmoniken (Akkordeons) einen immer größeren Platz ein.

Polen ist das Land der Sackpfeife. Jugendliche Viehhüter blasen die *Siesenki,* eine Art Dudelsack mit einfacher Pfeife und Blasebalg, der über ein kurzes Mundstück aufgeblasen wird. Auch wenn in Polen verschiedene Sackpfeifentypen verbreitet sind, so ist ihnen allen der Ziegenfellsack gemeinsam, in den der Wind durch einen unter dem rechten Arm des Spielers gehaltenen kleinen Balg getrieben wird. Der linke Arm drückt den aufgeblasenen Sack, der den Wind in die Pfeifen weitergibt; die Spielpfeife hat Grifflöcher, die Bordunpfeife keine und beide enden in einem Kuhhorn mit messinggetriebenem Schallstück. Der *Kozioł* ist ein größerer Dudelsack; der *Kozioł ślubny* wird bei Hochzeitsfesten gespielt, zusammen mit der kleinen Geige *Mazanki,* deren drei Saiten in Quinten, aber um eine Quint höher als übliche Geigen gestimmt sind. An Blasinstrumenten sind in der polnischen Volksmusik gewisse Flötentypen wie die *Fujarka* und *Holzhörner* überliefert.

Die Volksmusik der Tschechoslowakei hat vor allem in der Slowakei eine lebendige Tradition. Dort hat sich aus Signalinstrumenten und intimen Ausdrucksformen der Hirtenmusik eine Instrumentalton-

361 Ukrainische Gusli

362 Russische Balalaika

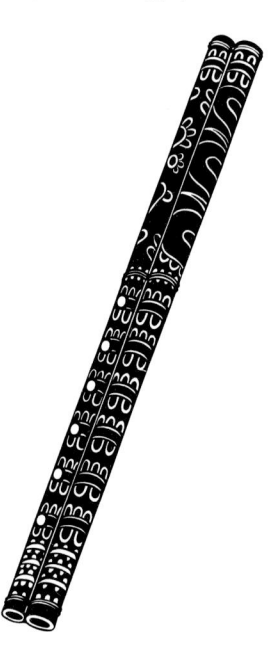

363 Rumänische Hirtentrompete Bucium

Slowakische Doppelpfeife

kunst entwickelt, die in Mitteleuropa nicht ihresgleichen hat. Sie wird entweder solistisch auf Blasinstrumenten oder in Gruppen gepflegt, für die die Verwendung von Streichinstrumenten typisch ist.

In der ganzen Slowakei ist die Blockflöte *Pastierska píšťala* (Hirten-pfeife) verbreitet; sie wird aus verschiedenen Holzarten geschnitzt oder, häufiger noch, gedreht und mit eingebrannten Ornamenten ver-ziert. Die *Koncovka* ist eine Langflötenart mit leicht konisch verengter Röhre ohne Grifflöcher; durch Freigeben und Bedecken des offenen Rohrendes mit dem linken Zeigefinger gewinnt man zwei Reihen von Überblastönen, unter denen der dritte bis siebente bzw. siebente bis dreizehnte am meisten verwendet wird. Ein unter den europäischen Volksmusikinstrumenten einzig dastehendes Tonwerkzeug ist die *Fuja-ra*, eine Baß-Langflöte mit 140 bis 200 cm langer Röhre, an deren ge-schlossenem oberen Ende mit einem Riemen eine zweite, 40 bis 80 cm lange engere Röhre mit kurzem Mundstück festgebunden ist. Im Un-terteil der ersten sind in ziemlich weiten Abständen drei Grifflöcher gebohrt. Der Tonumfang von drei Oktaven ist nur etwa zur Hälfte verwendbar, da die tiefsten Töne zu schwach und die höchsten in der Intonation unrein sind. Der eigenartigste Klangeffekt der Fujara ist das Signal beim Anblasen: Zuerst ist ein näselnder Ton zu hören, dann sinkt die Melodie langsam vom hohen zum Grundton und entwickelt dabei zierliche Motive und spielerisch ornamentale Figuren.

Die slowakische Sackpfeife *Gajdy* kommt in zwei Abarten vor: die mit einfacher Spielpfeife, die *Gajdy goralské* (etwa Alp-Sackpfeife) und die mit doppelter Spielpfeife. Der Blasebalg wird aus gewendetem Lamm- oder Ziegenfell gefertigt. Spiel- wie Bordunpfeife sind mit Metalleinlagen verziert und enden in einem Schallstück, das aus Ochsen-

364 Bulgarische Kawal-Flöten

365 Mährische Rassel und Klapper

horn und Messingblech zusammengestellt ist. Die Sackpfeife ist das eindrucksvollste Musikinstrument Böhmens, wo sie zusammen mit der Geige die tschechische Volksmusik begründet hat.

In Ungarn wird bis in die Gegenwart die viersaitige Drehleier *Forgólant* sowie eine Zither gespielt, die mit länglichem Resonanzkasten, zwei zweichörigen Griff- und acht Bordunsaiten ausgestattet ist. Nach 1800 wurde das Hackbrett oder Zimbal *Cimbalom*, das schon früher in der Volksmusik anderer europäischer Völker auftritt, zum Nationalin-

366 Mährische Sackpfeife

strument. Die Hälfte der Saiten wird im Verhältnis 2:3 durch Stege geteilt, so daß die geteilten Saiten in Quinten gestimmt sind. Das moderne ungarische Pedalhackbrett stammt von dem Budapester Instrumentenmacher böhmischer Herkunft József Schunda (1874), der gleichzeitig Autor des ersten Lehrbuches der Zimbalspiels ist. Auch das *Tárogató* gilt als ungarisches Nationalinstrument; seine breite konische Röhre hat ein Klarinettmundstück und modernen Klappenmechanismus.

Die rumänischen Volksmusikanten Lautari begleiten ihre Lieder auf der *Cobza,* einer Laute mit Boden aus breiten Ahornspänen und flacher Fichtenholzdecke mit mehreren Schallöchern, die sich langsam verengt und dann in ein kurzes rückwärts gebogenes Wirbelbrett übergeht. Die vier in Quarten gestimmten zwei- und dreichörigen Saiten

367 Jugoslawische Oboe Zurla

Bulgarisches Gudulka

368 Bulgarische Gudulkas und Tambura

sind in umgekehrter Reihenfolge angebracht, d. i., die tiefsten Saiten liegen auf der rechten Seite des Instruments. Die *Naj* (arab. nâj) ist eine Panflöte mit 8 bis 24 verschieden langen Holzpfeifen von gleichem Durchmesser. Der Flötenspieler bewegt die Nai vor seinen Lippen hin und her und entlockt ihr hellklingende Triller. In der Hirtenmusik sind bis heute Schilfrohr-Blockflöten sowie die hölzerne Flöte *Fluier* mit 6 Grifflöchern in Gebrauch. Im Namen der langen Holztrompete *Bucium* scheint die altrömische Buccina nachzuklingen.

Jede Landschaft B u l g a r i e n s hat ihre eigene Musikinstrumente, die vorwiegend persisch-arabischer Herkunft und durch türkische Vermittlung ins Land gekommen sind. Für Südwestbulgarien ist die viersaitige *Tambura* typisch; dieses Zupfinstrument hat ein stark ausgebauchtes Korpus und einen langen, mit Metallbünden versehenen Hals. Im Westen des Landes ist die *Gudulka* beliebt, ein Streichinstrument mit birnenförmigem Korpus, das allmählich in einen kurzen Hals ohne Griffbrett übergeht. Der Spieler stützt das Instrument in Vertikallage am Knie und berührt seine Saiten leicht mit den Fingernägeln der linken

369 Slowakische Fujara

370 Slowakische Sackpfeife

Hand, um ihm Flageolettöne zu entlocken. Auf der in Thrazien verbreiteten Flöte *Kawal* lassen sich technisch sehr anspruchsvolle Melodien spielen. Die große Trommel *Tupan* ist mit der in Albanien, Makedonien und Südserbien verbreiteten gleichnamigen Trommel identisch.

SÜDOST- UND SÜDEUROPA

In der Volksmusik dieser Teile Europas äußert sich der Einfluß der Kulturen aller früheren Beherrscher des Mittelmeergebiets. Idiophone

301

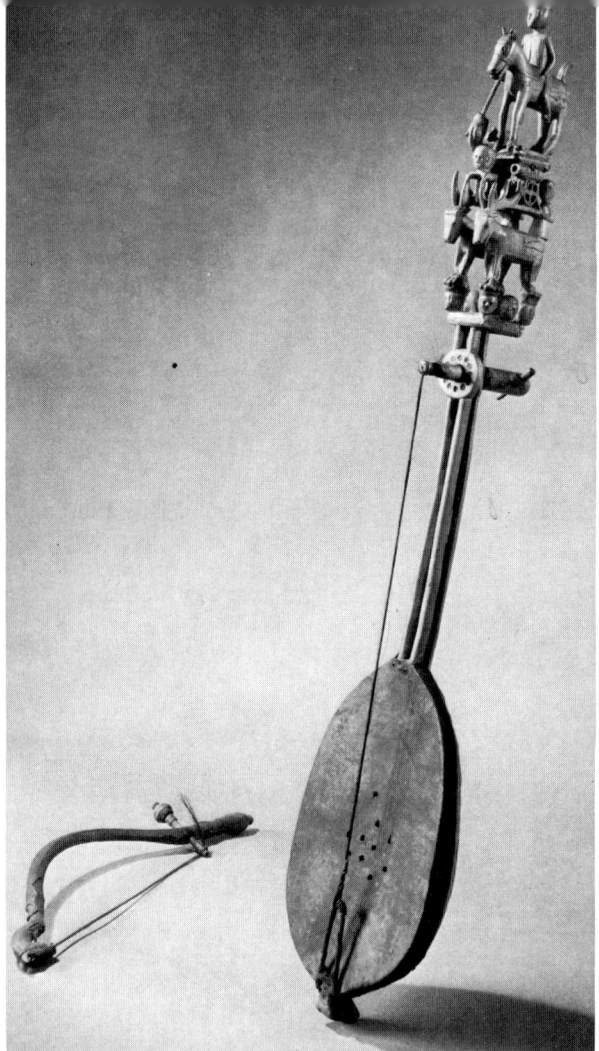

Jugoslawische Dwojnice

sind mit verschiedenen Klapper- und Schrapxylophonen und Metallophonen vertreten; gewisse Trommelrahmen verweisen auf ihre arabische Abstammung. Bei den Blasinstrumenten überwiegen Klarinetten-
arten mit einfachem Rohrblatt; in ihnen scheinen die Hauptmerkmale
der mediterranen Instrumentalmusik ihren markantesten Ausdruck gefunden zu haben.

Ein weltbekanntes Volksinstrument Jugoslawiens ist die *Gusle,*
deren Korpus aus einem Stück Holz besteht und mit Schaf-, Esel- oder
Hasenfell bezogen ist; der kurze Hals mit mächtigem Wirbel endet in
einer stilisierten Schnecke. Die einzige über den hohen Steg geführte
Roßhaarsaite wird durch diesen Wirbel gespannt. Der Spieler hält die
Gusle zwischen den Knien, berührt die Saite, ohne sie niederzudrücken,
und entlockt ihr durch besondere Gleitbewegungen der Finger Glis-
sandotöne. Das Instrument ist heute in vielen Gegenden Serbiens dem

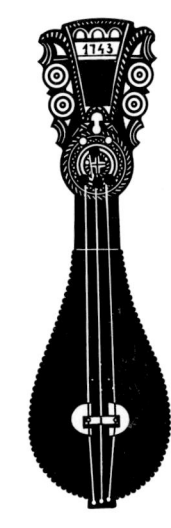

Griechische Lira

Tamburin und Akkordeon gewichen. Die *Lirica* ist der älteste Typus eines an der dalmatinischen Küste verbreiteten mediterranen Instruments mit drei in die Prime, große Sekunde und reine Quinte gestimmten Saiten.

Das Streben nach Bewahrung der traditionellen Volksmusik hat in Griechenland verschiedene Instrumente überleben lassen. Eine Besonderheit ist die zangenförmige Eisenklapper *Massa,* die der rhytmischen Begleitung dient. Zu den Lauteninstrumenten gehören die fünfsaitige *Uti* und die viersaitige *Laghuto.* Streichinstrumente sind in den verschiedenen Formen der *Lira* vertreten, die meist drei in Quinten gestimmte Saiten hat. Im Sitzen hält der Spieler die Lira in leicht vorgeneigter Vertikallage, im Gehen oder Stehen stützt er sie gegen die Hüfte.

Die Überbleibsel des einst bunten Volksinstrumentariums Italiens sind Sackpfeife, Schalmeien und Flöten; die meisten Blasinstrumente sind auf Sizilien erhalten geblieben. Ein ungewöhnliches Musikinstrument ist das Terrakottagefäß, das der Spieler am Henkel hält und dem er durch rhythmisches Blasen in den Gefäßhals brausende Töne entlockt. Ähnlich klingt auch die Reibtrommel *Caccarella.* Das charakteristischste Instrument ist wohl die *Launeddas* der Abruzzenhirten: es besteht aus drei verschieden langen Schilfrohren; das mittlere ist mit 5 viereckigen Grifflöchern versehen, das längste dient als Bordunpfeife, die um ein Schallstück verlängert werden kann, die aufschlagende Zunge mit kleinem Mundstück ist schwalbenschwanzartig geformt; die kürzeste Röhre ist mit den beiden anderen nicht verbunden und hat 5 bis 6 Grifflöcher. Die *Tricca ballacca* ist ein aus drei Holzhämmern

372 Griechische Laute Uti und Geige Liraki

373 Ungarische Drehleier Forgólant

374 Griechische (Mitylenische) Trommel
Darabukke

375 Baskische Einhandflöte Txistu mit
Kleiner Trommel Tamboril

376 Rumänische Cobza

377 Ungarische Zither

fächerförmig angeordnetes Xylophon; der mittlere ist in dem Rahmen festgemacht und wird mit den schellenbehängten übrigen Hämmern geschlagen. Die Schrape *Sceta Vajasse* besteht aus zwei Stöcken, einem glatten und einem gezahnten; der Spieler hält mit der Linken den glatten Stock wie eine Geige unterm Kinn gestützt und überstreicht ihn mit dem schellenbehängten zweiten Stock. Unter den Holzidiophonen sind noch die neapolitanischen Kastagnetten *Nacchere* zu nennen, zwei kurze klopferartige Brettchen.

378 Deutsches Hackbrett

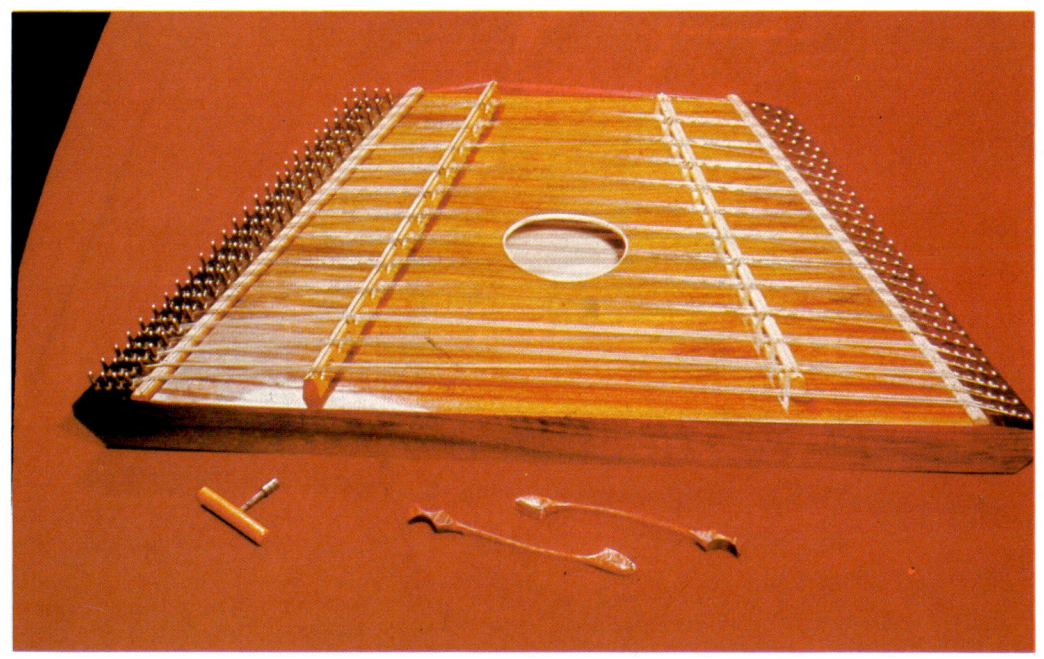

Industrialisierung und Urbanisierung haben in mehreren westeuropäischen Ländern zum fast völligen Aussterben der Folklore geführt. In die traditionelle Instrumentalmusik des deutschen Volkes hat bereits die Reformation mit der Einführung des Chorgesangs folgenschwer eingegriffen. Nur ab und zu kann man an kirchlichen Feiertagen alten Bräuchen begegnen, die mit dem Spielen auf einfachen Instrumenten verbunden sind: der *Ratsche,* dem *Rommelpot* und dem *Waldteufel*

379 Schottische Sackpfeife

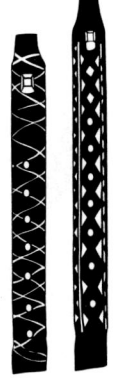

Italienische Pifferi

380 Irische Harfe

oder *Brummtopf,* einer Reibtrommel, die in Flandern *Ronker,* in Frankreich *Bourdon,* in England *Hoo'r* heißt, u. ä.

Demgegenüber läßt sich die reiche Musikfolklore in Frankreich nur mit der vielfarbigen Volkskunst der Balkanvölker vergleichen. Im Süden des Landes sind zwei Arten zweimembraniger Trommeln anzutreffen, die zusammen mit einer dreilöcherigen Blockflöte ertönen; in einer Hand hält der Musikant die Flöte, mit der anderen trommelt er. Der provenzalische *Tambour* mit langem, zylindrischem Korpus gehört zur Flöte *Galoubet,* die kleine katalanische Trommel zur Flöte *Flaviol.* Diese Einhandflöte, die in Soule *Chiruba* und in Ossau *Llauto* heißt, verbindet sich in der Gascogne mit dem zitherähnlichen *Tam-*

309

bourin du Béarn (Saitentrommel,) dessen Saiten mit einem Schlegel geschlagen werden. In der Provence sind zwei Reibtrommeltypen zu finden, das Tongefäß mit Membran und Stab *Pignate* und die drehbare *Cigala.* In den Landschaften Roussillon, Landes und in der Vendée spielen die Hirten auf dem Doppelrohrblattinstrument *Gralla,* und in der Bretagne kommen zweierlei Sackpfeifen vor: die kleine *Biniou koz* mit Spiel- und Bordunpfeife und Kombination einfacher und doppelter Zungen, und die große Sackpfeife *Biniou bras* mit drei Bordunpfeifen.

Die meisten Saiteninstrumente haben ihre archaischen Formen bewahrt. Ein Nachkomme des mittelalterlichen Psalteriums ist die *Epinette des Vosges;* sie ähnelt dem deutschen *Scheitholt,* dem holländischen *Noordsche Balk* und der dänischen *Humle.* Die vier Saiten dieses Instruments werden wie bei der Hawaiigitarre mit einem Holzblock verkürzt und durch Zupfen zum Tönen gebracht. Ein im Massif Central, in der Ober-Bretagne und den Landes beliebtes Instrument ist die Drehleier *Vielle* mit lautenförmigem Korpus und einem geschnitzten Mädchenkopf als Wirbelstock.

Die einst vor allem in Flandern verbreitete Sackpfeife, wie sie auf den bekannten Bildern Breughels zu sehen ist, trifft man in diesem Gebiet heute nicht mehr. Demgegenüber ist sie in Irland und England zum echten Nationalinstrument geworden. In Irland ist die Sackpfeife mit zwei Arten vertreten: Die *Piob mór* entspricht der schottischen *Highland pipe,* und die *Piob uillean* der englischen *Uillean pipe.* Sehr bezeichnend für Irland ist eine einfache diatonische Harfe, die

381 Französische Drehleier und Sackpfeife, Folklore-Gruppe La Bourrée Bourbonnaise

382 Baskisches Nationalinstrument Alboka

Spanisches Verimbao

sog. *Irish Harp,* die sich aus einer kleinen Form nordischer Herkunft entwickelt hat. Ihr Spiel erfordert große Gewandtheit, denn jede Saite muß sofort nach dem Anklingen gedämpft werden, bevor die nächste Saite erklingt.

Berühmt ist die Folklorekunst der Basken und ihr Spiel auf der eigenartigen Hirtenschalmei *Alboka,* die aus zwei durch ein Halbkreissegment verbundenen Bambus- oder Holzröhren mit 5 bzw. 3 Grifflöchern besteht; die aufschlagenden Zungen erklingen in einem Kuhhorn, das als Windkammer dient; auch das Schallstück ist aus Horn. Nicht weniger beliebt bei den Basken ist die Verbindung der Einhandflöte *Txistu* mit der Trommel *Tamboril.* Dieses Instrumentenpaar bildet in Spanien einen wichtigen Bestandteil der Kapelle Cobla, zu der noch die Schalmeien *Tiple* und *Tenora* sowie die Sackpfeife *Gaita* gehören; die Stelle der letzteren nehmen in der heutigen Cobla Kontrabaß und moderne Instrumente ein. In Portugal bezeugen die Namen gewisser noch heute verbreiteter Musikinstrumente die einstmalige arabische Herrschaft; die Laute heißt *Alaude,* ein viereckiges Tamburin *Aduf,* ein primitives Streichchordophon *Rebec.* Traditionelle Volksinstrumente müssen in Westeuropa wie auf der ganzen Welt dem Akkordeon weichen; es ist heute das Nationalinstrument der Franzosen, in England heißt ein Akkordeon mit sechseckigem Korpus *Concertina.* Den Gesang der Basken begleiten das Akkordeon *Trikitixa* und das Tamburin *Panderoyotzale.*

311

III. MECHANISCHE MUSIKINSTRUMENTE

Die Versuche der Menschen, die Spieltechnik zu mechanisieren und völlig selbsttätige Musikinstrumente zu bauen, führten zur Entstehung der mechanischen Musikinstrumente oder Automatophone, die mit rotierenden Stiftwalzen, durchlöcherten Scheiben oder Papierbändern u. dgl. arbeiten. Die Stifte auf der Walzenoberfläche können beim lang-

383 Glockenspiel, Kuppel des Königspalastes, Amsterdam 1664

384 Drehorgel, J. Riemers Söhne, Chrastava (Kratzau), Böhmen, Ende 19. Jahrhundert

Glockenspiel: 1. Glocken,
2. Hammer, 3. Traktur,
4. Stiftwalze

samen Rotieren der Walze bestimmte mechanische Aufgaben verrichten, die mittels einfacher Hebel oder Zugvorrichtungen auf die tonauslösenden oder klingenden Bauteile übertragen werden. Perforierte Scheiben oder Bänder stellen eine Art Notation des betreffenden Tonstückes dar; sie ermöglichen in Verbindung mit einer pneumatischen Vorrichtung wie beim Pianola eine recht getreue Wiedergabe.

Die ersten Automatophone erscheinen im 13. Jahrhundert in Form von *Glockenspielen* in Verbindung mit Turmuhrwerken. In Holland z. B. gibt es kaum eine Stadt, deren Kirchen- oder Rathausturm kein solches trägt. Vom musikalischen Gesichtspunkt kommt diesen Musikwerken keine besondere Bedeutung zu; sie wuchs jedoch im 16. Jahrhundert, als man begann, Glockenspiele auch auf nichtautomatischem

385—386 Spieldose, František Hřebíček, Prag, 1. Hälfte 19. Jahrhundert

Wege, mittels einer Klaviatur in Bewegung zu setzen. Nach der Erfindung des Uhrfederwerks setzte man kleine Exemplare in Spieluhren ein. Im Schwarzwald wurden billige Holzuhren mit solchen aus Glas erzeugt, deren 8—16 Glöckchen kurze Volksliedweisen spielten. Vom 16. Jahrhundert an gab es auch Taschenuhren mit Miniaturglockenspiel.

Vor Edisons Erfindung des Phonographen und noch lange danach waren es allein die *Spieldosen,* durch die mechanische Musik in Bürgerwohnungen Einlaß fand. Wer die erste Spieldose gebaut hat und wo das geschah, konnte bisher noch nicht festgestellt werden. Sie erscheinen zu Beginn des 19. Jahrhunderts als Erzeugnisse Schweizer Uhrmacher. Der tönende Bauteil war ein Stahlkamm, der mindestens so viele abgestimmte Zähne hatte, wie Töne zum Spielen des betreffenden Tonstücks nötig waren; diese wurden von den Stiften einer rotierenden Walze angerissen, die entweder von Hand mit einer Drehkurbel oder von einem Federwerk angetrieben wurde. Der Tonverstärkung diente ein Holzkästchen, das den Mechanismus barg. Die Spieldosen, die mit dem Uhrwerk einiges gemeinsam haben, eigneten sich zur Serienproduktion, und so begannen die Schweizer bereits zu Beginn des 19. Jahrhunderts mit ihrer Massenherstellung und hielten ihre Monopolstellung auch mehr als hundert Jahre lang. Den Mangel der Spieldosen, nur die Tonstücke wiedergeben zu können, die auf der fest eingebauten Stiftwalze gespeichert sind, behob die Einführung der leicht auswechselba-

ren Lochscheibe; so entstanden die Polyphone, deren Stahlkämme einen Anzupfmechanismus betätigen. Die Fertigung von Spieldosen ist zum Teil bis in die Gegenwart vor allem in der Schweiz erhalten geblieben, während die Herstellung von Polyphonen in den Vereinigten Staaten betrieben wird.

Der Klang der Kesselmundstückinstrumente konnte auf diese Weise mechanisch kaum wiedergegeben werden. Erst die Erfindung der durchschlagenden Zungen ermöglichte eine gewisse Nachahmung dieses Klanges. Der Deutsche Wilhelm Vollner ließ 1822 seine *Melodika*, ein Automatophon mit durchschlagenden Zungen, patentieren. Zu den meistverbreiteten mechanischen Musikwerken mit durchschlagenden Zungen gehörten diejenigen, deren Zungen nicht von einer Stiftwalze, sondern von auswechselbaren durchlöcherten Pappstreifen, Blechscheiben u. ä. gesteuert wurden. Ihrer Form und Größe nach erinnern diese Musikinstrumente an trichterlose Grammophone. Sie kamen in verschiedenen Ausführungen und unter verschiedenen Bezeichnungen wie *Intona, Ariston, Manopan, Mignon* u. dgl. in den Handel.

Die Wiege der Orgel-Automatophone stand im Mittelalter in Italien, von wo sich die Kenntnis ihrer Bauweise im 16. Jahrhundert nach

387 Drehorgel mit beweglichen Figuren, Ende 19. Jahrhundert

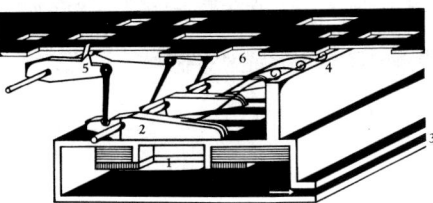

388 Orchestrion, Gossling, Hilversum, Anfang 19. Jahrhundert

Manopan: 1. Durchschlagende
Zunge, 2. Klappe, 3. Luft,
4. Feder, 5. Stift, 6. perforierter
Karton

389 Drehorgel mit Stifwalze, Bacigalupo, Anfang 20. Jahrhundert

Deutschland und England verbreitete. Das Rokoko liebte die *Flöten-uhr*, die Kombination von Flötenregistern mit einem oft in prächtigem Gehäuse befindlichen Spieluhrwerk, das die Walze in regelmäßigen Zeitabständen in Bewegung setzte. Haydn, Mozart und andere berühmte Tonkünstler haben Kompositionen für Flötenuhr geschrieben. Mit einem Pfeifenmechanismus ist auch die *Drehorgel* ausgestattet, deren Auftreten erst mit dem beginnenden 18. Jahrhundert belegt ist. Bau und äußere Gestaltung sind schon damals auf einer solchen Höhe, daß keine spätere Zeit Wesentliches an ihr zu ändern hatte. Aus der kleinen sog. *Vogelorgel* entwickelten sich mit der Zeit größere Instrumente, deren Kasten in zwei Teile zerfiel: im oberen befanden sich Stiftwalze, Traktur und Bälge, im unteren die Pfeifen. Da die Unterbringung der Pfeifen in dem beschränkten Raum nicht leicht war, begann man Anfang der 60er Jahre des 19. Jahrhunderts Drehorgeln zu bauen, deren Pfeifen nicht wie bisher waagerecht lagen, sondern aufrecht standen, und die außer Lippenpfeifen auch Zungenpfeifen enthielten. Diese Drehorgelart hieß nach dem alleinigen Herstellungsort in Wien *Wiener Werkl*. Drehorgeln wurden zumeist von Orgelbauern hergestellt, da sie vor allem in den französischen und englischen Dorfkirchen die Orgel ersetzten.

Der Übergang von der Manufaktur zur maschinellen Industrie brachte ein erhöhtes Interesse an der Mechanisierung sämtlicher Zweige menschlicher Tätigkeit mit sich. Die Bemühungen, den bisher recht eintönigen Vortrag der Automatophone durch Nachahmung des

390 Ariston mit durchschlagenden Zungen, Leipzig, Anfang 20. Jahrhundert

Spieldose: 1. Kamm,
2. Stiftwalze

391 Polyphon, Leipzig, Anfang 20. Jahrhundert

Klangs verschiedener Musikinstrumente, ja eines ganzen Orchesters, zu vervollkommnen und mehr Klangfarben zu erzielen, führten zur Erfindung des *Orchestrions*. Für das von Johann Nepomuk Mälzel gebaute Instrument, das *Panharmonicon,* komponierte Beethoven das Stück Wellingtons Sieg bei Vittoria. Trotz der erstaunlichen Vollkommenheit ihres Mechanismus blieben die Orchestrions in der Wiedergabe von Orchesterkompositionen weit hinter der Entwicklung des *Pianola* zurück. Nur die Frage des Rhythmus war bei ihnen einigermaßen glücklich gelöst; aber ihr Ton war bei einem einzigen Register zu schwach und bei allen zu stark. Da man auf ein genügend lautstarkes Spiel besonderen Wert legte und die Tonqualität vernachlässigte, er-

392 Organetto, A. Martin, Madrid, um 1910

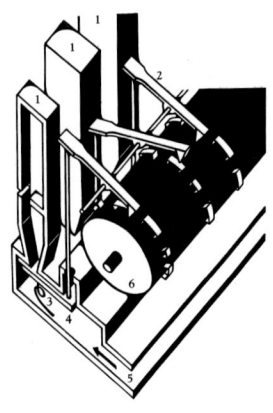

393 Manopan mit pneumatischer Einrichtung und durchschlagenden Zungen, Anfang 20. Jahrhundert

Orgelwerk: 1. Pfeife,
2. Traktur, 3. Feder, 4. Klappe,
5. Luft, 6. Stiftwalze

reichte man bei den Orchestrions keine bessere Leistung als bei den Drehorgeln.

Saitenautomatophone haben keine so bunte Vergangenheit wie Glockenspiele und Drehorgeln, weil es viel komplizierter war, Chordophone auf mechanische Weise zum Klingen zu bringen. Mersenne beschreibt mechanische Spinette, bei denen Walzenstifte das Niederdrükken der Tasten besorgen, als deutsche Erfindung. Im 16. und beginnenden 17. Jahrhundert baute Samuel Bidermann in Augsburg mechanische Spinette in kunstreich verzierte Schränke ein. Nach einer zwei Jahrhunderte langen Pause kam an der Wende des 19. Jahrhunderts der Amerikaner Charles Kendall mit der Idee eines automatophonen *Banjo,* dessen Saiten dünne mechanische Finger anrissen. Zur gleichen Zeit wurde in Deutschland das Patent auf die *Chordephon* genannte 44saitige Zither angemeldet, die mit der bei Polyphonen üblichen gelöcherten Metallscheibe ausgestattet war.

Auch die Streichinstrumente widersetzten sich lange der Mechanisierung und Automatisierung. Da von Anfang an kein Zweifel daran

322

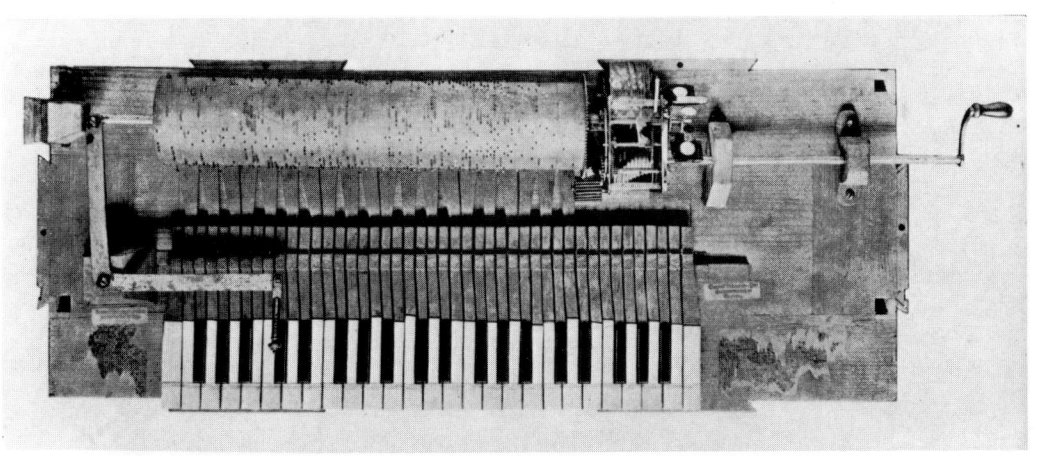

394—395 Automatisches Spinett und Ansicht seines Spielmechanismus, S. Bidermann, Augsburg um 1620

herrschte, daß der Geigenbogen dazu ungeeignet war, verlegte man sich auf Anstreichvorrichtungen mit endlosem rotierendem Band. Das gelang im Jahre 1908 mit der Konstruktion der ersten automatophonen Violine, der *Virtuosa,* in den Vereinigten Staaten: eine gewöhnliche Geige liegt in einer Vorrichtung, deren Hebel von Elektromagneten bewegt werden und so die Finger der linken Hand des Geigers ersetzen. Das Instrument spielte mit Hilfe eines Lochbandes, und da die Stelle des Bogens eine Scheibe vertrat, entstand der Eindruck, daß mehrere Geigen gleichzeitig spielten. Von allen Geigen-Automatophonen haben nur zwei überlebt, beide in Verbindung mit dem Pianola. Die

396 Orchestrion, Innenansicht, Popper, Leipzig, 1929

397 Orchestrion, Gebr. Bruder, Hannover, 20er Jahre des 20. Jahrhunderts

klangmäßig annehmbarste und erfolgreichste war die *Phonoliszt-Violina* der Leipziger Firma Hupfeld mit drei Violinen und Pianola.

Schon vor der epochemachenden Erfindung des Hammerklaviers zu Beginn des 18. Jahrhunderts gab es Automatophone, deren Saiten durch Anschlag zum Tönen gebracht wurden. Sämtliche *Harfenuhren* waren wegen der Einfachheit des Mechanismus mit solchem Schlagwerk augestattet, und auch das zu Beginn unseres Jahrhunderts beliebte *Organetto* der Straßenmusikanten spielte mit Hilfe einer Stiftwalze. Eine wesentliche Leistungssteigerung dieser mechanischen Pianos konnten auch die Versuche, die Stiftwalze zu vervollkommnen, nicht erreichen. Erst die Einführung des pneumatischen Systems und der Lochbänder brachte eine Wende. Das erste derartige Instrument, das Pianola, wurde 1863 in Frankreich hergestellt. Aber erst in unserem Jahrhundert konnte es so weit verbessert werden, daß es in den 30er Jahren zum vollkommensten mechanischen Musikinstrument aufrückte.

Statt der zehn Finger der menschlichen Hände verfügte das Pianola

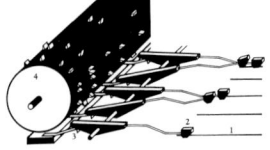

398 Phonoliszt-Violina, Hupfeld, Leipzig, 20er Jahre des 20. Jahrhunderts

über 88 voneinander völlig unabhängige mechanische Finger, die es dank dem Lochband nach Belieben einsetzen konnte; es hielt die Bässe ohne Pedalbenutzung, spielte Arpeggios und präzise Triller, gestattete rhytmische Extravaganzen, die kein Musiker versucht hätte, und ermöglichte Harmonisierungen ohne Rücksicht auf den Fingersatz. Außerdem ließen sich Tempo, Dynamik und Dämpfer des Pianolas durch Knöpfe und Hebel steuern.

Das Pianola wurde lange Zeit für ein Automatophon gehalten, das sich bloß zur Wiedergabe von Klaviermusik eignet. Als man begann, nicht nur ein automatisiertes Klavier, sondern ein neues Musikinstrument in ihm zu sehen, für das alle Tonsätze arrangiert und neuartige, seinen Besonderheiten angepaßte Kompositionen geschaffen werden konnten, war seine Zeit vorbei; es wurde schnell von Klangkonservierungsverfahren, die eine weit getreuere Speicherung und Wiedergabe der Musik gestatteten, verdrängt. Wie die übrigen Automatophone ist auch das Pianola — völlig zu Unrecht — in Vergessenheit geraten.

Saiteninstrumente: 1. Saite, 2. Hammer, 3. Feder, 4. Stiftwalze

IV. ELEKTRISCHE MUSIKINSTRUMENTE

Die ersten Versuche, zur Tonbildung eines Musikinstruments elektrischen Strom zu nützen, stammen aus dem 18. Jahrhundert. Damals erregte das elektrische *Mutationsorchestrion* des tschechischen Erfinders des Blitzableiters Prokop Diviš beträchtliches Interesse, es sind jedoch keinerlei Berichte von Bauart und Prinzip seines *Denis d'or* überliefert. Dreißig Jahre später beschrieb Jean-Baptiste Laborde das von ihm erfundene *Clavecin electrique,* das auch nur einen der schwachen Versuche vorstellt, elastische Körper auf elektrischem Wege zum

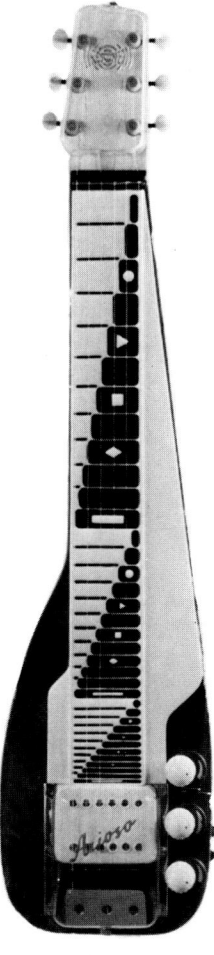
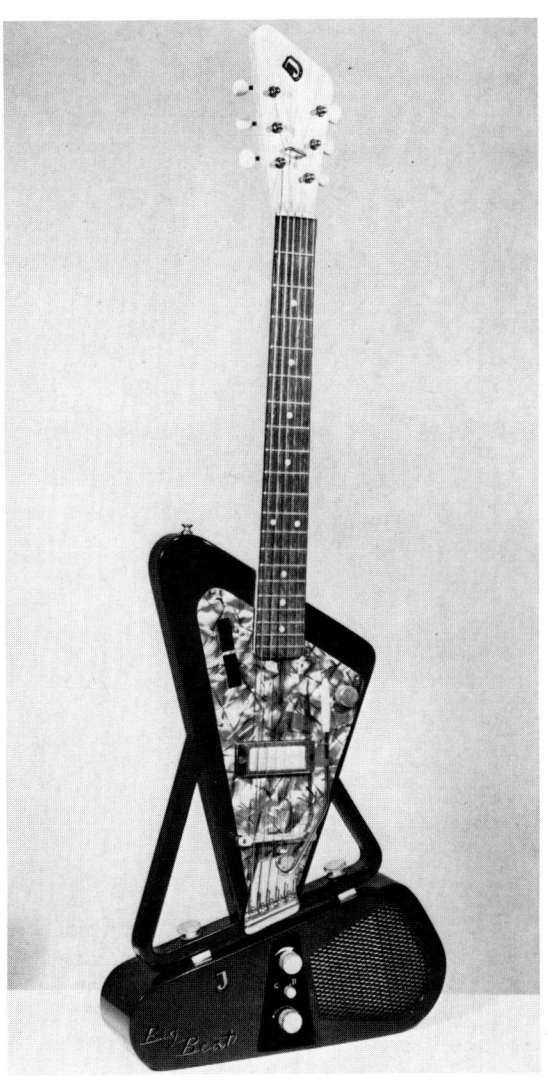

399—400 Elektrogitarren, 50er Jahre des 20. Jahrhunderts

401—402 Moderne Elektrogitarren

Kurbelsphärophon von Jörg Mager

Tönen zu bringen. Es dauerte noch lange bis es gelang, das komplizierte und schwer lenkbare akustische Geschehen durch elektrische Vorgänge zu steuern. Das erste auf elektrischer Tonbildung beruhende Gerät wurde 1895 vom Amerikaner Thaddeus Cahill konstruiert; als Wiedergabeeinrichtung dienten einfache Telefonhörer. Trotz großen Interesses der Öffentlichkeit fand Cahills Entwicklung keine praktische Verwendung.

Elektrische Musikinstrumente mit neuen Klangfarben und neuen künstlerischen Erwartungen entstanden erst in den Jahren 1921 bis 1927. Konstruktionsmäßig gehören sie zwei Gruppen an. Die erste umfaßt diejenigen Instrumente, die die Interferenz von zwei (unhörbaren) Wechselstrom-Hochfrequenzschwingungen, das sog. Radiopfeifen nutzen. Diese unangenehme Begleiterscheinung alter Rundfunkempfänger wurde hier mit Absicht im Generator hervorgerufen und in beliebige Tonhöhe, Klangfarbe, Lautstärke und Dauer moduliert. Repräsentant dieser Gruppe ist das *Thereminvox* des sowjetischen Physikers Lew Sergejewitsch Termen (Theremin). Eines der Hochfrequenzsignale des Thereminvox hatte eine feste Schwingungszahl, das andere konnte mit der Kapazität der menschlichen Hand, d. h. durch Annäherung der Hand an den aus dem Gerät herausragenden Metallstab, gestimmt werden. Der Spieler bewegte eine Hand in der Luft, als würde er dem Äther Töne entlocken. Daher die älteren Bezeichnungen jeder elektronischen Musik als Ätherische Musik, Musik aus der Luft oder Sphärenmusik. Die zweite Gruppe von Elektro-Tongeräten war für Wechselstromfrequenz 16 bis 20 000 eingerichtet und hatte ihren Hauptvertreter in Bertrands *Dinaphon,* das mit zwei Elektronen und einem Rotationskondensator arbeitete.

Nach den ersten Erfolgen wurde in den dreißiger Jahren eine ganze Reihe elektrischer Tongeräte konstruiert. Maurice Martenot benannte sein einstimmiges Tasteninstrument *Ondes Martenot* (Martenotsche Wellen); Darius Milhaud, André Jolivet, Jacques Ibert u. a. komponierten für es, und Arthur Honegger benutzte es in seiner Jeanne d'Arc. Das *Sphärophon* und die *Elektrische Orgel* Jörg Magers gestatteten außer Gleittönen auch zahllose Klangschattierungen. Mager ist der Schöpfer weiterer Tongeräte wie des *Kaleidophons, Elektrophons* und *Partiturophons.* Rimski-Korsakow, ein Enkel des bekannten Komponisten, Kreitser und Iwanow konstruierten das *Emeriton,* Friedrich Trautwein das *Trautonium,* für das Paul Hindemith, Richard Strauß und andere berühmte Komponisten geschrieben haben.

In der Zwischenkriegszeit entstanden weitere neue Instrumente, die nach Art des Selenophons (Photozelle) spielten (Spielmannsches *Superpiano*) oder auf einem Kompromiß zwischen mechanischer und elektrischer Tonbildung beruhten *(Nernst-Klavier).* Unmittelbar vor dem 2. Weltkrieg stellte das Haus Telefunken ein einstimmiges Instrument durch Kombinierung der Systeme zweier verschiedener Elektrotongeräte her.

Allen genannten Instrumenten haftete ein fühlbarer Mangel an: sie waren nicht leicht zu beherrschen und stellten recht hohe Ansprüche an das musikalische Gehör und Gefühl des Spielers. Ein ungeahnter Aufschwung trat nach dem 2. Weltkrieg mit den Erfindungen einerseits der vollkommeneren elektrophonischen Musikinstrumente ein, bei denen die Schwingungen von Saiten oder durchschlagenden Zungen auf elektromagnetischem Wege übertragen und in elektrische Schwingungen umgewandelt werden (Gitarre, Kontrabaß, Harmonika), andererseits der elektronischen Musikinstrumente, deren Ton durch elektrischen Strom gebildet wird. Tonhöhe, Lautstärke und Tonfarbe entsprechen der Frequenz, Amplitude und dem harmonischen Spektrum der elektrischen Schwingung. Durch Einfügen eines elektroakustischen Wandlers wird sie zu einem hörbaren Klang. Die Instrumente können einstimmig, monophon, oder mehrstimmig, polyphon sein. Zu ersteren gehören *Melodika, Bassophon, Elektronium, Klaviolina* u. a. Polyphon spielbare Instrumente benutzen u. a. mechanische Generatoren, z. B. rotierende Lochscheiben oder Zahnräder *(Hammond-Orgel, Pipeless-Orgel)* oder elektronische Schwingkreise *(Baldwin-Orgel, Consonata, Minshall, Pianorgan, Ionika* u. dgl.*)*.

Der Vorteil elektronischer Musikinstrumente besteht in der Abwesenheit beweglicher Bauteile. Die Konstrukteure elektronischer Orgeln konnten ihre Absicht, ein der echten Pfeifenorgel im Klang völlig ent-

403 Emeriton

404 Kristalltrombon, Gebr. Bachet, Paris

405 Elektrisches Schlagzeug, Gebr. Bachet, Paris

sprechendes Instrument zu bauen, voll verwirklichen, indem sie zur Schaffung der Klangfarben der einzelnen Register das Formantprinzip benutzten und mit Hilfe spezieller elektronischer Generatoren Töne erzeugen, die reich an hohen Partialtönen sind. Anfangs bemühten sich die meisten Konstrukteure von Elektro-Musikgeräten um einen bloßen Ersatz von Klang und Spieltechnik der klassischen Instrumente; dies gilt noch heute für sämtliche elektronische Orgeltypen. Gewisse Entwicklungszeichen aber deuten darauf hin, daß die zukünftige und wahre Aufgabe der elektronischen Musikinstrumente nicht in der Klangimitation der klassischen Instrumente, sondern in ihren neuen musikalischen Möglichkeiten besteht.

Wenn es ein Fachgebiet der modernen Technik gibt, das mit den Wundern unseres kosmischen Zeitalters eng verbunden ist, so ist es die Elektronik. Dank ihren unendlichen Möglichkeiten entsteht in den letzten Jahren eine Generation von neuen elektronischen Musikinstrumen-

406 Elektronische Orgel, Marke Eminent

407 Elektrisches Baldwin-Clavicembalo

ten, die weit zuverlässiger als die früheren sind und mit ihren geringen Abmessungen eine wahre Revolution bedeuten. Die neuzeitlichen *Synthesizer* verdanken dem LSI-Feld (Large Scale Integrated Circuit) ihre Existenz; sie werden auch mit variabler Porgrammierbarkeit gefertigt, d. h., daß elektrische Filter und die für Schwingungseinsatz und Dämpfung charakteristischen Signale zur Erzielung der Klangfarbe der Geige und anderer Instrumente automatisch vorprogrammiert sind. Diese Art Synthesizer ist mit einem Computerspeicher ausgestattet und benutzt zur Tonbildung verschiedene Filter, Tongeneratoren und andere

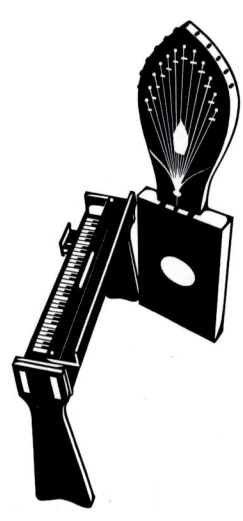

Ondes Martenot

Steuerelemente. Die Synthesizer müssen gestimmt und jeweils auf die Klangeigenschaften des nachzubildenden Musikinstruments eingestellt werden.

Die ersten mit Synthesizern versehenen elektronischen Musikinstrumente erschienen im Jahre 1972. Die Hammond-Orgel *Phoenix* enthält den vielfachen Derivativteiler MDD (Multiple Derivative Divider), der über 2000 Transistoren, das sind zwölf Stimmscheiben, ersetzt. Zu den Musikinstrumenten gehört auch eine umfangreiche zentrale Baugruppe, die jedes beliebige rhythmische Element produziert. Eine Gruppe von Computer-Spezialisten, die sich an der Universität in Utah, USA, mit musiktechnischen Untersuchungen befaßt, hat ein Instrument zu-

408—409 Elektronische Orgel, Marke Vermona, DDR

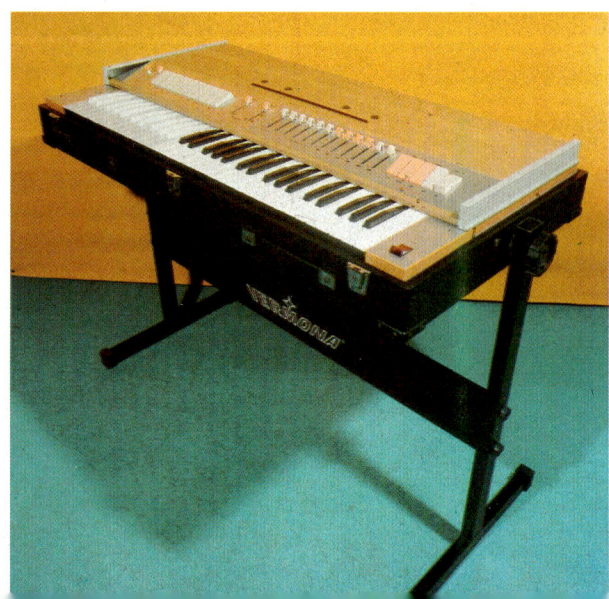

410 Elektro-Tongerät, System Bell Telephone, USA

sammengestellt, das in Verbindung mit einem Rechner selbsttätig komplizierte Fugen, Sonaten und Konzerte spielt, wenn man ihm die Noten der entsprechenden Komposition eingibt. Der Prozeß läßt sich auch umkehren: Der Tonsatz wird akustisch aufgenommen und der Rechner besorgt die Notation. Diese von den Autoren *Musicational Organ* benannte musikalische Orgel kann in der Musikerziehung eine wichtige Rolle spielen, da sie dem grundlegenden Musikunterricht leicht angepaßt werden kann. Ihren Kern bilden eine elektronische Orgel und ein kleiner Digitalrechner, eine einfache Vorrichtung für graphische Aufzeichnungen oder ein Fernseh-Bildschirm. Bevor ein Tonsatz in den Rechner gelegt wird, muß sein Notenbild in Ziffern, Buchstaben und Symbole umgewandet werden, die auf einer gewöhnlichen Schreibmaschine getippt werden können. Sobald die Komposition dann in den Speicher eingegeben ist, genügt der Druck auf ein paar Knöpfe, um sie erklingen zu lassen. Auf diese Weise lassen sich ganze Orchesterpartituren speichern; je nach Wunsch kann man sich dan einen beliebigen Orchesterpart oder das ganze Orchester vorspielen lassen.

In der Geschichte der Musikinstrumente ist stets eine bestimmte Lo-

411 Synthesizer, Mark II, USA, amerikanischer Komponist Milton Babitt

gik der historischen Entwicklung zu Tage getreten. In der Regel müssen vor jeder Erfindung oder Neuerung die für ihre praktische Anwendung notwendigen Bedingungen bereits geschaffen sein. Anfangs stießen die Konstrukteure bei ihren Bemühungen, den Orgelklang durch elektronische Mittel nachzuahmen und die Kirchenorgel durch ein elektronisches Musikinstrument zu ersetzen, auf den Widerstand der Öffentlichkeit. Später, als sich die Vorteile der neuartigen Musikinstrumente in der Unterhaltungsmusik erwiesen hatten, drangen diese auch in andere Gebiete der Tonkunst vor und bahnten sich den Weg zur ernsten Musik.

Noch vor kurzer Zeit waren Töne und Klänge in der Musik nur in der Gestalt bekannt, die ihnen die Schöpferkraft des menschlichen Geistes im Laufe von Jahrhunderten mit Hilfe der klassischen Musikinstrumente aufgedrückt hatte. Die heutigen Orchesterinstrumente haben recht geringe Ähnlichkeit mit ihren alten Vorfahren, ein viel auffälligerer Unterschied jedoch besteht zwischen traditionellen und elektronischen Musikinstrumenten. Diese sind Mitschöpfer der Voraussetzun-

gen für einen neuen Zweig der Tonkunst, der vorläufig nur im Film, Fernsehen und Rundfunk zur Geltung kommt und erst am Beginn seiner schöpferischen Entfaltung steht. Der starke Vorstoß in die Welt neuer Klänge erinnert kaum mehr an die Quellen, von denen die Musik einst gespeist wurde und die zur Außen- und Innenstruktur ihrer Instrumente führten. Die Weiterentwicklung der elektronischen Musikinstrumente zu Vermittlern echten künstlerischen Ausdrucks wird noch viel Mühe kosten. Heute kann die Bedeutung dieser tiefen Umwälzung in der Musik noch nicht ermessen werden. Elektronische Musikinstrumente ermöglichen die Erzeugung unendlich vieler Reihen neuer Klangfarben und öffnen in Verbindung mit Elektronenrechnern die Tore einer neuen, bisher ungeahnten Welt der Töne. Die Beziehung zwischen Musik und Maschine scheint dem breiteren Fragenkreis um die künftigen Geschicke der Kunst anzugehören; die kybernetischen Geräte haben in der Musik noch nicht ihr letztes Wort gesprochen.

Thereminvox von L. S. Termen

412 Synthesizer, Marke Moog 55, USA

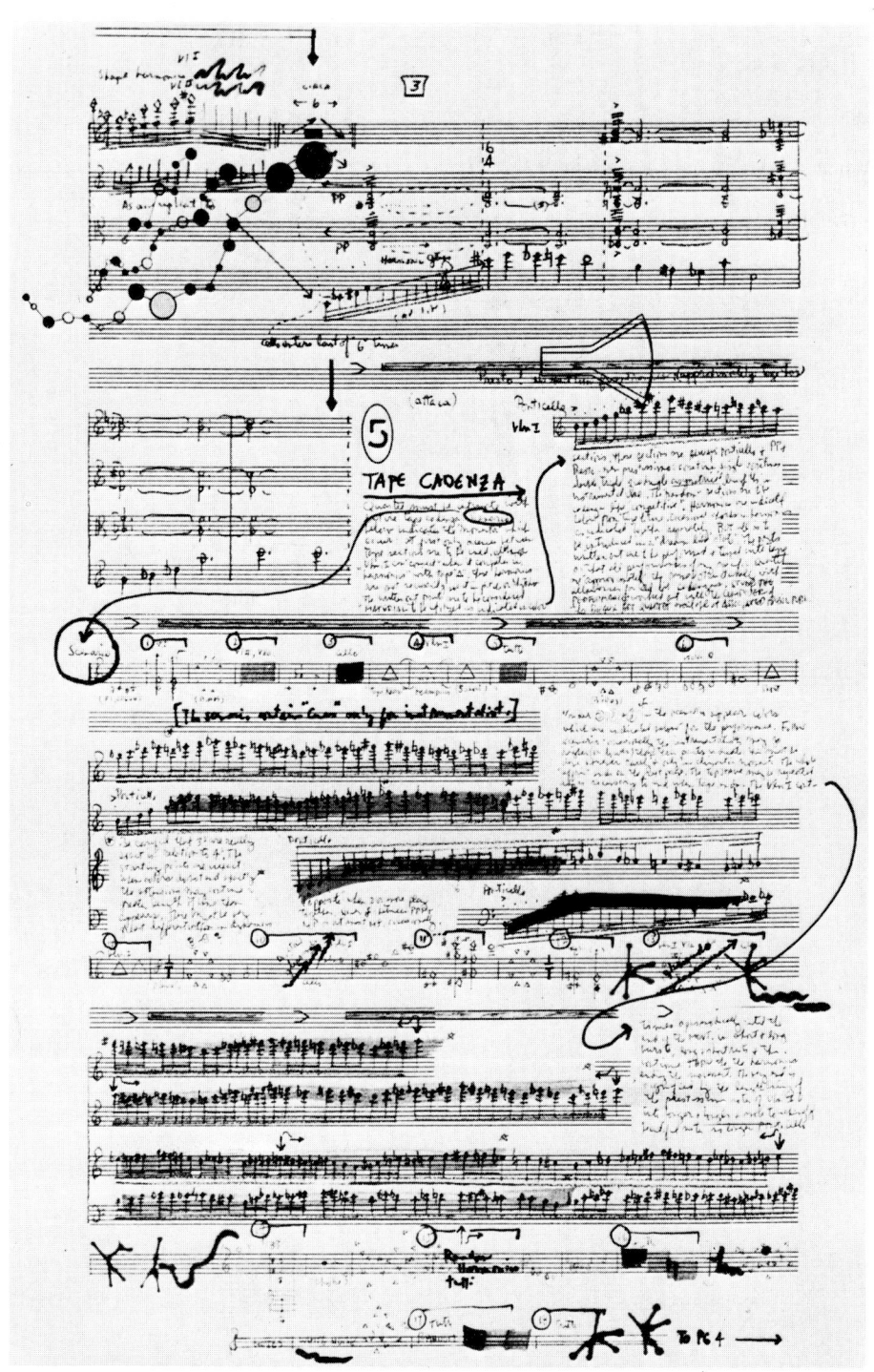

413 Elektronische Komposition, Leo Kirchner: Quartet #3

NOTATION, STIMMUNG UND TONUMFANG DER WICHTIGSTEN MUSIKINSTRUMENTE

(Nichtausgefüllte Noten bezeichnen den Klangumfang, ausgefüllte Noten den notierten Umfang. Wo nur nichtausgefüllte Noten auftreten, sind Noten- und Klangumfang identisch. Noten in eckigen Klammern bezeichnen einen erweiterten Tonumfang, der nicht auf allen derartigen Instrumenten erreicht werden kann.)

I. IDIOPHONE

II. AEROPHONE

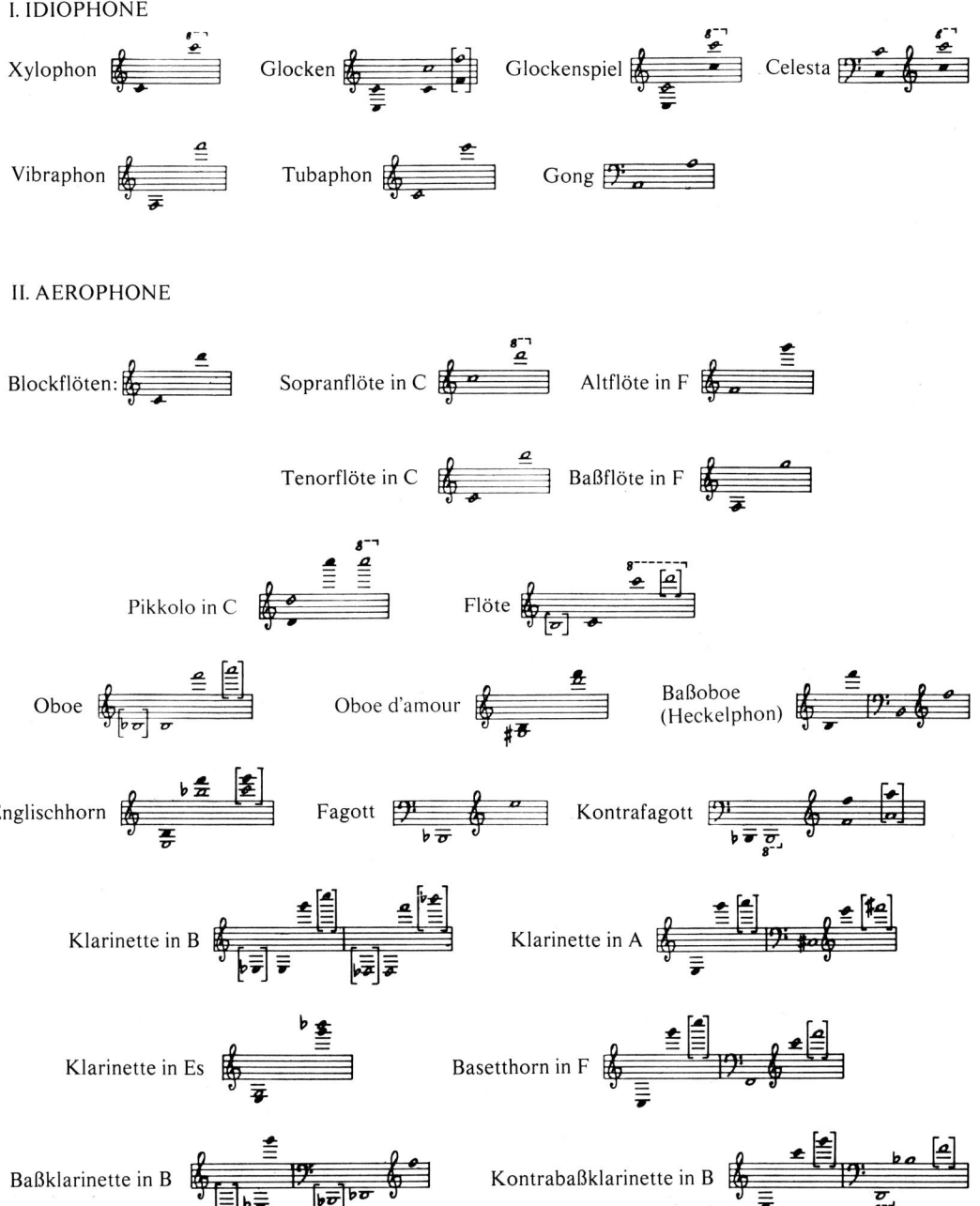

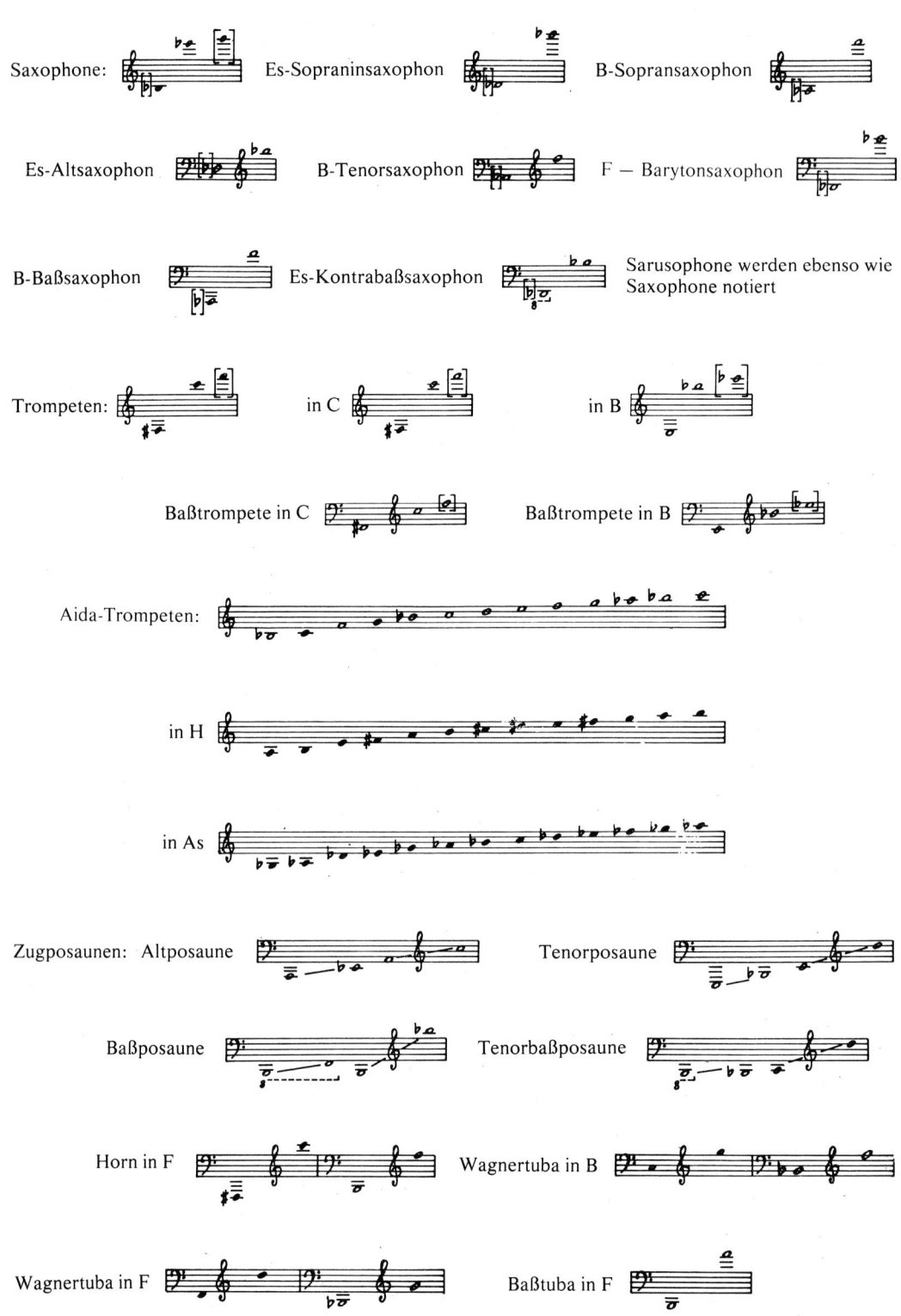

Saxophone: Es-Sopraninsaxophon   B-Sopransaxophon

Es-Altsaxophon   B-Tenorsaxophon   F — Barytonsaxophon

B-Baßsaxophon   Es-Kontrabaßsaxophon   Sarusophone werden ebenso wie Saxophone notiert

Trompeten: in C   in B

Baßtrompete in C   Baßtrompete in B

Aida-Trompeten:

in H

in As

Zugposaunen: Altposaune   Tenorposaune

Baßposaune   Tenorbaßposaune

Horn in F   Wagnertuba in B

Wagnertuba in F   Baßtuba in F

Kontrabaßtuba in B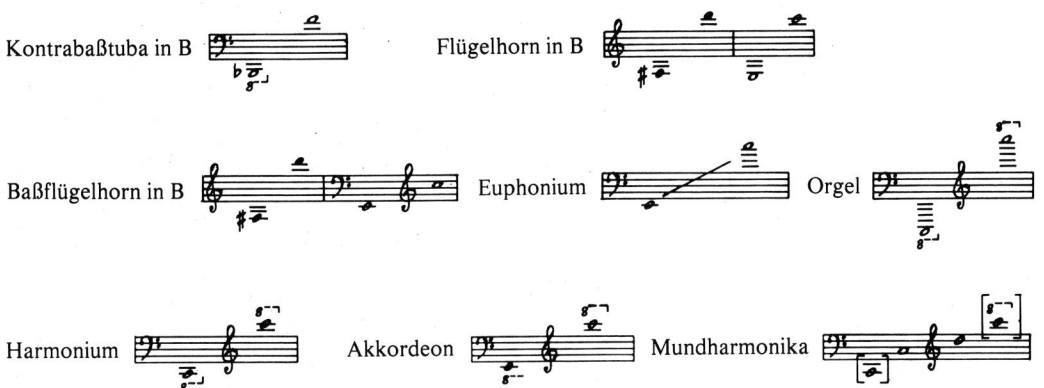

Flügelhorn in B

Baßflügelhorn in B

Euphonium

Orgel

Harmonium

Akkordeon

Mundharmonika

III. CHORDOPHONE

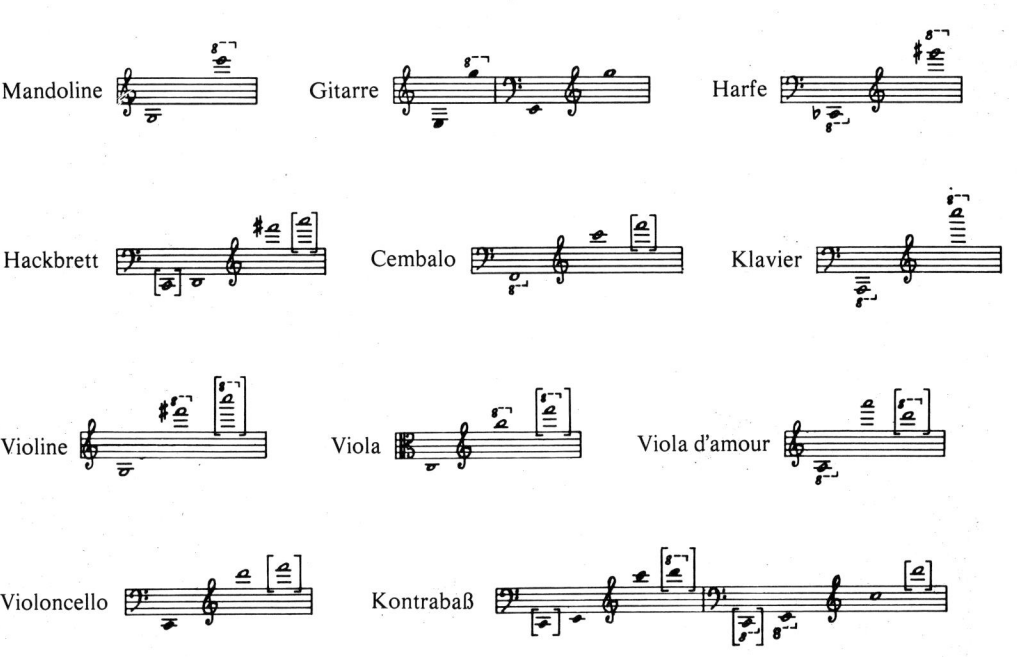

Mandoline

Gitarre

Harfe

Hackbrett

Cembalo

Klavier

Violine

Viola

Viola d'amour

Violoncello

Kontrabaß

IV. MEMBRANOPHONE

Kleine Pauke

Große Pauke

FACHWÖRTERVERZEICHNIS

Aerophone — Blasinstrumente

Amplitude — größter Ausschlag, maximale Auslenkung einer Schwingung

Archäoorganologie — Lehre von den Musikinstrumenten der Frühzeit

Arpeggio — eine Spielweise, die Töne eines Akkordes nicht gleichzeitig, sondern hintereinander zum Erklingen zu bringen

Ars nova — die im mittelalterlichen Florenz entstandene „neue Kunst" oder „neue Lehre", die gegenüber der Ars antiqua u. a. auch weltliche und volksliedhafte Elemente benutzte

Autophone — s. Idiophone

Bordun — (aus franz. bourdon), Bezeichnung der ausgehaltenen Pfeifen- oder Saiten-Baßstimme

Capotasto — (ital. „Hauptbund") Vorrichtung zur Herstellung eines künstlichen Sattels, der bei Zupfchordophonen zur Verkürzung sämtlicher Saiten dient

Chor — bei Saiteninstrumenten Bezeichnung der Art des Bezuges (z. B. ein einchöriges Spinett — ein Spinett mit je einer Saite pro Taste oder eine sechschörige Laute = eine Laute mit sechs Saitengruppen)

Chordophone — Saiteninstrumente

Chromatische Tonleiter — Reihe von 12 Halbtönen innerhalb einer Oktave temperierter Stimmung

Continuo — (Basso continuo, Generalbaß) Bezeichnung der seit dem ausgehenden 16. Jahrhundert in mehrstimmiger Musik gebräuchlichen instrumentalen Baßstimme mit Bezifferung der Begleitakkorde

Dämpfer — Vorrichtung zur Klangdämpfung eines Instruments

Diatonische Tonleiter — in ganzen und halben Tönen fortschreitende Tonreihe in der Regel mit 7 Tönen in 1 Oktav

Diminution — 1. in der Mensuralnotation: Notieren in verkürzten Notenwerten, 2. Vortrag eines Themas in verkürzten Notenwerten

Ethnomusikologie — Volksmusiklehre

Ethnoorganologie — Volksinstrumentenkunde

Flageolett-Töne — werden bei Saiteninstrumenten durch leichtes Aufsetzen des Fingers auf bestimmte Punkte der Saiten erzeugt

Formant — ein durch spezielle Resonanzerscheinung in einem Klang bevorzugtes Frequenzgebiet

Frequenz — Anzahl von Schwingungen pro Sekunde; bestimmt die Tonhöhe

Gedackt — (gedeckt) nennt man eine oben geschlossene Orgelpfeife, die etwa um eine Oktave tiefer klingt als die offene Pfeife gleicher akustischer Länge

Generalbaß — s. Continuo

Homophon — mit einer melodischen Hauptstimme, die überwiegend harmonisch gestützt ist

Idiophone — Instrumente deren gesamte Substanz schwingt

Improvisation — Darbietung aus dem Stegreif. Im Generalbaßzeitalter notwendige Ergänzung beim Spielen notierter Tonsätze

Intervall — Höhenabstand zweier Töne

Kontrapunkt — („Note gegen Note") Verbindung zweier oder mehrerer selbständiger Stimmen zu einem Ganzen; auf der Bewegung mehrerer selbständiger gleichzeitig erklingender Stimmen beruhender Tonsatz

Labialpfeife — auch Lippen- oder Flötenpfeife ist eine Orgelpfeife, in die der Wind durch den engen Kernspalt gegen das Oberlabium geführt und durch dessen scharfe Kante abgelenkt wird; damit bringt er die Pfeife zum Erklingen

Linguaphone — Musikinstrumente mit dünner, elastischer Zunge als Vibrator

Lithophone — Tonwerkzeuge, deren Schallerzeuger Steine sind

Membranophone — Musikinstrumente mit gespannter Membran als schwingendem Körper

Metallophone — Tonwerkzeuge, deren Vibrator aus Metall besteht

Motiv — kleinste musikalische Einheit

Mundstück — derjenige Teil der Blasinstrumente, der die Einführung der Luft vermittelt, z. B. Kesselmundstück der Hörner, Trompeten, der Schnabel der Klarinetten

Obligate Stimme — unerläßliche, unentbehrliche Stimme

Organographie — Beschreibung der Musikinstrumente

Organologie — Musikinstrumentenkunde

Orgelpunkt — zu verschiedenen Harmonien ausgehaltener Baßton (im Grundton oder in der Quint), während die übrigen Stimmen in harmonischen Folgen fortschreiten

Partialtöne — (Teiltöne, Aliquoten) ertönen als Teilschwingungen, z. B. der Saite, gleichzeitig mit dem Grundton; das Verhältnis ihrer Schwingungszahlen ist harmonisch wenn Partialtöne 1:2:3:4 usf., so daß dann auch die Oktave, Duodezime usw. des Grundtons schwingt

Pedaltöne — Bezeichnung der natürlichen tiefen Grundtöne von Kessel- und Trichtermundstück-Instrumenten

Pirouette — (franz.) die kreisel- oder trichterförmige Lippenstützen der alten Oboe und Schalmei

Plektrum — (Plektron), Stäbchen oder Kiel zum Anreißen von Saiten

Polychord — Vielsaiter

polyphon — vielstimmig. Jede Stimme ist melodisch selbständig im Gegensatz zu homophon, gleichstimmig

Resonanzsaiten — Drahtsaiten auf manchen Chordophonen, die beim Anstreichen der Spielsaiten mitklingen

Resonator — klangverstärkender Bauteil eines Musikinstruments

Schallstück — auch Schallbecher, der untere, trichter- oder glockenförmig erweiterte Mündungsteil von Blasinstrumenten

Schwingungsknoten — diejenigen Punkte eines Vibrators, die beim Schwingen in relativer Ruhe verbleiben, vor allem Auflagestellen der Saiten, Ränder von Membranen

S-Rohr — das S-förmig gebogene Metallrohr von Holzblasinstrumenten, das zwischen Korpus und Rohrblatt vermittelt

Tangenten — die Metallstifte auf dem Hinterende der Klavichordtasten, die beim Anschlag die Saiten teilen und sie zum Ertönen bringen. Die Tangenten der Drehleier dienen der bloßen Saitenverkürzung

Tonalität — Beziehung von Tönen, Harmonien und Akkorden auf die Tonika der Tonart; nach der Tonalität kann die Entstehungszeit eines Tonsatzes und die Nationalität des Tonsetzers oft eingegrenzt werden

Tonart — seit dem 19. Jahrhundert durch Angabe des Grundtons und des Tongeschlechts (Dur oder Moll) bezeichnete Auswahl von 7 Tönen je Oktav, z. B. A-Dur: a, h, cis, d, e, fis, gis

Tonsystem — die Gesamtheit der zum Musizieren vorhandenen Töne in ihrer Ordnung zueinander

Überblasen — 1. das Erzeugen bestimmter Partialtöne statt des Grundtons beim Spielen eines Blasinstruments; 2. bei den Zungeninstrumenten die Erweiterung des Tonumfangs der Grundtonleiter auf höhere Lagen, in der Regel die Oktave oder Duodezime mittels einer Überblasklappe

Unisono — Einklang, gleichzeitiges Erklingen zweier oder mehrerer Töne in derselben Höhe bzw. seltener in der Oktave

Vibrator — der schwingende Bauteil eines Musikinstruments, der Schallwellen um das Instrument erzeugt

Vokalpart — Singstimme

Zunge, aufschlagende — ein Metallplättchen, etwas größer als die Spalte, die es zudeckt; seine Schwingungen öffnen bzw. sperren den Zustrom der Luft

Zunge, durchschlagende — (freischwingende Z.) ist ein an einem Ende befestigtes Plättchen, das die zugehörige Rahmenöffnung weitgehend verschließt; bei Luftzufuhr gerät die Zunge in Schwingungen, bei jeder Auslenkung dringt Luft durch den Kanal, bei jeder Einlenkung wird der Luftstrom nahezu unterbrochen

Zungenpfeifen — (Lingualpfeifen) sind Orgelpfeifen, bei denen durch Schwingen einer Zunge der Ton entsteht

BEDEUTENDE MUSIKINSTRUMENTENSAMMLUNGEN UND DEREN KATALOGE

BELGIEN

Brüssel: Musée des Instruments Musicaux
Musée Instrumenal du Conservatoire Royal de Musique
Mahillon, V. Ch., Catalogue descriptif et analytique du Musée Instrumental..., 1893–1933

BUNDESREPUBLIK DEUTSCHLAND

Bamberg: Musikhistorisches Museum Neupert
Führer durch das Musikhistorische Museum Neupert, 1938
Berlin: Staatliches Institut für Musikforschung. Musikinstrumenten-Museum
Berner, A., Das Musikinstrumenten-Museum, Berlin 1968
München: Bayerisches Nationalmuseum
Bierdimpfl, K. A., Die Sammlung der Musikinstrumente des Baier. Nationalmuseums, München 1883
Münchner Stadtmuseum — Musikinstrumentensammlung
Nürnberg: Germanisches Nationalmuseum

DÄNEMARK

Kopenhagen: Musikhistorisk Museum
Hammerich A., Musikhistorisk Museum. Beskrivende illustreret Kat., Kopenhagen 1909; deutsch: Das Musikhistorische Museum zu Kopenhagen. Beschreibender Katalog, Kopenhagen 1911
Privatsammlung Carl Claudius
Claudius C., Samling af Gamle Musikinstrumenter, Kopenhagen 1931

DEUTSCHE DEMOKRATISCHE REPUBLIK

Eisenach: Das Bachhaus zu Eisenach
Buhle, E., Verzeichnis der Sammlung alter Musikinstrumente im Bachhaus zu Eisenach, Leipzig 1913
Heyde, H., Historische Musikinstrumente im Bachhaus Eisenach, Eisenach 1976
Halle a.d. Saale: Händel-Museum
Sasse, K., Musikinstrumentenausstellung, Halle 1958; Musikinstrumentensammlung. Besaitete Tasteninstrumente, Halle 1966
Streich- und Zupfinstrumente, Halle 1972
Leipzig: Musikinstrumentenmuseum der Karl-Marx-Universität
Rubardt, O., Führer durch das Musikinstrumenten-Museum der Karl-Marx-Universität Leipzig, Leipzig 1955
Heyde, H., Flöten. Musikinstrumentenmuseum der Karl-Marx-Universität Leipzig, Katalog, Band I., Leipzig 1978
Markneukirchen: Musikinstrumenten-Museum
Jordan, H., Führer durch das Musikinstrumenten-Museum Markneukirchen, Markneukirchen 1975

FRANKREICH

Paris: Musée du Conservatoire National de Musique
Chouquet, G., Le Musée du Conservatoire National de Musique: Catalogue raisonné des instruments de cette collection, Paris 1875
Pillaut, L., Le Musée du Conservatoire National de Musique. Suppléments au Catalogue, Paris 1884–1903
Musée National du Louvre:
(Altorientalische Musikinstrumente)
Musée Guimet:
(Musikinstrumente Ostasiens)

GROSSBRITANNIEN

London: Victoria and Albert Museum
Catalogue of Musical Instruments: Vol. I. Russel, R., Keyboard Instruments, London 1968; Vol. II. Baines A., Non-Keyboard Instruments, London 1968
British Museum:
Wertvolle Vermächtnisse von Privatsammlern, Musikinstrumente antiker und orientalischer Völker
Horniman Museum
Jenkins, J., Musical Instruments, London 1958

INDIEN

Calcutta: Indian Museum
Meerwarth, A. M., A Guide to the Collection of Musical Instruments Exhibited in the Ethnographical Gallery of the Indian Museum Calcutta, Calcutta 1917

ITALIEN

Cremona: Museo Civico
Die Sammlung Cozio di Salabue ist berühmten Geigenbauern gewidmet
Milano: Museo degli strumenti musicali, Castello Sforzesco
Gallini A., Museo civico di antichi strumenti musicali, Milano 1958
Napoli: Museo Nazionale
(Antike Musikinstrumente)
Roma: Museo dell'Accademia di St. Cecilia

NIEDERLANDE

Den Haag: Haags Gemeentemuseum
Ligtvoet, A. W., Exotische en oude europese muziekinstr. in de muziekafdeling van het Haagse Gemeentemuseum, 's Gravenhage, 1955
Leiden: Rijksmuseum van Oudheden
Utrecht: Museum van Speeldoos tot Pierement:
Sondersammlung mechanischer Musikinstrumente

ÖSTERREICH

Wien: Kunsthistorisches Museum — Sammlung alter Musikinstrumente
Schlosser, J., Die Sammlung alter Musikinstrumente, Wien 1920
Luithlen Victor, Katalog der Sammlung alter Musikinstrumente, Wien 1968

SCHWEDEN

Stockholm: Musikhistoriska Museet
Svanberg, J., Musikhistoriska Museets i Stockholm — Instrumentsamling, Stockholm 1902

SCHWEIZ

Greifensee: Sammlung historischer Blechblasinstrumente und Trommeln

SPANIEN

Barcelona: Museo de Música

TSCHECHOSLOWAKEI

Prag: Národní muzeum v Praze — Museum české hudby (Nationalmuseum Prag — Museum der tschechischen Musik)
Buchner A. Průvodce výstavou České hudební nástroje minulosti, Praha 1950

UdSSR

Leningrad: Institut teatra, musyki i kinematografii
Blagodatow G. I., Katalog musykalnych instrumentow, Leningrad 1972

Moskau: Gossudarstwenny zentralny musei musykalnoj kultury imeni M. I. Glinky
Kulikow W. M., Musykalnyje instrumenty narodow Sowetskogo sojusa v fondach Gossudarstwennogo zentralnogo musei musykalnoj kultury Imeni M. I. Glinky, Moskau 1977

UNGARN

Budapest: Magyar Nemzeti Múzeum
Gábry, G., Alte Musikinstrumente, Budapest 1969

USA

Boston: Museum of Fine Arts
Bessaraboff, N., Ancient European Musical Instruments, Boston 1941
Los Angeles: University of Southern California, School of Music
Norvell Ph. J., A History and a Catalogue of the Albert Gale Collection of Musical Instruments, 1952
Morristown: Yesteryear Museum
(Mechanische Musikinstrumente)
New York: Metropolitan Museum of Art — Crosby Brown Collection
Catalogue of the Crosby Brown Collection of Musical Instruments of All Nations, New York 1904–1905
Scarsdale: The Museum of Music:
(Mechanische Musikinstrumente)
Graham, L., A Pictorial Outline of the History of Mechanical Music, New York 1967

BIBLIOGRAPHIE

Die Fachliteratur der Musikinstrumente entwickelt sich seit dem beginnenden 16. Jahrhundert, aber erst seit dem letzten Viertel des vorigen Jahrhunderts werden angestrengte Untersuchungen unternommen, die sich zielbewußt auf das Streben nach tiefschürfender und systematischerer Erkenntnis der Fragen der Organologie konzentrieren und von physikalisch-technischen, musikästhetischen und kulturgeschichtlichen Gesichtspunkten ausgehen.

Die folgende Liste enthält *ausgewählte grundlegende* Monographien über die einzelnen Instrumente sowie solche Werke, die sich mit bestimmten Zeitabschnitten ihrer Entwicklung befassen. In Fachzeitschriften verstreute Studien und Abhandlungen sind nicht berücksichtigt.

Agricola, M., Musica instrumentalis deudsch. Wittenberg 1529 u. 1545; Faks. Leipzig 1896
Alton R., Violin and Cello, London 1964
Arakelian, S., Die Geige, Frankfurt 1968
Autorenkollektiv, Das Akkordeon, Leipzig 1964
Avgerinos, G., Lexikon der Pauke, Frankfurt 1964; Handbuch der Schlag- und Effektinstrumente, Frankfurt 1967
Bahnert-Herzberg-Schramm, Metallblasinstrumente, Leipzig 1958
Bacher, J., Die Viola da Gamba, Kassel 1932
Baines, A., Woodwind Instruments and their History, London 1957; Musical Instruments trough the Ages, London 1963; European and American Musical Instruments, London 1966
Baron, E. G., Historisch-theoretische und praktische Untersuchung des Instruments der Lauten, Nürnberg 1727; Faksim. Amsterdam 1965
Bate, P., The Oboe, London 1956 The Trumpet and Trombone, London 1966 The Flute, London 1969
Bedos de Celles, F., L'Art du Facteur d'Orgues, Paris 1766—1778, Faks. Kassel 1934
Behn, F., Musikleben im Altertum und frühen Mittelalter, Stuttgart 1954
Bermudo, J., Declaración de Instrumentos musicales, Osuna 1549; Faks. Kassel 1957
Berr, A., Geigen: Originale, Kopien, Fälschungen, Verfälschungen, Frankfurt 1967
Bessaraboff, N., Ancient European Musical Instruments, Boston 1941
Besseler, H., Die Musik des Mittelalters und der Renaissance, Potsdam 1931
Blades, J., Percussion Instruments and their History, London 1970
Boalch, D., Makers of the Harpsichord and Clavichord, London 1956
Bornefeld, H., Das Positiv, Kassel 1941
Bragard, R. — De Hen, F. J., Les instruments de musique dans l'art et l'histoire, Rhode-St-Genèse 1967
Brandlmeier, J. Handbuch der Zither, München 1963
Broholm, H., Larsen, W., Skjerne, G., The Lurs of the Bronze Age, Kopenhagen 1949
Brüchle, B., Janetzky, K., Kulturgeschichte des Horns, Tutzing 1976
Buhle, E., Die Musikalischen Instrumente in den Miniaturen des frühen Mittelalters, 1. Die Blasinstrumente, Leipzig 1903
Buchner, A., Extinct woodwind instruments of

the sixteenth century, Praha 1952; Musical automats, Praha 1957 Fiddling Angels at Karlštejn Castle, Praha 1967 Geigenverbesserer, Kassel 1973
Carse, A., Musical Wind Instruments..., London 1939
Cervelli. L., Contributi alla storia degli strumenti musicali in Italia. Rinascimento e Barocco, Roma 1967
Chouquet, G: Le Musée du Conservatoire National de musique, Paris 1884
Closson, E. Histoire de piano, Brüssel 1944
Daubeny, U., Orchestral Wind Instruments, Ancient and Modern, London 1920
Dolmetsch, N., The Viola da Gamba, London 1962
Dorf, R., Electronic Musical Instruments, New York 1954
Douglas, A., The Electronic Music Instrument Manual, London 1957
Eichborn, H., Die Trompete in alter und neuer Zeit, Leipzig 1881
Eichelberger, H., Das Akkordeon, Leipzig 1964
Ellerhorst, W., Handbuch der Orgelkunde, Einsiedeln 1936
Euting, E., Zur Geschichte der Blasinstrumente im 16. und 17. Jahrhundert, Berlin 1899
Farga, F., Geigen und Geiger, Zürich 1940
Flood, W. H., The Story of the Bagpipe, London and New York 1911; The Story of the Harp, London and New York 1905
Galpin, F. W., The Music of the Sumerians... the Babylonians and Assyrians, Cambridge 1937
Birard, A., Histoire et richesse de la flûte, Paris 1953
Goehlinger, F. A., Geschichte des Klavichords, Basel 1910
Haacke, W., Orgeln in aller Welt, Stuttgart 1965
Hajdecki, A., Die italienische Lira da Braccio, Mostar 1892
Harrison, F. and Rimmer, J., European Musical Instruments, London 1964
Heckel, W., Das Fagott, Leipzig 1931
Heinitz, W., Instrumentenkunde, Potsdam 1929
Henley, W., Antonio Stradivari, Brighton 1961 Universal Dictionary of Violin and Bow Makers, 5 vol., Brighton 1960
Hill, W. E., Antonio Stradivari, his Life and Work, London 1909
Hirt, F. J., Meisterwerke des Klavierbaus, Olten 1955
Hunt, E., The Recorder and its Music, London 1962
Jahnel, F., Die Gitarre und ihr Bau, Frankfurt 1963
Jansen, W., The Basson, its History, Construction, Makers, Players and Music, London 1978
Kinsky, G., Katalog des Musikhistorischen Museums von Wilhelm Heyer in Köln, Köln 1912; Geschichte der Musik in Bildern, Leipzig 1929
Kirby, P. R., The Kettle-Drums, London 1930
Kool, J., Das Saxophon, Leipzig 1931
Langwill, L. G., An Index of Musical Wind-In-

strument Makers, Edinburgh 1962 The Bassoon and Contrabassoon, London 1965
Lütgendorff, W., Die Geigen- und Lautenmacher vom Mittelalter bis zur Gegenwart, Frankfurt 1922
Marcuse, S., Musical Instruments: A Comprehensive Dictionary, New York 1964
Menke, W., History of the Trumpet of Bach and Handel, London 1934
Mersenne, M., Harmonie universelle, Paris 1636; Faks. London 1963
Morley-Pegge, R., The French Horn, London 1960
Neupert, H., Das Cembalo, Kassel 1956; Vom Musikstab zum modernen Klavier, Bamberg 1925
Planyavsky, A., Geschichte des Kontrabasses, Tutzing 1970
Pohlmann, E., Laute-Theorbe-Chitarrone, Lilienthal-Bremen 1971
Praetorius, M., Syntagma Musicum, Wolfenbüttel 1619; Faks. Kassel 1958
Rendall, F., The Clarinet, London 1957
Rensch, R., The Harp, New York 1950
Richmond, S., Clarinet & Saxophone Experience, London 1977
Rühlmann, J., Die Geschichte der Bogeninstrumente, Braunschweig 1882
Rusell, R., The Harpsichord and Clavichord, London 1959
Sachs, C., Reallexikon der Musikinstrumente, Berlin 1913; Sammlung alter Musikinstrumente bei der staatlichen Hochschule für Musik zu Berlin, Berlin 1922; Geist und Werden der Musikinstrumente, Berlin 1929; Handbuch der Musikinstrumentenkunde, Leipzig 1930; The History of Musical Instruments, London 1940
Schultz, H., Instrumentenkunde, Leipzig 1931
Sharpe, A. P., The Story of the Spanish Guitar, London 1954
Smithers, Don L., The Music & History of the Baroque Trumpet before 1721, London 1973
Stauder, W., Alte Musikinstrumente, Würzburg 1973
Straeten, W. van der, The History of the Violoncello, the Viola da Gamba, their Precursors, London 1915; The History of the Violin, London 1933
Sumuer, W. K., The Pianoforte, London 1966
Vadding, M.—Merseburger, M., Das Violoncello und seine Literatur, Leipzig 1920
Virdung, S., Musica getutscht..., Basel 1511; Faks. Kassel 1931
Winternitz, E. and Strunzi, L., Die schönsten Musikinstrumente des Abendlandes, München 1966

Volksmusikinstrumente

Alexandru, T., Instrumentale musicale ale poporului romin, Bukarest 1956
Arbatsky, Y., Beating the Tupan in the Central Balkans, Chicago 1953
Aretz, I., Instrumentos musicales de Venezuela, Cumaná 1969
Ayerstarán, L., Música en el Uruguay, Montevideo 1953

Baloch, N. A., Musical Instruments of the Lower Indus Valley of Sind, Hyderabad 1966

Bandopadhyaya, S., The Music of India, Bombay 1945

Bose, F., Musikalische Völkerkunde, Freiburg 1956

Brandel, R., The Music of Central Africa, Den Haag 1961

Carrington, J. E., Talking Drums of Africa, London 1949

Collaer, P., Ozeanien; Amerika (Musikgeschichte in Bildern), Leipzig 1965, 1967, 1979

Daniélou, A., La musique du Cambodge et du Laos, Pondichéry 1957

Dhanit, Y., Thai Musical Instruments, Bangkok 1957

Farmer, H. G., Studies in Oriental Musical Instruments, Glasgow 1939

Fischer, H., Schallgeräte in Ozeanien, Strassburg 1958

Günther, R., Musik in Rwanda, Tervueren 1964

D'Harcourt, M. & R., La musique des Aymars sur les Hauts Plateaux boliviens; La musique des Incas et ses survivances, Paris 1925

Izikowitz, K. G., Musical and Other Sound Instruments of the South American Indians, Göteborg 1935

Kaudera, W., Musical Instruments in Celebes, Göteborg 1927

Kunst, J. A., Hindoe-Javaansche Muziek-Instrumenten, Weltevreden 1927

Kunz, L., Die Volksmusikinstrumente der Tschechoslowakei, Leipzig 1974

Laurenty, J. S., Les chordophones du Congo Belge et du Ruanda-Urundi, Tervueren 1960; Les sanza du Congo, Tervueren 1962

Leng. L., Slovenské ľudové hudobné nástroje, Bratislava 1967

Ling, J., Nyckelharpan, Stockholm 1967

Malm, W. P., Japanese Music and Musical Instruments, Rutland 1960

Marti, S., Instrumentos musicales precortesianos, Mexico City 1955

Oledzki, S., Polskie instrumenty ludowe, Kraków 1978

Ortíz, F., Los Instrumentos de la música afrocubana, Habana 1952—55

Reinhard, K., Chinesische Musik, Kassel 1956

Sárosi, B., Die Volksmusikinstrumente Ungarns, Leipzig 1966

Söderberg, B., Les instruments de musique du Bas-Congo, Stockholm 1956

Tran van Khé, La musique vietnamienne traditionelle, Paris 1962

Vega, C., Los instrumentos musicales aborigines y criollos de la Argentina, Buenos Aires 1943

Walin, S., Die schwedische Hummel, Stockholm 1952

Wiertkow-Blagodatow-Jazowizkaja, Atlas muzykalnych instrumentow narodow SSSR, Moskau 1963, 2. Aufl. 1976

Williams, F. E., Bull-roarers in the Papuan Gulf, Port Moresby 1936

Wirz, P., A Description of Musical Instruments from Central North-Eastern New Guinea, Amsterdam 1952

Mechanische Musikinstrumente

Boston, C. N. — Langwill, L. G., Church and Chamber Barrel-Organs, Edinburgh 1967

Bowers, D. Q., A Guidebook of Automatic Musical Instruments, New York 1967—68; Encyclopedia of Automatic Musical Instruments, New York 1972

Buchner, A., Vom Glockenspiel zum Pianola, Praha 1958

Chapuis, A., Automates, machines automatiques et machinisme, Lausanne 1928; Histoire de la Boîte à Musique et de la Musique Mécanique, Lausanne 1955

Chapuis, A. — Droz, E., Les Automates. Neuchâtel 1950

Clark, J. E. T., Musical Boxes, A History and an Appreciation, Birmingham 1948 und 1952

Grews, S., The Art of the Player-Piano, London 1922

Hupfeld, L., Dea-violina, die erste selbstspielende Violine Leipzig 1909

Mosoriak, R., The Curious History of Music Boxes, Chicago 1953

New, E., The Piano-Player and its Music, London 1920

VERZEICHNIS DER MUSIKINSTRUMENTE

VERZEICHNIS DER INSTRUMENTENBAUER